省级重点专业建设成果
高等职业教育农学园艺类“十三五”规划教材

农产品营销

主　　编　林依倔　雷凤燕
主　　审　张世鲜　韩春梅
参编人员　尹宇杰（四川邡牌种业有限公司董事长）
　　　　　刘志勇（成都紫薇实业有限公司董事长）
　　　　　张　健（成都邑邦农业发展有限公司董事长）

西南交通大学出版社
·成都·

图书在版编目（C I P）数据

农产品营销 / 林依倔，雷凤燕主编. —成都：西南交通大学出版社，2016.6（2017.4 重印）
高等职业教育农学园艺类"十三五"规划教材
ISBN 978-7-5643-4521-1

Ⅰ. ①农… Ⅱ. ①林… ②雷… Ⅲ. ①农产品－市场营销学－高等职业教育－教材 Ⅳ. ①F762

中国版本图书馆 CIP 数据核字（2016）第 012217 号

高等职业教育农学园艺类"十三五"规划教材

农产品营销

主编 林依倔 雷凤燕

责任编辑	周 杨
封面设计	何东琳设计工作室
出版发行	西南交通大学出版社 （四川省成都市二环路北一段 111 号 西南交通大学创新大厦 21 楼）
发行部电话	028-87600564 028-87600533
邮政编码	610031
网址	http://www.xnjdcbs.com
印刷	四川煤田地质制图印刷厂
成品尺寸	170 mm × 230 mm
印张	16
字数	296 千
版次	2016 年 6 月第 1 版
印次	2017 年 4 月第 2 次
书号	ISBN 978-7-5643-4521-1
定价	35.50 元

课件咨询电话：028-87600533
图书如有印装质量问题 本社负责退换

前言

随着互联网的迅速兴起，农产品营销也与时俱进，“互联网＋农业”商业模式快速发展，微信、QQ、二维码等移动互联网已经成为农产品销售的新平台。不受时间、空间等条件的制约，越来越多安全、新鲜的农产品在“线上”找到了市场。应新形势、新常态的要求，为推进高职教育的发展，结合高职院校的特点和重点专业建设及教学的需要，特编写了新的《农产品营销》教材。

《农产品营销》适用于高职院校涉农专业学生，如作物生产技术、种子生产与经营、植物保护、园林技术、园艺技术专业，也适用于涉农人员。

《农产品营销》分为五个模块：模块一“农产品营销理论”、模块二“农产品营销战略”、模块三“农产品营销渠道”、模块四“农产品营销策略”、模块五“人才市场自我营销”。

本教材的特色是以模块化方式进行教学，重在加强对农产品营销知识的认识和理解，尤其在模块三“农产品营销渠道”和模块五“农产品市场自我营销”中有新理念、新方法。模块三“农产品营销渠道”结合“互联网＋农业”的新渠道、新技术、新方法进行营销。模块五“农产品市场自我营销”，主要围绕当今大学生在全民创业、万众创新的形势下怎样提高自己的就业竞争力，训练营销实力，从而达到营销农产品和自我营销的目的。

本教材由成都农业科技职业学院林依倔、内蒙古自治区通辽市农畜产品质量安全中心雷凤燕主编，由现代农业分院张世鲜院长、韩春梅博士主审。在编写过程中，我的家人也给予我很大帮助和支持，在此都表示感谢！

由于编者水平有限，在以后的工作过程中还会不断地修正和完善，教材中如有不妥之处，敬请批评指正！

编　者

2015 年 6 月

目 录

企业的职能有两个：一是营销，创造顾客，二是创新。

——（美）彼得·德鲁克

模块一　农产品营销理论

第一章　农产品综述

第一节　农产品

一、产品概念

（一）产品整体

产品有广义和狭义之分。狭义的产品是指被生产出来的物品，而广义的产品是指可以满足人们需求的载体，是人们向市场提供的能满足消费者或用户某种需求的任何有形物品和无形服务。

20 世纪 90 年代以来，菲利普·科特勒等学者使用五个层次来表述产品整体的概念。产品整体要求营销人员在规划市场时，考虑到能提供顾客所需产品，认为五个层次的表达方式能够更深刻、更准确表达产品整体概念价值的五个层次。产品整体的五个基本层次是核心产品、形式产品、期望产品、延伸产品、潜在产品。

第一层次，核心产品。

核心产品是指产品中能给购买者带来的基本利益和效用，即产品的使用价值，是顾客真正要买的东西，在产品整体概念中是最基本、最主要的部分。从根本上说，每一种产品实质上都是为解决问题而提供的服务。因此，营销人员向顾客销售任何产品，都必须具有反映顾客核心需求的基本效用或利益。

第二层次，形式产品。

形式产品是指核心产品借以实现的形式，即向市场提供的实体或劳务的外观，由五个特征构成，即品质、式样、特征、商标及包装。即使是纯粹的服务，也具有形式上的特点。

第三层次，期望产品。

期望产品是指购买者在购买产品时期望得到的与产品密切相关的一整套属性和条件。

第四层次，延伸产品。

延伸产品是指顾客购买形式产品和期望产品时附带获得的各种利益的总和，包括产品说明书、保证、安装、维修、送货、技术培训等。国内外很多企业的成功，在一定程度上应归功于企业更好地认识到服务在产品整体概念中所占的重要地位。

第五层次，潜在产品。

潜在产品是指现有产品，包括所有附加产品在内的、未来可能发展成为最终产品的潜在状态的产品。潜在产品指出了现有产品可能的演变趋势和前景。

期望产品、延伸产品、潜在产品集合于附加产品就是顾客购买产品时所能得到的附加服务和利益。

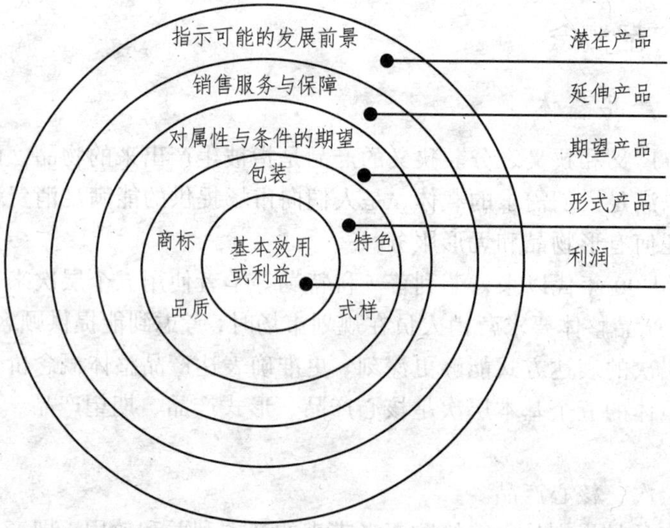

（二）产品组合

产品组合是指一个企业在一定时期内生产经营的各种不同产品的全部产品、产品项目的组合。

产品组合包括四个因素： 产品的宽度、长度、产品系列的深度和产品系列的关联性。这四个因素的不同，构成了不同的产品组合。

（1）产品宽度。

产品组合的宽度是指企业的产品线总数，如某企业有方便面、方便粉丝、饮料等产品线。产品线也称产品大类、产品系列，是指一组密切相关的产品项目。这里的密切相关可以是使用相同的生产技术、产品有类似的功能、同类的顾客群，或同属于一个价格幅度。产品组合的宽度说明了企业的经营范围大小、跨行业经营，甚至实行多角化经营程度。增加产品组合的宽度，可以充分发挥企业的特长，使企业的资源得到充分利用，提高经营效益。此外，多角化经营还可以降低风险。

（2）产品长度。

产品组合的长度是指一个企业的产品项目总数，如方便面产品线有桶装、袋装；大包装、小包装等。产品项目指列入企业产品线中具有不同规格、型号、式样或价格的最基本产品单位。通常，每一产品线中包括多个产品项目，企业各产品线的产品项目总数就是企业产品组合长度。

（3）产品深度。

产品组合的深度是指产品线中每一产品有多少品种，如方便面产品线有红烧牛肉味、卤香牛肉味、川香麻辣味、香菇炖鸡味等。产品组合的长度和深度反映了企业满足各个不同细分子市场的程度。增加产品项目，增加产品的规格、型号、式样、花色．可以满足不同细分市场消费者的不同需要和爱好，招徕、吸引更多顾客。

（4）产品关联性。

产品组合的关联性是指一个企业的各产品线在最终用途、生产条件、分销渠道等方面的相关联程度，如方便面的袋装红烧牛肉味、袋装麻辣味等。较高的产品的关联性能带来企业的规模效益和企业的范围效益，提高企业在某一地区、行业的声誉。

二、农产品及其特点

所谓农产品，是指种植业、养殖业、林业、牧业、水产业生产的各种植物、动物的初级产品及初级加工品。具体包括种植、饲养、采集、编织、加工等行业的产品。这部分产品种类复杂、品种繁多，主要有粮食、油料、畜产品、蔬菜、花卉、苗木、果品、干菜、干果、食用菌、水产品、中药材以及土特产品等。

农产品种类复杂、品种繁多、分布广。以粮食为例，我国粮食有20多种，产地分布广泛，长江流域和长江以南是稻米主要产区，黄河两岸是小麦主产区，东北、内蒙古和华北地区盛产玉米、大豆和杂粮，东北水稻、玉米、大豆誉满全国。

农产品具有较强的地域性、季节性和风险性等特点。

1．地域性

农产品对销售渠道功能要求高。农产品生产的地域性与消费的普遍性的矛盾，使其销售渠道更加复杂。如荔枝的产地一般在南方，而且一般在夏天的时候成熟，受天气影响非常大，保鲜就是一个非常重要的问题，采收、包装、运输等一系列环节对荔枝的保鲜都会带来很大影响。

2．季节性

农产品受自然条件的制约和影响，产量不稳定，不是丰收便是歉收，有供给与需求之间的矛盾。如 2015 年 4 月 12 日，安徽蚌埠地区推广的杂交水稻品种“两优 0293”，由于孕穗、抽穗期间低温连阴雨，品种本身高感稻瘟病，加上适期预防措施不到位，造成“两优 0293”减产和绝收，导致部分农户蒙受不同程度经济损失。隆平高科公司决定停止销售“两优 0293”，并拟筹建种子行业灾后救助基金，从每年的利润中提取一定比例的资金作为基金，对遭受自然灾害的农户进行救助。停止销售和后续处理将会对公司利润产生一定的影响，保险公司也对相关农户进行了保险赔付。

3．风险性

农业受自然因素影响很大，具有较大的风险性，虽然有一定的收益，但是收益和风险成正比。如 2010 年北方农民辣椒产量好，但是南方辣椒因干旱减产 80%，导致南方辣椒商抢购北方辣椒，使价格一路上升，从 6.78 元/斤上升到 9.12 元/斤。

在农业生产和经营、农业企业经营管理、农产品营销中都存在很大风险，甚至可能会导致完全没有收益。

三、农产品分类

（一）粮油农产品及相关概念

1．初级农产品

初级农产品是指种植业、畜牧业、渔业产品，不包括经加工过的这类产品，包括谷物、油脂、农业原料、畜禽及其产品、林产品、渔产品、海产品、蔬菜、瓜果和花卉等产品。

2．初级加工农产品

初级加工农产品是指必须经过某些加工环节才能食用、使用或储存的加工品，如消毒奶、分割肉、冷冻肉、食用油、饲料等。

3．名优农产品

名优农产品是指由生产者志愿申请，经有关地方部门初审，经权威机构根据相关规定程序，认定生产的生产规模大、经济效益显著、质量好、市场占有率高，已成为当地农村经济主导产业，有品牌、有明确标识的农产品，它包括粮油、蔬菜、瓜果、畜禽及其产品、水产、棉麻、花卉、药材、食用菌、种子、苗木等。

4．转基因农产品

转基因农产品是指利用基因转移技术，即利用分子生物学的手段将某些生物的基因转移到另一些生物的基因上，进而培育出人们所需要的农产品。转基因技术应用于农业生产，可对于农产品的产量和质量会是一次革命性的提高，也就是说利用转基因技术将某些生物的基因转移到其他物种中去，可以改造植物和动物的遗传物质，使其性状、营养品质、消费品质等方面向着人类所需要的目标转变。

转基因技术的应用可以降低生产成本，增加生物的抗病虫害能力；可以提高单位面积产量；使生物的品种更加丰富。但是，人们对转基因农产品是否会影响人类的生存安全感到担心，担心转基因农产品里出现的新成分影响人们的身体健康。担心转基因技术危害人类以外的其他生物。如抗虫棉作物对人无害，但棉铃虫减少以后，靠吃棉铃虫生存的生物会不会饿死？如果饿死，那就破坏了生物的多样性。担心转基因动物和植物会影响生态环境的和谐。例如，抗除草剂基因导入农作物，能让其产品保证具有安全性，不至于对人们身体以及生命产生危害。粮油产品是对谷类、豆类、油料及其初加工品的统称，粮油产品是关系国计民生的农产品，它不仅是人体营养和能量的主要来源，也是轻工业的主要原料，还是畜牧业和饲养业的主要饲料。粮食是人类生存和发展最基本的生活资料。我国人口众多，耕地面积少，解决和保证吃饭问题尤为重要。

（二）果蔬及花卉

1．蔬菜和果品

果品和蔬菜，尤其蔬菜是人们日常生活中不可缺少的副食品，它们所含有的营养成分对人类有特殊的意义，新鲜果蔬含有丰富的多种维生素和矿物质。食用果蔬不仅可以使人体摄取较多的维生素来预防维生素缺乏症，而且大量存在的钠、钾、钙等矿物质使果蔬成为碱性物质，在人体的生理活动中起着调节体液酸碱平衡的作用。果蔬中所含有的糖和有机酸可以供给人体热量，并能形成鲜美的味道。果蔬中的纤维素虽不能被人体很好地吸收，但它们能促进胃肠蠕动，刺激消化液分泌，有助于人体的消化吸收及废物的排泄。很多果蔬还能调节人体生理机能，有辅助治疗疾病的作用。

我国地域辽阔，地跨寒、温、热三带，自然条件优越，气候、土壤和地形等自然环境条件适合于果蔬的生长发育，果树和蔬菜资源极其丰富，也培育了许多优良品种，使我国果蔬以种类多、品种全、品质佳而闻名于世。如胶州大白菜、章丘大葱、北京心里美萝卜、四川榨菜、湖南冬笋；山东香蕉苹果、大樱桃，辽宁国光苹果，河北鸭梨，吉林延边苹果梨，浙江奉化玉露水蜜桃，广东和台湾的香蕉、菠萝，广东和福建的荔枝、龙眼，四川江津鹅蛋橘、江西南丰蜜橘、广西沙田柚等。这些果蔬风味各异，是享有盛誉的名果蔬菜。近年来，我国培育和改良了很多果蔬品种，同时引进了很多国外果蔬品种，丰富了国内果蔬资源，更加满足了市场需要。

蔬菜按食用器官不同可分为六大类。有根菜类如萝卜、红薯等；茎菜类如莴笋、竹笋、莲藕、芋头等；叶菜类如小白菜、大白菜、大蒜、大葱等；果菜类茄子、黄瓜、菜豆等；花菜类主要有黄花菜、菜花等；食用菌类如香菇、木耳等。

按农业生物学可分为根茎类、白菜类、芥菜类、甘蓝类、绿叶菜类、葱蒜类、茄果类、瓜类、豆类、水生菜类、多年生菜类和食用菌类等 12 类。

果品按果实构造不同可分为七类。有仁果类如苹果、梨、山楂；核果类如桃、枣；浆果类如葡萄、香蕉。坚果类如核桃、板栗；柑橘类如柑、橘、甜橙、柚、柠檬；复果类如菠萝、菠萝蜜、面包果；瓜类主要指甜瓜、西瓜。

按商业经营习惯果品可分为鲜果、干果、瓜类以及它们的制品四大类。鲜果是果品中最多和最重要的一类。为了经营方便又把鲜果分为伏果和秋果，还可分为南果和北果。

2. 花　卉

花和卉是两个含义不同的字，花是高等植物繁殖后代的器官，卉是百草的总称。花卉一词从字面上讲，就是开花的植物。《辞海》中解释“花卉”是“可供观赏的花草”。随着科学技术和人们审美意识的发展，欣赏已不仅限于花，因而花的概念也随之扩大。广义上的花卉是指花、叶、果的形态、色彩和芳香能引起人们美感的植物，也统称为观赏植物。但花卉一词人们已形成使用习惯，可一并使用。

根据花卉的形态特征和生长习性可分为草本花卉、木本花卉、多肉类植物、水生类花卉和草坪类植物。

草本花卉，可分为一年生草花（如一串红、鸡冠花）、二年生草花（如金鱼草、石竹）、多年生草花（如菊花、荷花、大丽花）。

木本花卉，可分为乔木花卉（如梅花、白玉兰）、灌木花卉（如月季、牡丹）、藤本花卉（如凌霄、紫藤）。

多肉类花卉，常见的有仙人掌科的昙花、令箭荷花、蟹爪兰，龙舌兰科的龙舌兰、虎尾兰，萝藦科的大花犀角、吊金钱，凤梨科的小雀舌兰等。

水生类花卉，常见的有荷花、睡莲、王莲、凤眼莲、水葱、菖蒲等。

草坪类植物，常见的有红顶草、早熟禾、野牛草等。

根据花卉的观赏器官可分为五类。观花类如菊花、仙客来、月季等；观叶类如文竹、常春藤、五针松等；观果类如南天竹、佛手、石榴等；观茎类，如佛肚竹、光棍树、珊瑚树等；观芽类，常见的有银柳等。

根据花卉的经济用途可分为六类。观赏用花卉，花坛用花，如一串红、金盏菊等；盆栽花卉，如菊花、月季等；切花花卉，如菊花、百合等；庭院花卉，如芍药、牡丹等；香料用花卉，如白兰、水仙花、玫瑰花等；熏茶用花卉，如茉莉花、珠兰花、桂花等；医药用花卉，如芍药、牡丹、金银花等；环境保护用花卉，具有吸收有害气体、净化环境功能的花卉，如美人蕉、月季、罗汉松等；食品用花卉，如菊花、桂花、兰花等近百种，花粉食品方兴未艾。

（三）林产品

林产品是指把开发森林资源变为经济形态的所有产品。近代林产品主要是木材及其副产品。林产品可分为两大类，一是木材及各种木材加工制品，二是经济林及森林副产品。近代林产品把木材作为主产品，其余称为副产品，这样，势必对其他林产品产生强烈的排他性，使林产品种类少，精品更少，林产业日趋萎缩。现代林产品是指把森林资源变为经济形态的所有产品，在不同的时空条件下，并非固定不变，对林产品的生产有积极的作用。

木材是林业的基本产品。由于木材有良好的物理性能和多种化学成分，使它成为经济建设和人们生活中用途最广的材料。工业、农业、交通运输、建筑业等部门和行业的建设都需要木材，如煤矿业的坑木、枕木，建筑用木材，纸浆造纸原料，机械工业用材料，化工业材料，人们日常生活中所需的家具、工具、器皿、文化、体育用具、乐器等。木材不仅是国民经济的基本原料，而且自古以来就是人类社会的重要能源之一。虽然随着科学技术的进步，煤、石油、天然气、原子能、太阳能等飞速发展，但随着人口的增加，在今后较长的时期内，薪材的需要量仍然相当大。综上所述，木材及其加工品是国民经济中使用最广的一种基本材料，与国民经济各方面都有着密切的联系，木材的充分供给，是保证国民经济迅速发展的重要条件。

中国经济林从南到北、从东至西，分布广泛。主要有乌桕、油桐、漆树、杜仲、毛竹、油棕、椰子、油橄榄、巴旦果、油楂果、香榧、油茶、山苍子、青檀、五倍子等。

我国劳动人民从事经济林产品和林副产品的生产有着悠久的历史。这些产品对国计民生有着重要意义，很多产品是机械、电器、化工、国防军工、医药、食品、日用品加工等工业部门的重要原料，有的还是我国传统的出口产品，例如，油桐、松香、紫胶、油茶、生漆等。此外，林区出产的木耳、香菇、竹笋、干鲜果品、兽禽野味及珍贵毛皮、中草药材及野生观赏植物等产品，除了满足人们生活多方面的需要外，也是出口换汇的重要物资。

（四）畜禽产品

畜禽产品，从广义上讲，主要是指肉、乳、蛋、禽、脂、肠、皮张、绒毛、鬃尾、细尾毛、羽毛、骨、角、蹄壳及其初加工品等；从狭义上讲，即从我国商品经营分工的角度来看，肉、乳、蛋、脂、禽属食品和副食品范畴，也就是这里所说的畜禽产品。皮张、绒毛、鬃尾、细尾毛、羽毛、肠衣属畜产品，而骨、角、蹄壳分别属废旧物资和中药材商品。

畜禽产品作为食品是人类动物蛋白的主要来源，为人类提供丰富营养。但这类食品由于富含蛋白质、脂肪、糖等，故易于腐败变质，人们食用会发生中毒，并且患病动物还带有致人患病的病源。肉食品加工烹调不当，常使人的健康遭受严重损坏，故需要严格的卫生检验。近几年来，由于国民经济的迅猛发展，农业和运输业逐渐实现了机械化，促进了饲养业的发展，为畜禽产品资源开辟了广阔道路。

（五）水产品

水产品是指水生的具有一定食用价值的动植物及其腌制、干制的各种初加工品。水产品，特别是鱼、虾、贝类等，自古以来一直是人们的重要食物之一。随着人们生活水平的不断提高和对蛋白质需求量的不断增长，水产品作为动物性蛋白质的来源，其重要性日益显著。

水产业是以栖息、繁殖在海洋和内陆淡水水域的鱼类、虾蟹类、贝类、藻类和海兽类等水产资源为开发对象，进行人工养殖、合理捕捞和加工利用的综合性社会生产部门。我国海洋鱼类有 1 700 种以上，我国淡水鱼类有 800 种以上，其中有经济价值的有 250 多种，体型较大、产量较高的有 50 多种。常见的水产品有海带、紫菜、扇贝、鲍鱼、鱿鱼、对虾、河蟹、带鱼、鲤鱼、鲫鱼、中华鳖等。我国发展水产业的方针是以养殖为主，养殖、捕捞、加工并举，因地制宜，重在保护。

（六）其他农副产品

其他农副产品主要是指除农产品的粮油、果蔬花卉、林产品、畜禽产品、水产品的主产品外的烟叶、茶叶、蜂蜜、棉花、麻、蚕茧、畜产品、生漆、干菜和调味品、中药材、食用菌、野生植物原料等产品。

第二节　农产品市场

一、我国农产品现状

我国是一个农业大国，农业关系到国计民生，是国民经济的支柱产业。进入 21 世纪以来，农业生产总值年均增长速度在 10% 以上，2011 年达到 47 712 亿元。伴随农业生产总值的稳步增长，中国农业生产经营水平稳步上升，农民生活水平稳步提高。

在农业产业化实现较快发展的同时，中国农产品加工业规模呈快速增长之势，加工企业数量不断增加，且经营效益良好。2004 年，我国规模以上农产品加工企业为 9 318 家；至 2011 年，增至 20 187 家，增幅达到 166.45%。

据统计，2011 年，我国规模以上农产品加工实现工业总产值 44132.38 亿元；规模以上农产品加工业实现销售收入 43 896.10 亿元，同比增长 33.23%；规模以上农产品加工业利润总额 2 372.96 亿元，同比增长 40.80%。我国已经具备了年生产 5 亿吨粮食、4 亿吨蔬菜、5 000 万吨水果、5 000 万吨肉类、3 500 万吨水产品、2 500 万吨禽蛋、2 000 万吨油料、1 800 万吨奶的能力。小麦、水稻、水果、蔬菜、肉、蛋等主要农产品产量居世界第一位。自“九五”以来，全国农产品加工业以年均 8.6% 的速度增长。到 2003 年我国农产品加工业产值达 3.1 万亿元，比上年增长 17%，占整个工业产值的 22.4%，农产品市场化率超过了 80%。

随着时间的推移，直至我国加入世界贸易组织（WTO），我国的农产品在总数、产品结构以及市场结构上有了很大的变化。

首先，农产品总量的变化。从绝对总数来看，我国的农产品总数量在全世界遥遥领先，且规模和贸易都在不断扩大，而从相对数量上看，我国的农产品贸易顺差不断缩小，从过去的农产品出口国变成进口国，这和国际的粮食产品价格被操控以及以农产品出口国成本更低有关。

其次，农产品结构的变化。从出口来看，主要农产品依然集中在劳动密集型产品上，主要以水产品及制成品份额最高，这一方面与我国过去海洋生态环境控制不严以及如今海外水产品需求高、水产品价格高有关。而从进口来看，油料、油脂及制成品和畜产品占主要份额。

最后，农产品贸易市场结构的变化。我国农产品出口以亚洲为主，主要集中在日本、韩国等周边国家以及欧洲、美国等发达国家。进口主要集中在北美和南美洲。目前，美国是我国最大的进口市场。

综合来看，我国农产品竞争能力呈下降趋势，农产品的结构需要加以调整，发展有特色的农产品是必选之路。同时，针对农产品市场的竞争，需要一方面降低自身农产品的成本，另外一方面需要解决农产品定价权的问题。

二、农产品市场的特点

我国农产品市场体系已初步建立，各类农产品市场已经发展到 2.7 万多个，其中批发市场 4 500 多个，年交易额超过 1.3 万亿元，占整个农业总产值的一半。粮食、蔬菜类产品的商品率已超过 30%，畜产品、水产品的商品率超过 50%，水果的商品率接近 90%。1/3 以上的农产品实现了跨省消费。农产品市场交易方式已由集市贸易扩大到专业批发、跨区域贸易、“订单”和期货交易，逐步形成了以城乡农贸市场为基础、以批发市场为中心、以直销配送和超市经营为补充的农产品市场体系。

农产品市场需求的特点从 20 世纪 90 年代末期开始，中国农产品市场的供求关系发生了重大变化，实现了由长期短缺到总量基本平衡的历史性转变，但农产品市场多样化、优质化的需求与供给的矛盾日益突出。

（一）农产品市场需求的特点

农产品市场需求主要有以下几个特点：

从生产角度看，工业用粮和饲料作物的需求强劲。粮食由传统的“北粮南调”，逐步调整为“南进北出”和“中粮西用”，优质农产品的区域布局正在形成。

从消费角度看，市场对优质农产品和强化营养食品需求加大。冷冻食品以及调理食品逐步成为城镇居民动植物产品消费的主要形式。

从人口角度看，城镇化带来食品需求结构的变化，在收入水平和价格水平同等的前提下，一个居民从农村转到一个中小城市，其粮食年消费量将减少 58.3 千克，在特大城市将减少 64.2 千克，蔬菜减少 23.25 千克。与之相对应，畜产品的年消费量增加 4.2 千克（中小城市）至 7.2 千克（特大城市），水产品、水果和其他食品的消费也将相应提高。

从贸易角度看，劳动力密集型产品的出口还会增大。精深加工的优质农产品、有机作物、杂粮产品逐步成为国际贸易的主要商品。

（二）农产品市场流通的特点

我国虽然是农业大国，但尚未形成高效畅通的农产品流通体系。农产品的流通主要依赖于农村和城市的集贸市场，在超市等现代零售渠道中的销售比例不足三成。而在发达国家，80% ~ 95% 的农产品通过超市和大型食品商店流通。

因此，国家加大了农产品流通三级市场建设：农产品产地批发市场、销地批发市场和零售农贸市场。在国家鼓励和市场调节之下，大规模的农产品常温物流或自然物流正在逐步形成之中，但面向零售终端，农贸市场和连锁超市的区域内部，农产品综合物流配送体系尚未成型，农产品大宗物流与连锁超市生鲜区之间未能形成有效衔接，或者是发展有限，特别是农产品的冷链物流还没有形成。

为了尽快建立农产品流通体系，政府有关部门将在批发领域加强农产品批发市场信息、检验检测系统以及仓储、运输等基础设施建设，发展农产品拍卖、经纪人代理、网上交易等新型交易方式。在零售领域，支持农业龙头企业到城市开办农产品超市，引导农产品批发市场和加工企业直接向超市、社区菜市场和便利店配送产品。在物流领域引导现有物流企业改造升级，加快建设以冷藏和低温仓储、运输为主的冷链系统。

（三）农产品加工市场的特点

农产品加工业快速发展，农产品加工企业不断壮大，农产品加工出口快速增长，农产品质量安全水平显著提升，农产品加工业带动农民持续增收。大力培育农业产业化集群，积极扩大对外合作和招商引资，切实加大财政金融支持。着力深化科企合作，健全完善农业产业化合作机制。

三、农产品市场的培育和完善

（一）农产品市场存在的问题

农产品市场存在很多问题。现有的农产品市场规模小、服务范围小、市场还不能方便人们购买；市场上基础设施、管理秩序比较差、市场区分也不是很明显；没有农药残留控制体系；农贸市场占道经营，脏乱情况突出，配套设施不全；农产品质量新鲜程度没有保证，农产品市场没有推行有效的检疫系统，没有很好组织开展农药残留和产品质量检测工作，有些农产品质量安全不能让人们放心食用，很多问题亟待解决。

（二）农产品市场问题的解决方法

第一，农产品市场可以筹集资金以支持农产品市场的规划建设，吸引社会资金和贷款，参与到农产品整体建设中，加快农产品市场建设步伐，也使农产品市场化进一步提高，从而加快经济增长，建立完善的规章制度，改进交易方式，规范混乱的交易行为，不断提高农产品市场组织管理水平。第二，农民经纪人从单一的农副产品交易向生产、加工、保鲜、储运营销等一体化经营转变，并健全规章制度，加强市场调研。第三，应该编制主要农产品市场体系的建设规划，预测并发布农产品市场行情供给情况，加强相关部门的协调性，落实好我们的相关制度，发挥好特色产品优势，共同推动农产品市场体系建设，加强市场信息搜集系统建设，合理布局，并加强交易厅棚改扩建保鲜措施。第四，调整市场结构，进一步完善粮食市场、肉类市场、水果市场、蔬菜市场、粮油市场等产品，实施市场区域的扩大、质量规格、包装等方面的有效控制，推行有效的检疫系统，组织开展农药残留和产品质量检测工作，确保市场农产品的质量安全。

（三）农产品市场的培育和完善

我国农业和农村经济结构的战略性调整正在向纵深推进，切实把市场流通产业作为先导产业，找准结构调整的着力点为主攻方向，进一步搞活农产品流通，加快农产品市场体系建设，特别是发展与实现消费者的有效需求、开拓与潜在需求相适应的新型业态和营销方式，真正发挥市场流通产业在农村经济结构调整中的不可替代的作用。

第一，制定和实施农产品市场体系规划建设。要在认真调查研究的基础上，充分考虑各类农产品生产、流通、消费、进出口的格局和要求，从保证流通顺畅、满足居民消费和扩大出口的需要出发，科学论证，形成布局合理、全国统一、中央与地方相衔接并分级管理的农产品市场网络。依靠及时、准确的市场信息和高效率的流通，引导、促进农业和农村经济结构调整，增加农民收入。

第二，增加投入，从根本上改变农产品市场基础设施薄弱的状况。要多渠道筹集资金增加投入，使农产品市场设施简陋、交易条件差、服务功能不配套等状况有根本改观。借鉴日本、韩国的经验，对市场的水、电、路和大型交易设施、电子信息系统、结算系统、农产品质量检验检测系统等公共基础设施建设，加大财政支持的力度，要重视对现有农产品批发市场的整合、改造与完善，逐步建设一批设施先进、功能齐备、交易规范、辐射面广、信誉好的现代化农产品批发市场，以带动整个农产品市场网络的提档升级。

第三，逐步推广现代交易方式和运作管理模式。大中城市的销地批发市场、农产品主产区的大型产地批发市场，要积极推行标准化分级分类和规格化包装，与配送和连锁经营等现代流通业态对接，有条件的可开展期货交易、拍卖制和电子商务等方面的试点。这样既可以规范市场交易行为，又可以用先进的营销管理模式带动农业的标准化生产。

第四，培育市场主体，提高其组织化程度。一方面，要大力发展农民合作运销组织，让农民组织起来进入市场，解决一家一户生产经营活动的信息不对称，进入市场难、风险大，产品运销环节多、成本高，从而导致农民增产不增收的问题；另一方面，要培育农民经纪人队伍和代理商、中间批发商组织，扩大营销规模，提高交易效率。

第五，加强市场信息的采集，加工处理、预测和发布工作。要制定市场信息标准，建立信息采集、发布的渠道，健全制度，加强信息预测分析，为进一步活跃、改善市场经营提供有力支撑，同时下功夫解决信息传播“最后一公里”问题，为引导农民调整农业和农村经济结构提供有效的信息服务。

第六，推行农产品质量安全市场准入制度。对食用农产品实行市场准入制度，是确保居民“菜篮子”产品消费安全的重要环节。当前，蔬菜产品主要解决高毒有机磷农药残留问题；水果主要解决农药残留和生长激素滥用问题；畜产品主要解决“瘦肉精”兽药残留和疫病问题；水产品主要解决药物残留和贝类产品污染问题。要在农产品销地市场普遍推行质量安全检测检验，并将产地市场的质量检验检测与生产环节的检测监控结合起来，逐步做到产前、产中、产后的全过程质量安全控制。

第七，加快制定有关加强农产品市场管理的法律法规，健全法制。

四、农产品市场发展趋势

就目前我国农产品市场的特点来看，至少有五个加工领域有着很好的发展前景。

一是粮油加工领域的优质稻谷精加工及稻壳、米糠综合利用；小麦分层碾磨技术；高油玉米、优质蛋白玉米等新品种的培育与开发；玉米淀粉的深度开发利用等都有巨大的市场机会。

二是肉类加工业的大型企业的肉制品生产设备要向连续化、自动化、大批量操作及近似无菌加工的技术方向发展。冷却肉的生产供应、低温肉制品和生物发酵制品的研发、生产与分销技术的结合是未来的突破方向。

三是奶类加工业的综合保鲜技术、强化营养产品开发、良种奶牛的繁育等成为竞争焦点。

四是在果蔬加工方面，冷冻干燥技术、微波技术、超微粉碎技术、膜分离技术、自动化控制技术、生物工程技术等高新技术的研究、应用、推广及相应设备的研制工作，是提高果蔬深加工技术水平的关键。

五是水产品市场方面，此为非常重要的国际贸易领域。水产品冷链设施的技术改造；淡水鱼加工综合利用、海水中上层鱼类加工、贝类产品净化及加工等技术；生物技术在水产加工领域的应用；开发多样化和个性化的水产食品等都蕴藏着巨大的市场机会。

拓展阅读:《农资与农资市场营销》《现代市场营销》等。

复习思考题

1. 什么是产品？产品整体是什么意思？
2. 农产品的概念是什么？农产品有什么特点？
3. 农产品分有哪些类型？农产品与农资有什么区别？
4. 我国目前的农产品市场和农资市场是什么现状？
5. 农产品市场需求有什么特点？
6. 分析认识农产品市场发展趋势？
7. 农产品市场有哪些投资机会？
8. 怎样培育和完善农产品市场？

第二章　农产品市场营销

第一节　农产品市场营销概述

一、农产品市场营销

营销，不是简单地卖东西，而是帮助顾客买东西。企业在整个经营管理过程中所投入的资金，只有营销才能实现利润，其他都是成本，企业最大的成本就是不懂得营销的员工。营销的本质是把产品的价值有效地传递给消费者。营销本身是一种沟通的艺术，实现消费者对产品的有效认知与购买，最后把合格的产品卖好，把好的产品卖优秀，把优秀的产品卖成卓越，把卓越产品卖成伟大的品牌，这是营销的基本原理。

市场营销是在适当的时间与空间，以适当的价格，通过适当的促销手段，向适当的消费者提供适当的产品和服务所进行的一系列营销活动，包括市场调研、选择目标市场、产品定价、产品促销、产品销售和服务等过程。通俗地讲，市场营销就是将商品和服务从生产者转移到消费者或用户手里所进行的企业活动，以满足顾客需要和实现企业的各种目标。市场营销决定企业应该生产什么产品，制定什么价格，在什么地方进行销售以及如何出售产品或做广告等。

农产品市场营销就是指为了满足人们的需求和欲望而实现农产品潜在交换的活动过程。农产品市场营销要求农产品生产经营者不仅要研究人们的现实要求，更要研究人们对农产品的潜在需求，并创造需求。

近年来，我国农产品营销有了长足的发展，许多地区农产品已走向了国际市场，但从市场营销的角度看，我国农产品营销还不够规范和科学，营销概念还不突出，以致农产品营销缺乏厚实的基础，尚处于初级营销的阶段，亟须进行整合和重构。

二、农产品营销管理思想

营销理念又叫营销管理思想。营销理念来源于营销实践，它是营销者对企业存在的理由、经营的目的以及对企业、顾客、社会三者利益关系的感悟而作出的一种理性判断，它集企业的利益观、价值观、道德观于一体。

市场营销观念是经营者经营的指导思想和管理哲学，农业要从传统农业向现代农业转变，首先在于广大农民观念的转变，即从传统观念转到以市场需求为中心的现代市场营销观念上来，变“生产什么，消费什么”，为“市场需要什么，我生产什么”，“市场上需要什么档次的产品，我生产销售什么档次的产品”。

目前我国农村的营销观念，占主要地位的仍是传统的生产观念、产品观念和推销观念，而以消费者为中心的现代市场营销观念，在农村广大干部和农民中尚处于次要地位。改革开放 30 多年来，我国农民的营销观念仍没有较快转变，一是表明传统营销观念的情况和习性的作用；二是农村商品经济和市场经济发育远比城市滞后。国家为解决农业、农村、农民问题，特别是出于稳定和提高农村人民生活的目的，基本上采取放开收购的政策。

（一）传统营销理念

传统营销理念包括生产观念、产品观念、推销观念等。

1. 生产观念

生产观念是最老、最流行的观念之一。这种观念产生于卖方市场；重生产轻市场与顾客。生产观念认为，消费者喜欢那些随处得到的、价格低廉的产品。在生产观念指导下，企业经营活动以生产为中心，以提高生产效率，增加产量，降低成本为目标。生产观念是在物资非常短缺，消费者只求“买得到，买得起”的卖方市场条件下产生和形成的。

2. 产品观念

产品观念认为，消费者喜欢那些质量优良、功能齐全、具有特色的产品。在产品导向的企业里，管理的中心是提高产品质量和增加产品功能。产品观念不是为消费者需求设计和制作产品，是过多地把注意力放在产品上，而不是放在需求上。产品观念容易导致“营销近视症”，缺乏远见，只看到自己的产品质量好，看不到需求的差异性和市场需求的变化趋势，易产生供需矛盾，使经营陷入困境。

3. 推销观念

推销观念产生于 20 世纪 20 年代末至 50 年代前，是由“卖方市场”向“买方市场”过渡的阶段。这种观念表现为“我卖什么，顾客就买什么”。许多企业认为，消费者通常表现出一种购买惰性或抗衡心理，如果听其自然的话，消费者一般不会足量购买某一企业的产品，因此，企业必须积极推销和大力促销，以刺激消费者大量购买本企业产品。推销观念在现代市场经济条件下被推销大量用于推销非渴求物品，即购买者一般不会想到要去购买的产品或服务。许多企业在产品过剩时，也常常奉行推销观念。

（二）现代市场营销观念

现代市场营销理念包括市场营销观念、社会市场营销观念、绿色营销、网络营销等。

1．市场营销观念

市场营销观念完全改变了营销流程，企业的运作方式为先发现需求、了解需求，然后按照需求进行生产，设法满足需求，实现需求。因此，市场营销观念是作为对传统营销观念的挑战而出现的一种新型的企业经营观念。市场营销观念是一种以消费者需求为中心的营销观念。消费者需要什么，企业就生产什么。哪里有消费者，哪里就有企业拓展营销的机会。市场营销观念的主要内容有顾客导向、顾客满意、整体营销、盈利策略。

2．社会市场营销观念

社会市场营销观念是以顾客需求和社会利益为重点，采取整体营销活动，在满足顾客需要的同时，也要考虑社会公众的长远利益，达到谋求企业利润的目的。

3．绿色营销

绿色营销是 20 世纪末的营销新理念、新趋势。绿色营销观念是指企业必须把消费者的需求、企业的利益和环保利益三者有机地结合起来，必须充分估计资源环保问题，从产品设计、生产、销售到使用的整个营销过程都要考虑资源的节约利用和环保利益，做到安全、卫生、无公害的一种营销观念。企业应强化对内部员工的绿色宣传和教育，为全体员工强化绿色意识，培养企业绿色文化。

4．网络营销

网络营销产生于 20 世纪 90 年代，发展于 20 世纪末至今。其背景主要有三个方面，即网络信息技术的发展、消费者价值观的改变和激烈的商业竞争。网络营销建立在互联网的基础上，是以营销为导向，网络为工具，由营销人员利用专业的网络营销工具，面向广大网民开展一系列营销活动的新型营销方式。其主要特点是成本低、效率高、传播广、效果好。网络营销包括心动营销、互联网营销、口碑营销、视频营销、社会化媒体营销、微博营销、知识营销、整合营销、B2B 营销、B2C 营销、网络品牌推广、邮件营销、即时聊天软件营销、网络精准推广等。

（三）增强农产品营销新观念的方法

促使农民营销观念的整合和创新，可采取以下措施：

一是市场教育。市场是最好的课堂，也是最直接、最客观的教育方式。如果农民延用传统观念来组织农业生产，不考虑市场需求变化，那么无论如何也通不过市场这个出口。随着市场经济发展，有些农民已经意识到市场营销观念的价值，按市场需求和消费需求的变化去运作，均取得了明显的经济效益。

二是典型示范。典型示范对于观念偏于保守的农民来说，往往效果很好。有时一般的常规说教，许多农民并不相信，他们更多的需要亲眼看到的事实。所以，通过典型示范的作用，比如有的农户按订单组织生产，即常说的“订单农业”，实现产销一体化，这对那些仍抱有保守观念的农民来说无疑是最好的示范。

三是强化农民的风险意识。农民从传统的保守观念向具有风险意识的观念转变，这对于习惯“日出而作、日落而息”的农民来说可以视为一种观念上的创新，这种创新不仅具有现实性，也具有革命性。因为，农民一旦具有了风险意识，敢于闯市场，也就意味着农业生产纳入了市场经济体系，让市场去调节，发挥市场在农业资源配置中的作用。

随着市场经济的发展，许多农民已经意识到市场需求的重要性。但有一种现象值得注意，就是在农产品市场需求信息不充分的情况下，许多农民只好根据有限信息凭感觉决策，这无疑增加了决策的盲目性和风险性，以致有些农民因决策失误而蒙受损失。

根据市场营销原理，市场营销开始于产品生产之前，就是说按以消费者需求为中心的市场营销观念组织生产，首先要进行市场调查，以求生产出的农产品符合市场需求，这就需要为农民提供生产销售方面比较充分的信息，供农村组织和农民生产决策时参考。因此，农民由凭感觉决策到凭充分可靠的信息决策的转变是一个营销整合和创新的过程。

第二节　市场营销相关理论

1960 年杰罗姆·麦卡锡（Jerome McCarthy）提出著名的“4P”营销组合

经典模型。进入20世纪80年代，市场营销学在理论研究的深度上和学科体系的完善上得到了极大的发展，市场营销学的概念有了新的突破，菲利普·科特勒提出了"大市场营销"概念。

一、市场营销理论

（一）4P营销理论

4P营销理论（the Marketing Theoryof 4P），产生于20世纪60年代的美国，是随着营销组合理论的提出而出现的，这也是当今营销界运用较多、较广的经典理论。这种理论核心思想是将企业可以控制的四个市场基本因素（即4P）产品、价格、渠道、促销进行有机的组合，以适应不断变化的市场。

（1）产品（Product），注重开发的功能，要求产品有独特的卖点，把产品的功能诉求放在第一位。产品策略（Product Strategy），主要是指企业以向目标市场提供各种适合消费者需求的有形和无形产品的方式来实现其营销目标。其中包括对同产品有关的品种、规格、式样、质量、包装、特色、商标、品牌以及各种服务措施等可控因素的组合和运用。

（2）价格（Price），根据不同的市场定位，制定不同的价格策略，产品的定价依据是企业的品牌战略，注重品牌的含金量。定价策略（Pricing Strategy），主要是指企业以按照市场规律制定价格和变动价格等方式来实现其营销目标，其中包括对同定价有关的基本价格、折扣价格、津贴、付款期限、商业信用以及各种定价方法和定价技巧等可控因素的组合和运用。

（3）渠道（Place），企业并不直接面对消费者，而是注重经销商的培育和销售网络的建立，企业与消费者的联系是通过分销商来进行的。分销策略（Placing Strategy），主要是指企业以合理地选择分销渠道和组织商品实体流通的方式来实现其营销目标，其中包括对同分销有关的渠道覆盖面、商品流转环节、中间商、网点设置以及储存运输等可控因素的组合和运用。

（4）促销（Promotion），促销是包括品牌宣传、广告、公关、促销等一系列的营销行为。促销策略（Promoting Strategy），主要是指企业以利用各种信息传播手段刺激消费者购买欲望，促进产品销售的方式来实现其营销目标，其中包括对同促销有关的广告、人员推销、营业推广、公共关系等可控因素的组合和运用。

（二）4C的出现

在以消费者为核心的商业世界中，厂商面临着很大的挑战。这是一个充满个性化的社会，消费者的形态差异太大，随着这一“以消费者为中心”时代的来临，传统的“4P”营销组合似乎已无法完全顺应时代的要求，于是营销学者提出了新的营销要素。

劳特朗先生于 1990 年在《广告时代》上，对应传统的“4P”观念提出了新的观点“营销的 4C”。它强调企业首先应该把追求顾客满意放在第一位，产品必须满足顾客需求，同时降低顾客的购买成本，产品和服务在研发时就要充分考虑客户的购买力，然后要充分注意顾客购买过程中的便利性，最后还应以消费者为中心实施有效的营销沟通。

4C 是指消费者的需要与欲望（Customer's needs and wants），消费者获取满足的成本（Cost and Value to satisfy consumer's needs and wants），用户购买的方便性（Convenience to buy），与用户沟通（Communication with consumer）。

有人甚至认为在新时期的营销活动中，应当用“4C”来取代“4P”。但许多学者仍然认为，“4C”的提出只是进一步明确了企业营销策略的基本前提和指导思想，从操作层面上讲，仍然必须通过以“4P”为代表的营销活动来具体运作。所以“4C”只是深化了“4P”，而不是取代“4P”。其实，“4P”与“4C”是互补的而非替代关系。如 Customer 是指用客户取代产品，要先研究顾客的需求与欲望，然后再去设计、生产和销售顾客确定想要购买的服务产品；Cost 是指用成本取代价格，了解顾客为满足其需要与欲求所愿意付出的成本，再去制定定价策略；Convenience 是指用便利取代地点，意味着制定分销策略时要尽可能让顾客方便；Communication 是指用沟通取代促销，沟通是双向的，促销无论是推动策略还是拉动战略，都是线性传播方式。

（三）大营销理论

一般市场营销理论只看到外部环境对市场营销活动的影响和制约，而忽视了企业经营活动也可以影响外部环境，另一个方面，克服一般营销观念的局限，大市场营销策略应运而生。

大市场营销理论将市场营销组合从战术营销转向战略营销，意义十分重大，被称为市场营销学的“第二次革命”。20 世纪 80 年代，美国著名市场营销专家菲利普·科特勒提出了“大市场营销”这一理论。大营销理论认为，进入市场的主要障碍并非都来自顾客和最终用户，当大门封住了进入市场的通路时，公司必须找到“守门人”，并善于运用积极的诱导以及政治和关系干预。也就是说，在实行贸易保护主义的国际环境下，在传统的 4P 组合的基础上，增加两个 P，即政治力量（Political Power）、公共关系（Public Relations）。企业为了成功打入特定市场，并在那里从事业务经营，在策略上就必须综合地、协调地使用经济的、心理的、政治的和公共关系的手段，冲破各种贸易壁垒和公众舆论方面的障碍，使企业在市场上取得有关方面的支持，使环境发生变化，从而有效地开展企业的营销活动。

（四）10P 理论

菲利普·科特勒在战术 4P 理论基础上，又提出战略上的另一个“4P”。

探查（Probing），就是要探查市场，市场由哪些人组成，市场是如何细分的，都需要些什么，竞争对手是谁以及怎样才能使竞争更有成效。真正的市场营销人员所采取的第一个步骤，就是要调查研究，即市场营销调研(Marketing Research)。

细分（partitioning），即把市场分成若干部分。每一个市场上都有各种不同的人（顾客群体），人们有许多不同的生活方式。分割的含义就是要区分不同类型的买主，即进行市场细分，识别差异性顾客群。

优先（Prioritizing），不能满足所有买主的需要，必须选择那些能最大限度满足其需要的买主。哪些顾客最重要？哪些顾客应成为推销产品的目标？必须了解市场，必须分出各种不同类型的买主，必须优先考虑或选择能够满足其需要的那一类顾客。

定位（Positioning），定位就是必须在顾客心目中树立某种形象。产品一旦经过定位后，便可以运用上面提到的战术上的 4P 进行营销部署。

另外加上两个“P”，科特勒称为“大市场营销”，即政治力量”（Political Power）、“公共关系”（Public Relations），这就是市场营销的 10P 理论。

二、激励理论

人们的各种行为都有一定的动机，而动机又产生于人们本身内在的强烈要求得到满足的需要。因此营销管理中，可以根据人的需要和动机来加以激励，使员工更好的完成任务，同时也能更好的实现自己的价值。

（一）需要层次理论

马斯洛提出了“需要层次”理论，他把人类纷繁复杂的需要分为由低到高的五个层次：生理的需要、安全的需要、友爱与归属的需要、尊重的需要和自我实现的需要。

生理需要是维持人类生存所必需的身体需要。

安全需要即保证身心免受伤害。

归属和爱的需要包括感情、归属、被接纳、友谊等需要。

尊重的需要包括内在的尊重如自尊心、自主权、成就感等需要和外在的尊重如地位、认同、受重视等需要。

自我实现的需要包括个人成长、发挥个人潜能、实现个人理想的需要。

（二）期望理论

期望理论的基本内容主要是弗鲁姆的期望公式和期望模式。

期望公式表示为：动机 = 效价 × 期望值 × 工具性。

其中，工具性是指能帮助个人实现期望的非个人因素，如环境、快捷方式、任务工具等。

弗鲁姆提出了人的期望模式就是怎样使激发力量达到最好值，即"个人努力→个人成绩（绩效）→组织奖励（报酬）→个人需要"。

在这个期望模式中的四个因素，需要兼顾以下方面的关系：努力和绩效的关系，绩效与奖励关系，奖励和个人需要关系，需要的满足与新的行为动力之间的关系。

弗鲁姆的期望理论，对于有效地调动人的积极性，具有一定的启发和借鉴意义。因为期望理论是在目标尚未实现的情况下研究目标对人的动机影响。一个好的管理者，应当研究在什么情况下使期望大于现实，在什么情况下使期望等于现实，以更好地调动人的积极性。

（三）挫折理论

挫折是人的一种主观感受，引起挫折的原因既有主观的个人因素，如身体素质不佳、个人能力有限、认识事物有偏差、性格缺陷、个人动机冲突等；也有客观的社会因素，如企业组织管理方式引起的冲突、人际关系不协调、工作条件不良、工作安排不当等。人是否受到挫折与许多随机因素有关，也因人而异。归根结底，挫折的形成是由于人的认知与外界刺激因素相互作用失调所致。

根据不同人的心理特点，受到挫折后的行为表现主要有两大类：

第一，采取积极进取态度，即采取减轻挫折和满足需要的积极适应态度。

第二，采取消极态度，甚至是对抗态度，如攻击、冷漠、幻想、退化、忧虑、固执和妥协等。

一般人遭受挫折后，会出现防卫、补偿、报复、退避、求成等几种心理现象。受挫折后应该检查目标是否过高，检验的方法是否妥当，找出受挫折的原因、障碍和阻力来源，积极处理，转败为胜。作为企业应当从长远目标对员工进行培训教育，建立积极的生活、工作态度。

第一，要培养员工掌握正确战胜挫折的方法，教育员工树立远大的目标，不要因为眼前的某种困难和挫折而失去前进的动力。

第二，要正确对待受挫折的员工，为他们排忧解难，维护他们的自尊，使他们尽快从挫折情境中解脱出来。

第三，要积极改变情境，避免受挫折员工触景生情，防止造成心理疾病。

（四）冰山理论

维琴尼亚·萨提亚（Virginia Satir）是美国最具影响力的首席心理治疗大师一位女士的名字，也代表以维琴尼亚·萨提亚名字命名的一种成长模式。冰山理论主要包括七个层次，从上到下依次是行为、应对方式、感受、观点、期待、渴望和自己。

萨提亚用了一个非常形象的比喻，就像一座漂浮在水面上的巨大冰山，能够被外界看到的行为表现或应对方式，只是露在水面上很小的一部分，大约只有八分之一露出水面，另外的八分之七藏在水底。而暗涌在水面之下更大的山体，则是长期压抑并被人们忽略的“内在”。揭开冰山的秘密，人们会看到生命中的渴望、期待、观点和感受，看到真正的自我。根据萨提亚的理论，一个人和他的原生家庭有着千丝万缕的联系，这种联系有可能影响他的一生，包括一个人的心理特征和心理变化。

营销管理或是营销活动，都需要分析人们的心理活动，冰山理论有很重要的作用和意义。

三、传播理论

传播，存在于社会生活的每个角落，是伴随人类诞生而开始的社会现象。

（一）传播要素

传播要素有信息源、信息、传播者、媒介、受者、信息宿、反馈

信息源是信息的来源；信息是人的精神产物的外化和内储，就是讲科技信息及时有效的传播给农民；传播者是收集信息、传递散发信息的人；媒介是信息的载体，是沟通传播者和接受者的桥梁，有印刷媒介类和电子传播类；受者是获得信息的个人、群体、组织；信息宿是信息别使用的场所，就是信息最后的归宿，是传播过程的终点站；反馈是信息传播到受者做出的反应，并通过一定渠道返回给传者，影响下一次传播行为的过程。

（二）传播途径

传播途径是将信息从信息源传到信息宿，即传者到受者及反馈的渠道。个

人、组织和大众传播媒介是主要信息来源渠道，因此传播途径分为人际交流、组织传播、大众传播。

人际交流

农产品营销中的面谈、走访、咨询巡回等指导都属于人际交流范畴。

主要表现有信息直接生动、信息不易失真、可信度高、反馈及时、信息容量小传播内容扩散速度慢等特点。

组织传播

组织传播是组织为某种目的或利益进行的组织之间、组织与组织成员之间的物质和信息的创造和交流过程。常见的小组活动、现场示范、农民专业协会、培训班等，都是组织传播的形式。组织传播表现有目的性、有序性、强制性、不准确性等主要特点。

大众传播

大众传播是由一些机构和技术所构成，专业化群体凭借这些机构和技术，通过技术手段向社会各种接受者传播富豪的内容。

大众传播具有。公众性和开放性；传者是一个专业性组织；信息容量大、传播速度快、范围广；接近传者的有限性和有控性；传播的易失性等特点。

大众传播的媒介有报纸、杂志、书籍、传单、广播、电视、电影、电话、计算机、互联网、手机等。今后农村教育、新闻、电讯事业的发展，大众传播将是农产品营销传播的一个重要途径。

（三）传播策略

1. 营销效果

不同的传播构成，由于传播要素影响船舶的有效性，选择合适的营销内容和使用恰当的营销方法，则决定营销效果。

$$营销效果=营销内容\times传播方法$$

公式中的营销内容就是信息，传播方法就是传播技术。在实际营销工作中，营销内容要传播给受者，是为受者服务的，信息要准确、可信、经得起实验检验；人们对信息的接受、理解、感受、态度是多种多样的，受着主观和客观因素的影响，同样的营销内容遇到不同的消费者会有不同的反应，现实情况十分复杂。因此，必须根据不同的营销对象的实际情况，有针对性地采用有效的传播方法和技术。

2．有效传播策略

（1）人际交流策略。

了解传播工作，交流时语言简单明了，音容谐和，坦诚相待，学会聆听，培养洞察力，尊重他人。

（2）小群体有效传播策略。

尽量利用自愿者的协助，根据参加者情况确定会议时间和地点，尽量使与会者能面对面的交谈；鼓励相互讨论问题，集思广益，还可以穿插一些娱乐活动，鼓励受者组织召开会议。

（3）大众传播策略。

吸收注意力，及时、准确、适用并富有吸引力的信息，将受者的注意力集中到大众媒介上；为特殊受者准备信息，针对受者的兴趣、爱好、利益，寻找适合的方法和技术传播，便于理解；让农民参加大众传播活动；建立良好的信誉，将大众传播和组织结合起来，效果会更好。

延伸阅读：《营销管理》（[美] 菲利普·科特勒）理论。

复习思考题

1. 农产品市场营销观念有哪些？
2. 农产品市场营销有什么发展变化？
3. 理解“4P”“4C”“10P”理论以及大营销理论的含义。
4. 阐释需要层次理论、期望理论、挫折理论、冰山理论、传播理论。
5. 为什么要树立以顾客为中心的营销理念？
6. 你了解营销吗？如何理解营销？营销是不是推销？
7. 推销、促销、营销的关系如何？三者之间有何区别？
8. 农产品市场营销在企业中处于何种地位？

营销这两个字强调既要追求结果，也要注重过程，既要销，更要营。

——马云

模块二　农产品营销战略

第三章　农产品营销环境分析

第一节　市场营销环境

市场营销环境与相关环境密切相关，环境威胁与市场营销机会是并存的，正确分析市场营销环境，才能准确把握市场。市场营销环境是影响企业与目标顾客建立并保持互利关系等营销管理能力的各种角色和力量。

一、市场营销环境

市场营销环境是影响企业市场营销活动和实现目标的各种内、外因素和条件动向的总和。任何企业的经营活动，都是在市场中进行的，而市场又受国家的政治、经济、技术、社会文化的限定和影响。所以，企业从事生产经营活动，必须从环境的研究与分析开始。

分析营销环境的作用，可以使生产经营者对市场有清醒的认识；市场营销活动的出发点和归宿都是要分析营销环境，这有助于发现市场机会，规避市场风险，从而帮助生产经营者作出正确的决策。

（一）市场营销环境对企业营销的双重影响

1. 市场营销环境给企业营销带来的威胁

营销环境中会出现许多不利于企业营销活动的因素，由此形成挑战。如果企业不采取相应规避风险的措施，这些因素会导致企业营销困难，带来威胁。为保证企业营销活动的正常运行，企业应注重对环境进行分析，及时预见环境威胁，将危机减少到最低程度。

2．市场营销环境给企业营销带来的机会

营销环境也会衍生出对企业具有吸引力的领域，带来营销的机会。对企业来讲，环境机会是开拓经营新局面的重要基础。为此，企业应加强应对环境的分析，当环境机会出现的时候善于捕捉和把握，以求得企业的发展。

（二）市场营销环境是企业营销活动的资源基础

市场营销环境是企业营销活动的资源基础。企业营销活动所需的各种资源，如资金、信息、人才等都是由市场营销环境来提供的。企业生产经营的产品或服务需要哪些资源、多少资源、从哪里获取资源，必须分析研究营销环境因素，以获取最优的营销资源，满足企业经营的需要，实现营销目标。

（三）市场营销环境是企业制定营销策略的依据

企业营销活动受制于客观环境因素，必须与所处的营销环境相适应。但企业在环境面前绝不是无能为力、束手无策的，能够发挥主观能动性，制定有效的营销策略去影响环境，在市场竞争中处于主动，占领更大的市场。

二、市场营销环境特点

（一）动态性和多变性

外界环境随着时间的推移经常处于变化之中。例如，外界环境利益主体的行为变化和人均收入的提高均会引起购买行为的变化，影响企业营销活动的内容；外部环境各种因素结合方式的不同也会影响和制约企业营销活动的内容和形式。

（二）层次性和相关性

从空间上看，营销环境因素是个多层次的集合。第一层次是企业所在的地区环境，例如当地的市场条件和地理位置；第二层次是整个国家的政策法规、社会经济因素，包括国情特点、全国性市场条件等；第三层次是国际环境因素。这几个层次的外界环境因素与企业发生联系的紧密程度是不相同的。

构成营销环境的各种因素和力量是相互联系、相互依赖的，如经济因素不能脱离政治因素而单独存在，同样，政治因素也要通过经济因素来体现。

（三）差异性和不可控性

营销环境的差异主要因为企业所处的地理环境、生产经营的性质、政府管

理制度等方面而导致，不仅表现在不同企业受不同环境的影响，而且同样的环境对不同企业的影响也不尽相同。

影响市场营销环境的因素是多方面的，也是复杂的，并表现出企业不可控性。例如，一个国家的政治法律制度、人口增长及一些社会文化习俗等，企业不可能随意改变。

三、市场营销环境因素

市场营销环境又分为宏观环境和微观环境两个层次。宏观环境因素和微观环境对企业的影响力较大，一般都是宏观环境对企业间接产生影响，微观环境因素直接影响企业的生产经营活动。

（一）宏观环境分析

宏观环境一般包括自然环境、人口因素、政治法律、经济环境、科学技术、社会文化。它是通过微观环境间接向企业施加影响。

1．自然环境

主要指营销者所需要或受营销活动所影响的自然资源。自然环境的优劣不仅影响企业的生产经营活动，而且影响一个国家或地区的经济结构和发展水平。因此，企业必须密切注视自然环境的发展变化趋势，并从中发现企业所面临的营销机会和环境威胁，制定出相应的对策。另一方面，企业的营销活动也会对自然环境造成影响。

（1）自然资源日益短缺。

自然资源包括三类。第一类是取之不尽、用之不竭的资源，如空气、阳光和水。但由于现代工业无限扩张造成的污染，空气的质量和水质都大不如从前了，许多国家还面临着严重的缺水问题。第二类是有限但可再生资源，如森林、农产品。这类资源是有限的，可以被再次生产出来，但必须防止过度采伐森林和侵占耕地。第三类是不可再生资源，如石油、煤炭、银、锡、铀等各种矿产，这种资源蕴藏量有限，随着人类的大量开采，有的矿产已经处于枯竭的边缘。

自然资源短缺，一方面使很多企业将面临原材料价格大涨，生产成本大幅度上升的威胁；另一方面又为企业提供了营销机会，迫使企业去研究更合理地利用资源的方法，开发新的资源或替代品。如木材短缺对家具生产商、建筑业造成威胁，但为新型建筑材料开发带来了机会。面对煤、石油短缺，各国加强了可再生资源的开发，使太阳能、风能、水能、生物能、核能等行业有了突飞猛进的发展，从目前情况看太阳能前景看好。

（2）生态问题日趋严重。

随着人类社会进步和科学技术发展，世界各国都加速了工业化进程，一方面创造了丰富的物质财富，满足了人们日益增长的需求；另一方面对自然环境造成了很大的影响，许多地区的污染已经严重影响人们的身体健康和自然生态平衡。如森林遭大面积砍伐，工业废气、废液、废渣大范围污染大地、海洋和空气，水土流失，土地沙漠化，酸雨等。据研究得出结论，气候确实在变化，变化的原因 90% 来自人为因素。冰川融化、海平面升高、地球上各种极端灾害性气候发生的频率在升高。

（3）政府干预不断加强。

资源短缺和环境污染问题已引起各国政府和公众的密切关注，为实现社会长远利益和可持续发展，各国政府制定了许多措施加强对自然资源的战略控制，强化对达不到环保标准企业的管制。这使传统企业面临强大的约束和威胁，但同时也为企业提供了新的营销机会。企业必须以大局为重，在营销过程中自觉遵守环保法令，担负起环境保护的社会责任，研究控制污染的技术与设备、兴建绿色工程、生产绿色产品、开发环保包装。

2. 人口环境

市场是由有购买欲望同时有支付能力的人构成的，而且这种人越多，市场的规模就越大。人口是市场的第一要素，人口环境对市场格局具有整体性和长远性的影响。企业应重视对人口环境的研究，密切关注人口特性及其发展动向，及时调整营销策略以适应人口环境的变化。

（1）人口总量。

人口总量是决定市场规模、潜在容量的重要因素。人口越多，对食物、衣着、日用品等基本生活资料的需要量也越多，市场也就越大。我国人口有 14 亿之多，庞大的人口数量使我国成为世界上最大的潜在市场，吸引着众多国外企业。沃尔玛、家乐福选择市场时首先考虑的都是人口数量。如中国奶粉市场，尤其是婴幼儿配方奶粉市场的需求增长速度较快。中国高档婴儿奶粉市场销量每年以两位数的速度增长，长期以来，高档婴幼儿奶粉市场一直被惠氏、美赞臣、雅培、雀巢、多美滋等国外品牌垄断。

而另一方面，众多的人口，会造成基本生活资料、基本原材料、运输、能源等的供应紧张，给企业的市场营销活动带来压力与危害。

（2）年龄结构。

不同年龄的人对商品和服务有着不同的需求。按年龄，可将市场分为婴儿市场、儿童市场、青少年市场、中年人市场、老年人市场。企业了解不同年龄结构所具有的需求特点，就可以决定企业产品的投向，寻找目标市场。

发达国家人口的低出生率，一方面给儿童用品行业带来了威胁；而另一方面，年轻夫妇有了更多的闲暇和收入，给酒店、饮食、旅游、体育、娱乐、航空公司带来巨大营销机会。根据联合国教科文组织的规定，60 岁以上的人口占一个国家总人口的 10%，或者 65 岁以上的人口占 7%，这个国家就进入了老龄化社会。据我国 2007 年国民经济和社会发展统计公报，目前中国是世界上老龄人口最多的国家，60 岁以上老年人口已超过 1.3 亿，占总人口的 10% 以上，65 岁以上老年人口已超过 1.063 6 亿，占总人口的 8.1%，也就是说，中国已进入了老龄化国家行列，对药品、保健品、老年公寓、家庭护理娱乐、老年大学等老年人用品与服务的需求增加了。

（3）人口性别。

一般说来，在一个国家或地区，男性和女性的人口总数相差并不大。不同性别的人，在购买动机和购买行为等方面也有所不同。女性操持家务较多，大多数家庭生活用品和儿童用品多由女性采购，而耐用品、高科技产品往往由男性购买。

（4）地理分布。

人口的地理分布因素是进一步分析市场潜力的重要依据，是人们形成不同区域消费偏好的重要原因。

居住在不同地区的人群有着不同的需求。由于地理位置、气候条件、传统文化、生活习惯和经济发展水平不同，人们会表现出消费习惯和购买行为的差异。第五次全国人口普查数据显示，居住在乡村的人口占 63.91%，居住在城镇的人口占 36.01%。在农村，由于农民普遍存在求廉心理，产品辨别能力较低，加上地方监管能力的局限，假冒伪劣产品更多地在农村市场泛滥。大中城市居民健康意识、防伪意识较强，三无产品在城市生存空间较小。

从世界经济发展看，人口迁移的规律是由农村到城市，再由城市到郊区。当前，我国有一个突出的现象就是农村人口向城市或工矿地区流动，内地人口向沿海经济开放地区流动，使这些地区的消费需求不仅在量上增加了，而且在消费结构上也发生了一定的变化。企业应该提供更多的适销对路产品满足这些流动人口的需求，这是潜力很大的市场。如在深圳、上海和北京，外来人口众多，给当地的旅馆、饭店和个人房屋出租等带来了收益。

（5）家庭结构。

家庭是社会的细胞，也是商品采购的基本单位。家庭单位的数量和家庭平均人口的多少都会引起市场需求量及购买习惯的变化。如家庭数目多，对家电、家具等生活必需品的需求量就大，否则，需求量就小。在我国家，家庭结构在不断地缩小，丁克、单亲、独身家庭的比重不断增加，使得家庭的数量不断增多，因此对住房、家庭用品的需求也在不断增加。

家庭生命周期状况对企业的市场营销也有重大影响。家庭生命周期一般由七个阶段构成：

未婚期，单身一人，空闲时间多，可以进行广泛的社交活动，无经济负担，对于书籍、娱乐用品和名牌服装等需求较大。

新婚期，夫妇二人，无子女，在家具、电器等耐用消费品、度假和时装等方面花费较大。

“满巢”Ⅰ期，年轻夫妇和 6 岁以下孩子。婴幼儿的食品、玩具、婴幼儿常用药品、幼儿书籍、服装、保育费、教育支出等较大。

“满巢”Ⅱ期，年轻夫妇和 6 岁以上儿童，需要大量的文教用品、书籍、日常用品、教育支出等。

“满巢”Ⅲ期，年龄较大的夫妇和已经自立的子女。经济上比较宽裕。

“空巢”期，子女已婚独居，家中只剩夫妇二人，主要需要医药用品和保健品、娱乐和社会服务等。2007 年我国“空巢老人”约占老年人口总数的 25%。

孤独期，丧偶独居，需求与空巢期基本相同。

3．政治法律环境

政治环境是指影响和制约企业的政治要素和法律系统及其运行状态。具体包括国家政治制度、政治军事形势、方针政策、法律法令法规及执法体系等因素。在稳定的政治环境中，企业能够通过公平竞争获取正当权益，得以生存和发展。国家的政策法规对企业生产经营活动具有控制、调节作用，相同的政策法规给不同的企业可能会带来不同的机会或制约。

政治法律环境是影响企业营销的重要宏观环境因素。政治与法律环境是由法律、政治机构和在社会上对各种组织及个人有影响、制约的团体和组织构成。政治环境引导着企业营销活动的方向，法律环境则为企业规定经营活动的行为准则。政治与法律相互联系，共同对企业的市场营销活动产生影响和发挥作用。

企业的一切市场营销活动都必须遵守党和国家的方针、政策和法令，不允许有丝毫背离。当国家在一定时期内调整或改变某项政策法令时，企业要相应地调整经营目标和策略。这就要求企业经营管理人员对政策法令法规的内容、含义及其对市场营销的影响要有明确的了解。

（1）政治形势。

政治形势包括政治稳定性、社会治安、政府更迭、政策衔接、政府机构作风、政治透明度等。国家政局稳定，经济就能顺利发展，人民就能安居乐业，企业就有了良好的营销环境。

（2）方针政策。

国家政府所制定的方针政策，如人口政策、能源政策、物价政策、财政政策、货币政策等，都会对企业营销活动带来直接或间接的影响。如国家通过降低存款利率来刺激消费的增长；通过征收个人收入所得税调节消费者收入的差异；通过对香烟、酒等商品的增税来抑制人们的消费需求。

作为营销者，不仅要了解国家现行的方针政策，还要有敏锐的政治头脑，能预测出国家未来可能出台的政策，提前做好准备，抢占市场先机。

（3）政治团体和公众团体。

政治团体如工会、共青团、妇联组织等。公众团体如中国消费者协会、企业家协会、个体劳动者协会、残疾人协会等。这些团体通过影响国家立法、方针政策、社会舆论等，对企业营销活动产生影响。

（4）法律环境。

法律环境是指国家或地方政府颁布的各项法规、法令和条例等。为了建立和维护经济秩序，保障企业、消费者利益，保护社会长远利益，国家会制定许多法律法规。

与市场营销有关的法律主要是针对消费者和企业的。为了保护人民健康，防止环境污染，我国制定了《中华人民共和国消费者权益保护法》《中华人民共和国食品卫生法》《中华人民共和国产品质量法》《环境保护法》《大气污染防治法》等。同时为了防止企业间的非法竞争制定了诸多法律法规，如《企业法》《反不正当竞争法》《经济合同法》《商标法》《专利法》《广告法》。为了适应对外开放的需要，我国还制定和颁布了一大批经济法律法规，如《中华人民共和国外贸法》《中华人民共和国外汇管理暂行条例》《涉外经济合同法》《中外合资经营企业法》《进出口货物许可制度暂行条例》《中华人民共和国进出口关税条例》《进出口商品检验条例》等。

企业要研究并熟悉法律环境，依法进行管理和经营，运用法律手段保障自身和消费者的合法权益。

（5）国际关系。

从事国际营销活动的企业，在营销活动中会受到国际关系的影响。如国际上的重大事件与突发性事件，会给企业的市场营销工作带来或大或小的影响，有时带来的是机会，有时带来的是威胁。各国也会制定一些相应的政策来干预外国企业在本国的营销活动，如进口限制、税收政策、价格管制、外汇管制、劳工限制和绿色壁垒等。例如，欧洲国家规定禁止销售不带安全保护装置的小商品，无疑限制了中国低价商品的出口市场。日本政府也曾规定，任何外国公司进入日本市场，必须要找一个日本公司同它合伙，以此来限制外国资本的进入。

企业应了解和遵守国外的法律制度和有关的国际法规、惯例和准则等。只有如此，才能制定有效的营销对策，在国际营销中争取主动。

4．经济环境

经济环境是指构成企业生存和发展的社会经济状况及国家的经济政策。具体包括社会经济制度、经济结构、宏观经济政策、经济发展水平以及未来的经济走势等。其中，重点分析的内容有宏观经济形势、行业经济环境、市场及其竞争状况。衡量经济环境的指标有国民生产总值、国民收入、就业水平、物价水平、消费支出分配规模、国际收支状况，以及利率、通货供应量、政府支出、汇率等国家财政货币政策。

（1）消费者收入水平。

消费者的收入水平决定着消费者的购买力水平。

人均国内生产总值是指一个国家或地区在一年内创造的新价值的总和除以总人口数。它是衡量一个国家经济实力与购买力的重要指标。据国家统计局公布的数据：2013 年我国国内生产总值为 568 845 亿元人民币，人均国内生产总值为 6 767 美元。

消费者个人收入是指消费者所得的各种货币收入的总和，包括工资、奖金、退休金、助学金、馈赠、红利、出租收入等。

消费者的购买力仅仅是其收入的一部分，因为消费者并不是将全部收入都用于购买产品或服务。因此，在研究消费者收入水平的基础上，要区分个人可支配收入和个人可任意支配收入。

个人可支配收入，指扣除消费者个人必须交纳的各种税款和非税性负担后用于个人消费和储蓄的那部分个人收入。个人可支配收入是真正影响消费者购买力和消费者支出的决定性因素，它构成实际购买力。可以用公式表示为：

个人可支配收入＝个人收入－税金－非税性负担。

个人可任意支配收入，指个人可支配收入中减去消费者用于维持个人及家庭生活不可缺少的开支，如房租、水电、食物、燃料、衣着等后剩下的那部分余额。个人可任意支配收入是影响消费者支出的最活跃的因素，是消费者用来扩大购买量及提高消费水平的基础，是奢侈品和享乐用品消费的基础，也是企业开展营销活动时所要考虑的主要对象。

（2）消费者支出模式。

消费者支出模式是指各种消费支出比例关系。它主要取决于消费者收入水平，没有收入就没有支出，人们的需要和欲望就不能转化为有货币支付能力的需求。此外消费者支出还取决于家庭生命周期、家庭所在地等。

德国统计学家恩格尔提出了著名的恩格尔定律，反映了消费者收入与支出模式之间的一般规律。随着家庭收入增加，买食品的支出占家庭收入的比重会下降；随着家庭收入增加，用于住宅建筑和家庭经营支出占家庭收入的比重大体不变；随着家庭收入增加，用于其他方面的支出，如服装、交通、娱乐、卫生保健、教育的支出占家庭收入的比重就会上升。

恩格尔定律所揭示的这种消费结构的变化，通常用恩格尔系数来表示。

$$恩格尔系数=食物支出变动百分比/收入变动百分比\times 100\%$$

一般认为，恩格尔系数越大，食品支出所占的比重就越高，生活水平就越低；反之，恩格尔系数越小，食品支出所占的比重就越小，生活水平就越高。

国际上常常用恩格尔系数来衡量一个国家或地区人民生活水平的状况。根据联合国粮农组织提出的标准：恩格尔系数为 59% 以上是绝对贫困，50%~59% 是勉强度日，40%~50% 是小康水平，20%~40% 是富裕，20% 以下是最富裕。发达国家大多低于 20%，我国处于由小康向富裕过渡阶段。据资料显示，2013 年我国恩格尔系数为 29.8%，城镇居民为 35.0%，农村居民为 37.7%；2014 年我国恩格尔系数为 21%，城镇居民为 36%，农村居民为 40%。

企业通过恩格尔系数，可以了解目前市场的消费水平，也可以推测今后消费变化的趋势以及对企业营销活动的影响。

（3）消费者的储蓄与信贷。

储蓄是指消费者将可任意支配收入的一部分储存待用，包括银行存款、公债与股票等有价证券的购买。当收入一定时，储蓄的增加，会使消费者的现实需求减少，而使潜在需求增加；反之，储蓄的减少，会使消费者的现实需求增加，而使潜在需求减少。居民储蓄会受到利率、物价等因素变化的影响。企业应关注居民储蓄的增减变化，了解居民储蓄的不同动机，制定相应的营销策略，获取更多的商机。

消费者信贷是消费者凭信用取得商品使用权，然后按期归还贷款，如短期赊销、分期付款和信用卡信贷。消费者信贷是一种经济杠杆，可用来调节供与求的矛盾。供大于求时，可以发放信贷，刺激需求；供小于求时，可收缩信贷，适当地抑制需求。信贷允许人们购买超过自己现实购买力的商品，因此创造了更多的消费需求。信贷在西方国家普遍存在，美国的消费者信贷在全世界最高，而且越是富人越容易得到贷款，欠债也就越多。

（4）经济发展水平。

一个国家或地区的经济发展水平制约着企业的营销活动。在不同的经济发展阶段，消费者的需求不同，企业的营销策略也不相同。

美国学者罗斯顿的经济成长阶段理论，把世界各国的经济发展归纳为五种类型：

传统经济社会：技术落后，生产力水平低下，以自给自足为主。人口素质低，缺乏大幅度提高生产力的能力。

经济起飞前的准备阶段：经济起飞阶段的过渡时期。生产技术水平有所提高，现代科学技术开始应用于农业和工业生产，经济增长较快。运输、通讯、电力、教育和保健等开始发展。在此阶段，这些国家急需进口大量技术以实现经济起飞，出口的主要是资源和劳动密集型产品，出口能力小，外汇收入不能满足进口产品的需要，所以，进口的可能性较小。

经济起飞阶段：经济开始稳定增长，农业和工业的现代化使经济规模迅速扩大。这类国家工业发展具有一定规模，国民生产总值增长比较快，工业占国民生产总值的比重越来越大。出口能力有所提高，外汇收入的递增使进口的可能性越来越大。

迈向经济成熟阶段：在此阶段的国家，经济持续发展，现代技术应用于各项经济活动中，并开始多方面地参与国际经济，出口量大，进口量也大。

大量消费阶段：实际人均收入达到较高水平，大量居民拥有相当规模的可任意支配的收入，公共设施和社会福利日益完善，整个经济呈现大量生产、大量消费状态。

处于前三个阶段的国家称为发展中国家，消费者注重产品的基本功能和实用性，企业之间以价格竞争为主要的竞争方式。处于后两个阶段的国家称为发达国家，消费者注重产品功能的同时，强调款式、特性和品质。企业进行大量的促销活动，非价格竞争占主导地位。当然，不是每个国家的经济发展都必须依次经过这五个阶段，有的会跳过一两个发展阶段，并且各个国家每一发展阶段持续的时间长短也不尽相同。

（5）经济形势。

经济形势是企业能否顺利发展的条件。当前，国际金融危机已经过去多年，但全球经济依然并不平静，各类潜在风险相互交织。

2015 年全球经济格局受制于三大变量，一是能源和大宗商品下跌导致全球性通缩风险。二是美元已经进入强势周期，不仅会加速资本外逃，也进一步打压经济，使许多以美元计价的新兴经济体增加了海外债务风险，并推升全球融资成本上升。三是新兴经济体“回溢效应”风险突出，新兴经济体的“回溢效应”将更加显著，正普遍面临着为增长放缓倒逼国内经济改革，而成为重要拐点。

我国经济宏观调控，适应经济发展新常态，引领经济发展新常态，把转方式、调结构放在更加重要位置，继续统筹兼顾“稳增长、调结构、促改革、惠民生、防风险、扩开放”，坚持“稳中求进”的工作总基调，坚守底线，坚持速度服从质量，注重改革释放活力，为经济平稳转入新常态和“十三五”顺利开局奠定良好基础。

政府继续实施积极财政政策，加快推进财税体制改革。降低部分消费品进口关税，缩小高档消费品境内外价差，促进海外奢侈消费品消费回流国内市场；促进电子信息消费、农村服务消费、绿色循环消费等新型消费，落实好社会政策要求。财政支出方面，推出一批重大民生项目，完善转移支付功能，扩大营业税改征增值税范围，扩大对小微企业减税力度，降低进口环节关税，促进出口产品结构调整。调整税制结构，支持企业研发、成果转化。理顺中央与地方税收关系，规范发行自发自还的地方债券，改变地方政府对土地财政依赖。

农业农村经济发展较快。2014 年，中国农业农村经济实现稳中有进、稳中提质、稳中增效。粮食产量达到 12 142 亿斤，再创历史新高，实现“十一连增”，其他主要农产品供给充裕；农民人均纯收入增加 900 元左右，实现“十一连快”；城乡居民收入之比下降到 3∶1 以下；农业现代化水平稳步提高，农业科技进步贡献率超过 56%。但是，目前国内主要农产品价格已经超过进口价格，继续提价遇到了“天花板”，农业生产补贴也遇到了“天花板”。与此同时，农业成本仍处在上升状态，农业资源禀赋先天不足，生态环境承载能力接近极限。

5．科技环境

科技环境是指与本企业有关的科学技术现有水平、发展趋势和发展速度，以及国家科技体制、科技政策等。如科技研究的领域、科技成果的门类分布及先进程度、科技研究与开发的实力等。在知识经济兴起和科技迅速发展的情况下，技术环境对企业的影响可能是创造性的，也可能是破坏性的，企业必须预见这些新技术带来的变化，采取相应的措施予以应对。

（1）科技发展促进社会经济结构的调整。

科学技术对企业的市场营销是“创造性的破坏力量”，科技发展导致新行业的出现，同时也使某些行业、企业受到冲击甚至被淘汰。企业要密切关注新技术的发展，不断采用新的技术，不断调整自己的市场营销战略，跟上时代的步伐，在未来激烈的市场竞争中占一席之地。

（2）科技发展影响企业营销组合策略的创新。

科学技术的进步，使产品的开发周期大大缩短，使产品更新换代加速。营销者要不断寻找新科技来源、新技术的专利保护，开发出在功能、性能、结构上更趋于合理和完善的新产品，满足人们的更高要求。

科技应用使生产集约化和规模化、管理高效化，提高了效率，降低了产品成本与费用，为企业制定理想价格策略准备了条件。科技还带来了信息科学的飞速发展，能使企业快速掌握价格信息，根据环境变化及时做好价格调整工作。

科学技术的发展也带来了分销方式的重大变化，如自动售货、邮购、电话订货、电子商务、电视购物等，人们交易不再局限于特定场合，非场合交易或自我服务的方式逐渐成为现代乃至未来商业的主体。

科学技术的日新月异也带来促销方式的变化，如广告媒体的多样化、先进的通讯技术、多媒体传播手段使宣传更具影响力。

（3）科技发展促进企业营销管理的现代化。

科技发展为企业营销管理现代化提供了物质技术基础，如智能手机、电脑、传真机、电子扫描装置、光纤通讯等设备的广泛运用，提高了信息接收、分析、处理和存储能力，对改善企业营销管理，实现现代化起了重要的作用。同时，科技发展对企业营销管理人员也提出了更高要求，促使其更新观念，掌握和运用现代化管理理论和方法，不断提高营销管理水平。

（4）科技发展直接引起了自然因素的变化。

科技应用使人类提高了对资源勘探、开采和综合利用的能力，减少了浪费；科学技术还有助于人类开发替代资源，以弥补稀有资源的不足，如开发利用太阳能、地热能、火山温泉、核能等来代替石油、煤等不可再生资源。

科学技术的进步，使人们的生活方式、消费模式、消费需求结构发生了深刻的变化。科技的发展，给企业创造了市场机会，使企业可以通过寻找或利用新的技术，不断满足人们新的需求。同时也可能对企业形成威胁，使企业现有产品变得陈旧，使企业人员原有的价值观发生变化。

6．社会文化环境

文化是指人类在社会发展的过程中所创造的物质财富和精神财富的总和。

社会文化主要是指一个国家、地区或民族的传统文化，它体现着一个国家或地区的社会文明程度。通常由价值观念、信仰、生活方式、风俗习惯、行为方式、伦理道德、教育水平、语言文字、社会群体及相互关系等内容构成。

社会文化环境是指企业所处地区的社会结构、风俗习惯、宗教信仰、价值观念、行为规范、生活方式、文化水平、人口规模与地理分布等因素的形成与变动。社会文化环境对企业的生产经营有着潜移默化的影响，如文化水平会影响人们的需求层次；风俗习惯和宗教信仰可能抵制或禁止企业某些活动的进行；人口规模与地理分布会影响产品的社会需求与消费等。

任何企业都处于一定的社会文化环境中，企业营销活动必然受到社会文化环境的影响和制约。为此，企业应了解和分析社会文化环境，针对不同的文化环境制定不同的营销策略。企业营销对社会文化环境的研究一般从以下几个方面人手:

（1）价值观念。

价值观念是指人们对社会生活中各种事情的态度和看法。

在不同的国家或民族之间，甚至同一国家或民族的不同群体之间，人们的价值观念差异很大。不同的价值观，影响人们的消费需求和消费行为，对于具有不同价值观念的消费者，企业要采取不同的市场营销策略。

（2）宗教信仰。

不同的宗教有不同的思想观念、生活方式、禁忌和消费习惯，对人们的生产、生活也有所不同。

企业产品在进入一国或地区之前，必须认真了解目标市场的宗教信仰，避免与当地消费者发生冲突。例如，我国一企业生产的塑料底鞋，因为鞋底的花纹酷似当地文字中的“真主”一词，结果在某阿拉伯国家遭到了查禁与销毁，并遭到了穆斯林的严厉指责。

（3）教育水平。

教育水平不仅影响消费者的收入水平，而且影响消费者对商品的鉴别力，影响消费者心理、购买的理性程度和消费结构，对企业的市场营销调研、目标市场选择、产品定价、促销方式和产品形式等均有重大影响。例如，在教育水平低的地区，适合采用操作使用与维修保养都较简单的产品，采用电视、广播和当场示范表演的形式进行宣传。而教育水平高的地区，则需要先进、精密、功能多、品质好的产品。因此，在设计产品和制定产品策略时，应考虑当地的教育水平，使产品的复杂程度、技术性能与之相适应。

（4）风俗习惯。

风俗习惯是指由文化传统的长期积淀和熏陶而形成的固定行为模式。消费习俗是其中的一项重要内容，指历代传递下来的一种消费方式。消费习俗在饮食、服饰、居住、婚丧、节日、人情往来等方面都表现出独特的心理特征和行为方式。

例如，在饮食方面，我国的云贵川地区喜辣，江浙地区喜甜，山西喜酸，广东喜鲜，各具特色。又如，在我国，人们在新年前夕要购买各种食品、礼品、烟花爆竹，贴春联进行庆祝；而在西方国家，人们每逢圣诞节前，就要购买圣诞树、礼品、食品，欢度圣诞节。

古人云："入境而问禁，入国而问俗，入门而问讳。"市场营销者了解了目标市场的禁忌、习惯和避讳以后，就能提供符合消费者需求的产品，并且能正确、主动地引导消费。

（5）消费流行。

由于社会文化多方面的影响，使消费者产生共同的审美观念、生活方式和情趣爱好，从而导致社会需求的一致性，这就是消费流行。消费流行在服饰、家电以及某些保健品方面，表现最为突出。消费流行在时间上有一定的稳定性，但有长有短，有的可能是几年，有的则可能是几个月；在空间上还有一定的地域性，在同一时间内，不同地区流行的商品品种、款式、型号、颜色可能不尽相同。

（二）微观环境分析

微观环境因素，包括市场需求、竞争环境、资源环境等，涉及行业性质、竞争者状况、消费者、供应商、中间商及其他社会利益集团等多种因素，这些因素会直接影响企业的生产经营活动。微观环境是企业生存与发展的具体环境，与宏观环境相比微观环境因素更能够直接地给一个企业提供更为有用的信息，同时也更容易被企业所识别。企业内部对公司自身进行分析，主要是分析公司的资源、组织与能力及竞争优势之间的关系。因此，企业内部环境分析也可称为企业内部条件分析，其目的在于掌握企业实力现状，找出影响企业生产经营的关键因素，辨别企业的优势和劣势，以便寻找外部发展机会，确定企业战略。只有在内外环境都适宜的情况下，企业才能健康发展。

1. 企业资源分析

企业的任何活动都需要借助一定的资源来进行，企业资源的拥有和利用情况决定其活动的效率和规模。企业资源一般包括企业自身、投资商，竞争者、中间商、社会公众、顾客等因素。

（1）农产品生产企业。

企业即企业内部状态。任何一个企业的市场营销活动都不是企业某个部门的孤立行为，企业市场营销管理部门也不例外。现代市场营销理论，特别强调企业对环境的能动性的反作用，认为企业对周围环境的关系，不仅有反应、适应的必要，而且还有积极创造和控制的可能。

企业的管理水平分为四个层次，即随意、感觉管理型；一般制度管理型；规范化、信息化管理型；优秀企业文化导向型。目前，农产品生产企业管理水平处于一般制度管理型，企业人员多数情况文化程度较低，工作效率低下，错误频繁，企业核心竞争力极弱，是企业管理的低层次。我国农业企业很多所谓有限公司，就处于这种层次，随着市场机制不断完善，今后这些企业将逐步退出商业市场。

（2）投资商。

投资商就是进行投资的商人、商家，以货币投入企业，通过生产经营活动取得一定利润。

（3）供应商。

供应商主要指农资供应商。农资供应商就是向企业及其竞争者提供资源的企业和个人。供应商对企业的影响具体表现在两个方面：一是价格变动的影响；二是货源的充足与质量。因此，企业一方面应与主要供应商保持长期稳定的关系；另一方面，应建立广泛的购货渠道，以免因过分依赖某些供应商造成被动局面。企业要搞好市场营销就必须要慎重选择供应商，并尽可能多地做到多渠道供应，以确保企业生产活动顺利进行。

（4）营销中介。

营销中介是指协助企业促销、分销其产品给最终购买者的公司和个人。它们包括中间商、实体分销公司，如运输企业、仓储企业等；营销服务机构，如广告公司、咨询公司等；财务中介机构，如银行、信托公司、保险公司等。

（5）市场。

企业开展各种类型的营销活动，就是为了更好地向目标市场提供商品和劳务。目标市场有：消费者市场、生产者市场、经销商市场、政府市场和国际市场。

（6）竞争者。

从与企业销售关系的密切程度看，有四个层次的竞争者，即品牌竞争者、形式竞争者、同类竞争者和愿望竞争者。

（7）顾客。

顾客原指购买物品、商品的人，解释为消费者。顾客是商业服务或产品的采购者，他们可能是最终的消费者、代理人或供应链内的中间人。在市场学理论中，供应商必须了解顾客及其市场的供求需要，否则事后的“硬销”广告，只是一种资源的浪费，又不环保。在客户服务中，有一种说法，“顾客永远是对的”。从企业的角度来说，顾客服务的目标并不仅仅止于使顾客满意，使顾客感到满意只是营销管理的第一步。顾客满意就是说顾客对其要求已被满足的程度的感受，是指一个人通过对一个产品的可感知效果与他的期望值相比较后，所形成的愉悦或失望的感觉状态。顾客抱怨是满意程度低的最常见表达方式，但没有抱怨并不一定表明顾客很满意。即使规定的要求符合顾客的愿望并得到满足，也不一定确保顾客很满意。当商品的实际消费效果达到消费者的预期时，就使顾客满意，否则，则会导致顾客不满意。

（8）社会公众。

公众，包括市民行动公众、企业内部公众、金融公众、媒体公众、政府公众、地方公众、一般公众。

市民行动公众，即各种保护消费者权益组织、环境保护组织、少数民族组织等。企业内部公众，如董事会、监事会、经理等。

社会公众是这样的一种群体，它对一个组织完成其目标的能力有着实际或潜在的影响。公众可能有助于增强也可能阻碍一个企业实现自己目标的能力，企业应处理好与公众的关系。企业公关部门负责公共关系的建设，通过收集涉及企业的公众意见和态度，发布和交流信息，树立企业信誉。与企业有关的公众有金融界、媒介、政府机构、社会团体、地方公众、普通公众和内部公众七类。

2．企业文化分析

企业文化分析主要是分析企业文化的现状、特点以及它对企业活动的影响。企业文化是企业战略制定与成功实施的重要条件和手段，它与企业内部物质条件共同组成了企业的内部约束力量，是企业环境分析的重要内容。所谓企业文化，从本质上说，就是企业家及他率领的群体所拥有并积淀的赋予企业的性格，具体表现为价值标准、企业精神、管理制度、行为规范等。良好的企业文化环境氛围有助于增进企业全体员工对企业的好感，并可以通过员工向外辐射这种感情以美化企业的对外形象。

随着市场经济的发展，农产品生产企业管理水平已逐步向第三、第四层次发展和提升。先进的产品技术，优秀的管理方法，不可多得的管理人才，高级的设备等，企业的竞争对手都可以拥有，即这些都具可复制性。但是唯有企业文化不可复制，企业之间不可能拥有一样的企业文化。

3．企业能力分析

企业能力是指企业有效地利用资源的能力。拥有资源不一定能有效运用，因而企业有效地利用资源的能力就成为企业内部条件分析的重要因素。企业内部必须有许多职能部门，它们各司其职，各行其是。企业要求各部门之间相互联系，有效配合。但是，一旦各部门形成以后，就存在各自的利益关系，从而客观上存在着产生矛盾的可能。企业以具备优秀的人力资源为要，但还必须具有良好的物质资源，人、物双优，加之良好的机制，就能实现企业资源效能整体优化。

四、企业对营销环境的对策

（一）营销环境的机会和威胁

1．营销环境机会

营销机会是指市场上尚待满足的欲望和需求。通过采用创新的营销手段，创造新的营销机会。例如，某 A 品牌橄榄油利用互联网以实现产品的有效传播，建设富有现代电子商务气息和功能的 A 品牌橄榄油网站，网页采用绿色为主色调，一方面宣传了本品牌橄榄油产品的绿色形象；另一方面将产品健康的生活理念传达给消费者和加盟商，把 A 品牌橄榄油的消费人群定位为高知、高收入并且追求高品质生活理念的“三高”人群，与经常浏览互联网的高素质人群范围高度吻合，让客户全方位地了解企业及产品，还结合广告宣传、新闻报道等创造营销机会。企业一旦识别和寻求到恰当的营销机会，必将为企业的经营与发展带来勃勃生机。

2．营销环境威胁

营销环境威胁是指由于环境的变化形成的对企业营销的冲击和挑战。其中，有些冲击和影响是共性的，有些对不同的产业程度不同。即使是同处一个行业、同一环境中，由于不同的抗风险能力，企业所受的影响不尽一致。

（二）营销环境机会和营销环境威胁的评估

1．列表分析法

列表分析法通过理顺企业的各种内在关系，列出等量关系式，用于经济利润相关问题。

将影响企业的所有环境事件分为机会和威胁，并从最大机会到最大威胁用 +5 ~ −5 十一个数字表示影响强弱程度的得分，同时用 0 ~ 5 六个数字表示发生的概率大小，二者的乘积表示正或负影响的重要程度，在决策时进行充分的考虑。

2．四象限分析法

研究市场营销环境对企业的威胁，一般分析两方面的内容，一方面分析威胁对企业影响的严重性，另一方面是分析威胁出现的可能性。可用矩阵方法进行分析。

威胁严重性 \ 出现的概率	高	低
高	Ⅰ	Ⅱ
低	Ⅲ	Ⅳ

第Ⅰ象限区内，环境威胁严重性高，出现的概率也高，表明企业面临着严重的环境危机，企业应处于高度戒备状态，积极采取相应的对策，避免威胁造成的损失。第Ⅱ象限区内，环境威胁严重性高，但出现的概率低，企业不可忽视，必须密切注意其发展方向，也应制定相应的措施准备面对，力争避免威胁的危害。第Ⅲ象限区内，环境威胁严重性低，但出现的概率高，虽然企业面临的威胁不大；但是，由于出现的可能性大，企业也必须充分重视。第Ⅳ象限区内，环境威胁严重性低，出现的概率也低，在这种情况下，企业不必担心，但应该注意其发展动向。

3．SWOT 分析法

SWOT 分析法是把组织内外环境所形成的机会（Opportunities）、风险（Threats）、优势（Strengths）、劣势（Weaknesses）四个方面的情况，结合起来进行分析，以寻找制定适合组织实际情况的经营策略的方法，人力资源 SWOT 分析是指企业为了提升人力资源的竞争力，而进行的对选人、用人、育人、留人等方面在这四个方面的分析。

在分析时，应把所有的内部因素，包括公司的优势和劣势都集中在一起，然后用外部的力量来对这些因素进行评估。这些外部力量包括机会和威胁，它们是由于竞争力量或企业环境中的趋势所造成的。公司的优势是指在执行策略、完成计划以及达到确立的目标时可以利用的能力、资源以及技能。公司的劣势是指能力和资源方面的缺失或者缺陷。

在为将来做计划时，确定企业的能力和资源代表的是可利用的优势还是劣势，这一点很重要。成功的决定因素指的是公司成功所必须具备的能力和资源，把这些与成功的决定因素放在一起，就可以形成一个表格，它反过来可以作一下比较：能力和资源与行业中重要的能力和资源的比较，这将有助于识别出公司目前的优势与劣势。从市场细分中寻求营销机会，从产品缺陷中寻求营销机会，从竞争对手的弱点中寻求营销机会，从市场发展趋势中创造营销机会，从社会时代潮流中创造营销机会，用科学技术创造营销机会，用营销手段创造营销机会。SWOT 分析法兼顾了“竞争导向”和“顾客导向”，使经营环境分析更为科学、正确。

（三）企业对环境威胁的对策

1．转移策略

转移策略是指当企业面临环境威胁时，通过改变对自己威胁的产品的现有市场，或者将投资方向转移来避免环境变化对企业的威胁。该策略包括三种转移：产品转移，即将受到威胁的产品转移到其他市场；市场转移，即将企业的营销活动转移到新的细分市场上去；行业转移，即将企业的资源转移到更有利的新行业中去。

2．减轻策略

减轻策略是指当企业面临环境威胁时，力图通过调整、改变自己的营销组合策略，尽量降低环境威胁对企业的负面影响程度。

3．对抗策略

对抗策略是指当企业面临环境威胁时，试图通过自己的努力限制或扭转环境中不利因素的发展。对抗策略通常被称为是积极、主动的策略。

看看加多宝与广药集团的商战，加多宝面对企业威胁采取的策略。自加多宝与广药就王老吉商标案的官司开打以来，网络上的舆论就一直倾向于同情加多宝。舆论的支持无疑是在这场战争中为加多宝增添了至关重要的砝码，为加多宝的品牌积累了群众基础。加多宝近期的品牌赞助活动也正围绕着社会热点如火如荼地展开，活动涉及伦敦奥运、大型音乐评论节目“中国好声音”、大型助学公益行动等，其传播面更广、互动性更强，这使加多宝品牌形象在最短的时间内得到了最大范围的传播，同时也有助于更多的公众将注意力投向此次事件。

第二节　消费心理和购买行为研究

一、消费者市场

（一）消费者市场定义

消费者市场是由为满足生活消费需要而购买商品的所有个人和家庭所组成的。消费者市场又称最终消费者市场、消费品市场或生活资料市场，是起决定作用的市场。

消费者市场是现代市场营销理论研究的主要对象。成功的市场营销者能够有效地开发对消费者有价值的产品，并运用富有吸引力和说服力的方法将产品有效地呈现给消费者。因而，研究影响消费者购买行为的主要因素及其购买决策过程，对于开展有效的市场营销活动至关重要。

（二）消费者市场特点

企业要在市场竞争中能够适应市场、驾驭市场必须掌握消费者购买的基本特征。

1．分散性

消费购买涉及每一个人和每个家庭，购买者多而分散。为此，消费者市场是一个人数众多、幅员广阔的市场。由于消费者所处的地理位置各不相同，闲暇时间不一致，造成购买地点和购买时间的分散性。

2．复杂性

消费者购买以个人和家庭为购买和消费的单位，由于受到消费人数、需要量、购买力、储藏地点、商品保质期等诸多因素的影响，消费者为了保证自身的消费需要，往往购买批量小、批次多，购买频繁。

3．差异性

消费者购买因年龄、性别、职业、收入、文化程度、民族、宗教等影响，其需求有很大的差异性，对商品的要求也各不相同，而且随着社会经济的发展，消费者消费习惯、消费观念、消费心理不断发生变化，从而导致消费者购买差异性大。

4．情感性

绝大多数消费者购买缺乏相应的专业知识、价格知识和市场知识，尤其是对某些技术性较强、操作比较复杂的商品，更显得知识缺乏。在多数情况下消费者购买时往往受感情的影响较大。因此，消费者很容易受广告宣传、商品包装以及其他促销方式的影响，产生购买冲动。

5．流动性

消费者购买必然慎重选择，加之在市场经济比较发达的今天，人口在地区间的流动性较大，因而导致消费购买的流动性很大，消费者购买经常在不同产品、不同地区及不同企业之间流动。

6．发展性

随着社会的发展和人们消费水平、生活质量的提高，消费需求也在不断推进。过去只要能买到商品就行了，现在追求名牌；过去不敢问津的高档商品如汽车等，现在有人消费了；过去自己承担的劳务现在由劳务从业人员承担了等。这种新的需要不断产生，而且是永无止境的，使消费者购买具有发展性特点。

7．流行性

有些商品消费者需要常年购买、均衡消费，如食品、副食品、蔬菜等生活必需商品；有些商品消费者需要季节购买或节日购买，如一些时令服装、节日消费品。消费者购买常常受到时代精神、社会风俗的影响，从而使人们对消费购买产生一些新的需要。如 APEC 会议以后，唐装成为时代的风尚，随之流行起来；又如社会对知识的重视，对人才的需求量增加，从而使人们对书籍、文化用品的需要明显增加。这些显示出消费购买的时代特征。

消费需求不仅受消费者内在因素的影响，还会受环境、时尚、价值观等外在因素的影响。时代不同，消费者的需求也会随之不同，消费者市场中的商品具有一定的流行性，还有就是地区性、季节性以及消费者购买的偶然性。认清消费者购买的特点、意义十分重要，这有助于企业根据消费者购买特征来制定营销策略，规划企业经营活动，为市场提供消费者满意的商品或劳务，更好地开展市场营销活动。

二、消费者购买行为

消费者购买行为指的是消费者在整个购买过程中所进行的一系列有意识的活动，也就是指消费者为满足其个人或家庭生活而发生的购买商品的决策过程。消费者购买行为是复杂的，其购买行为的产生是受到其内在因素和外在因素的影响。这一购买过程从引起需要开始，经过形成购买动机、评价选择、决定购买到购买后的评价行为等。企业营销通过对消费者购买的研究，掌握其购买行为的规律，从而制定有效的市场营销策略，实现企业营销目标。

（一）按消费者购买的心理状态分类

1．复杂的购买行为

如果消费者属于高度参与，并且了解现有各品牌、品种和规格之间具有的显著差异，则会产生复杂的购买行为。复杂的购买行为指消费者购买决策过程完成，要经历大量的信息收集、全面的产品评估、慎重的购买决策和认真的购后评价等各个阶段。对于复杂的购买行为，营销者应制定策略帮助购买者掌握产品知识，运用各种途径宣传本品牌的优点，影响最终购买决定，简化购买决策过程。

2．减少失调感的购买行为

减少失调感的购买行为是指消费者并不广泛收集产品信息，并不精心挑选品牌，购买决策过程迅速而简单，但是在购买以后会认为自己所买产品具有某些缺陷或其他同类产品有更多的优点，进而产生失调感，怀疑原先购买决策的正确性。对于这类购买行为，营销者要提供完善的售后服务，通过各种途径经常提供有利于本企业的产品的信息，使顾客相信自己的购买决定是正确的。

3．寻求多样化的购买行为

寻求多样化的购买行为指消费者购买产品有很大的随意性，并不深入收集信息和评估比较就决定购买某一品牌，在消费时才加以评估，但是在下次购买时又转换其他品牌。

对于寻求多样性的购买行为，市场领导者和挑战者的营销策略是不同的。

市场领导者通过占有货架、避免脱销和提醒购买的广告鼓励消费者形成习惯性购买行为。而挑战者则以较低的价格、折扣、赠券、免费赠送样品和强调试用新品牌的广告，鼓励消费者改变原有的习惯性购买行为。

4．习惯性的购买行为

习惯性的购买行为指消费者并未深入收集信息和评估品牌，只是习惯于购买自己熟悉的品牌，在购买后可能评价也可能不评价产品。

对于习惯性的购买行为的营销策略，主要利用价格与销售促进吸引消费者试用；开展大量重复性广告，加深消费者印象；增加购买参与程度和品牌差异等。

（二）按消费者对购买目标的选择程度分类

1．全确定型

全确定型，指消费者在购买商品以前，已经有明确的购买目标，对商品的名称、型号、规格、颜色、式样、商标以至价格的幅度都有明确的要求。这类消费者进入商店以后，一般都是有目的地选择，主动地提出所要购买的商品，并对所要购买的商品提出具体要求，当商品能满足其需要时，则会毫不犹豫地买下商品。

2．半确定型

半确定型，指消费者在购买商品以前，已有大致的购买目标，但具体要求还不够明确，最后购买需经过选择比较才完成。如购买空调是原先计划好的，但购买什么牌子、规格、型号、式样等心中无数。这类消费者进入商店以后，一般要经过较长时间的分析、比较才能完成其购买行为。

3．不确定型

不确定型，指消费者在购买商品以前，没有明确的或既定的购买目标。这类消费者进入商店主要是参观游览、休闲，漫无目标地观看商品或随便了解一些商品的销售情况，有时感到有兴趣或合适的商品偶尔购买，有时则观后离开。

（三）按消费者购买态度分类

1．习惯型

习惯型，指消费者由于对某种商品或某家商店的信赖、偏爱而产生的经常、反复的购买。由于经常购买和使用，他们对这些商品十分熟悉，体验较深，再次购买时往往不再花费时间进行比较选择，注意力稳定、集中。

2．理智型

理智型，指消费者在每次购买前对所购的商品，要进行较为仔细地研究比较。购买感情色彩较少，头脑冷静，行为慎重，主观性较强，不轻易相信广告、宣传、承诺、促销方式以及售货员的介绍，主要靠商品质量、款式决定购买行为。

3．经济型

经济型，指消费者购买时特别重视价格，对于价格的反应特别灵敏。购买无论是选择高档商品，还是中低档商品，首选的是价格，他们对“大甩卖”“清仓”“血本销售”等低价促销最感兴趣。一般来说，这类消费者与自身的经济状况有关。

4．冲动型

冲动型，指消费者容易受商品的外观、包装、商标或其他促销强烈的刺激而产生购买行为。购买一般都是以直观感觉为主，从个人的兴趣或情绪出发，喜欢新奇、新颖、时尚的产品，购买时不愿做反复的选择比较。

5．疑虑型

疑虑型，指消费者具有内倾性的心理特征，购买时小心谨慎和疑虑重重。购买过程一般缓慢、费时多，常常是“三思而后行”，常常会犹豫不决而中断购买，购买后还会疑心是否上当受骗。

6．情感型

情感型，这类消费者的购买多属情感反应，往往以丰富的联想力衡量商品的价值和意义，购买时注意力容易转移，兴趣容易变换，对商品的外表、造型、颜色和命名都比较重视，以是否符合自己的想象作为购买的主要依据。

7．不定型

不定型，这类消费者的购买多属尝试性，其心理尺度尚未稳定，购买时没有固定的偏爱，在上述六种类型之间游移，这种类型的购买者多数是独立生活不久的青年人。

（四）按消费者在购买现场的情感分类

1. 经常性购买行为

经常性购买行为是购买行为中最为简单的一类，指购买人们日常生活所需、消耗快、购买频繁、价格低廉的商品，如蔬菜、水果、米、面粉等。购买者一般对商品比较熟悉，加上价格低廉，人们往往不必花很多时间、精力去收集资料和进行商品的选择。

2. 选择性购买行为

这一类消费品单价比日用消费品高，都在几十元至几百元之间；购买后使用时间较长，消费者购买频率不高，不同的品种、规格、款式、品牌之间差异较大，消费者购买时往往愿意花较多的时间进行比较选择，如家庭装饰品、绿植类植物、盆景等。

3. 考察性购买行为

消费者购买价格昂贵、使用期长的高档商品多属于这种类型，如汽车、别墅配饰、奢侈品等。消费者购买该类商品时十分慎重，会花很多时间去调查、比较、选择。消费者往往很看重商品的商标品牌，大多是认牌购买；已购消费者对商品的评价对未购消费者的购买决策影响较大；消费者一般在大商场或专卖店购买这类商品。

三、影响消费者购买行为的因素

消费者的心理受各种各样因素的影响随时都在发生变化。

1. 内在因素

影响消费者购买行为的内在因素主要有消费者的个体因素和心理因素。购买者的年龄、性别、经济收入、教育程度等因素会在很大程度上影响消费者的购买行为，这些内容已在第三章第一节中的“人口环境分析”和“经济环境分析”中论述。这一章节主要分析影响消费者购买的心理因素。消费者心理是消费者在满足需要活动中的思想意识，它支配着消费者的购买行为。影响消费者购买的心理因素有动机、感受、态度、学习、个性。

（1）动机。

动机是为了使个人需要满足的一种驱动和冲动。消费者购买动机是指消费者为了满足某种需要，产生购买商品的欲望和意念。需要形成动机。需要是人们对于某种事物的要求或欲望。就消费者而言，需要表现为获取各种物质需要和精神需要。

需要产生动机，消费者购买动机是消费者内在需要与外界刺激相结合使主体产生一种动力而形成的。购买动机可分为生理性购买动机和心理性购买动机两类。

生理性购买动机指人们因生理需要而产生的购买动机，如饥思食、渴思饮、寒思衣，又称本能动机。包括维持生命动机、保护生命动机、延续和发展生命的动机。生理动机具有经常性、习惯性和稳定性的特点。

心理性购买动机指人们由于心理需要而产生的购买动机。根据对人们心理活动的认识，以及对情感、意志等心理活动过程的研究，可将心理动机归纳为感情、理智和惠顾三类。

感情动机，指由于个人的情绪和情感心理方面的因素而引起的购买动机。根据感情不同的侧重点，可以分为求新、求美、求荣三种消费心理倾向。

理智动机，指建立在对商品的客观认识的基础上，经过充分的分析比较后产生的购买动机。理智动机具有客观性、周密性的特点。在购买中表现为求实、求廉、求安全的心理。

惠顾动机，指对特定的商品或特定的商店产生特殊的信任和偏好而形成的习惯重复光顾的购买动机。这种动机具有经常性和习惯性特点，表现为嗜好心理。

人们的购买动机不同，购买行为必然是多样的、多变的。要求企业营销应深入细致地分析消费者的各种需求和动机，针对不同的需求层次和购买动机设计不同的产品和服务，制定有效的营销策略，获得营销成功。

（2）感受。

消费者购买如何行动，还要看他对外界刺激物或情境的反应，这就是感受对消费者购买行为的影响。感受指的是人们的感觉和知觉，包括求新、求名、求美、习惯、同步、优越、以我为中心、好奇等心理。

所谓感觉，就是人们通过感官对外界的刺激物或情境的反应或印象。随着感觉的深入，各种感觉到的信息在头脑中被联系起来进行初步的分析综合，形成对刺激物或情境的整体反映，就是知觉。知觉对消费者的购买决策、购买行为影响较大。在刺激物或情境相同的情况下，消费者有不同的知觉，他们的购买决策、购买行为就截然不同。因为消费者的知觉是一个有选择性的心理过程，有选择的注意，有选择的曲解，有选择的记忆。

分析感受对消费者购买影响目的是要求企业营销掌握这一规律，充分利用企业营销策略，引起消费者的注意，加深消费者的记忆，正确理解广告，影响其购买决策和购买行为。

（3）态度。

态度通常指个人对事物所持有的喜欢与否的评价、情感上的感受和行动倾向。消费者的态度对购买行为有很大的影响。企业营销人员应该注重对消费者态度的研究。消费者态度来源于商品的直接接触，受他人直接、间接的影响以及家庭教育，与本人经历有很大关系。

消费者态度包含信念、情感和意向，它们对消费者的购买行为都有不同的影响作用。

信念，指人们认为确定和真实的事物。在实际生活中，消费者不是根据知识，而常常是根据见解和信任作为他们购买的依据。

情感，指商品和服务在消费者情绪上的反应，如对商品或广告喜欢还是厌恶。情感往往受消费者本人的心理特征与社会规范影响。

意向，指消费者采取某种方式行动的倾向，是倾向于采取购买行动，还是倾向于拒绝购买。消费者态度最终落实在购买的意向上。

研究消费者态度的目的在于使企业充分利用营销策略，让消费者了解企业的商品，帮助消费者建立对本企业的正确信念，培养对企业商品和服务的情感，让本企业产品和服务尽可能适应消费者的意向，使消费者的态度向着企业的方面转变。

（4）学习。

学习是指由于经验引起的个人行为的改变，即消费者在购买和使用商品的实践中，逐步获得、积累经验，并根据经验调整自己购买行为的过程。学习是通过驱策力、刺激物、提示物、反应和强化的相互影响、相互作用而进行的。

驱策力是诱发人们行动的内在刺激力量。例如，某消费者重视身份地位，尊重需要就是一种驱策力。这种驱策力被引向某种刺激物如红酒时，驱策力就变为动机，在动机支配下，消费者需要作出购买高级红酒的反应。但购买行为发生往往取决于周围的“提示物”的刺激，如看了有关电视广告、商品陈列，他就会完成购买。如果品尝很满意的话，他对这一商品的反应就会加强，以后如果再遇到相同诱因时，就会产生相同的反应，即采取购买行为。如反应被反复强化，久之，就成为购买习惯了。这就是消费者的学习过程。

企业营销要注重消费者购买行为中“学习”这一因素的作用，通过各种途径给消费者提供信息，如重复广告，目的是达到加强诱因，激发驱策力，将人们的驱策力激发到马上行动的地步。同时，企业商品和提供服务要始终保持优质，消费者才有可能通过学习建立起对企业品牌的偏爱，形成其购买本企业商品的习惯。

（5）个性。

有的个性不一定引人注目，但每个人都有这种个性。个性是和人们的经验与行为联系在一起的内在本质特征，源于不同的遗传和经历，每个人的内心世界、知识结构、成长过程都不同。个性比较典型地表现为一种或几种特征，如冲动、野心、灵活、死板、独裁、内向、外向、积极进取和富有竞争心。营销者要试图发现这些特点和购买行为之间的关系，相信人的个性对所购商品的品牌和类型会有影响。例如，人们所购买的蔬菜、水果、鲜花等，反映了一种或几种个性特征。通常，营销者把广告宣传瞄准在某些一般人都有的个性特点上，通过运用积极的、有价值的个性特征进行促销。

2．外在因素

影响消费者购买行为的外在因素主要是与消费者购买行为的相关群体，还有社会阶层、角色与家庭、文化等。

（1）相关群体。

相关群体是指影响人们的看法、意见、兴趣和观念的个人或集体，更进一步的认识，就是指个人对群体的认可，并采纳和接受群体成员的价值观念、态度和行为。相关群体对个人来说可以起到参照物和信息来源的作用，顾客可以变得和群体成员的行为、信念一致。例如，一个人由于受相关群体成员的影响，停止使用某一种牌子的食品而转为使用另一种。相关群体对购买决策的影响程度依赖于个人对相关群体影响的敏感性和个人与相关群体结合的强度。营销者有时要努力使用相关群体在广告中的影响，宣传每个群体中的人购买某种产品并获得高度的满足。通过这种呼吁的方式，广告商希望有大量的人会把推荐的群体作为相关群体，他们将会购买这种产品或对这种产品作出更积极的反应。这种广告宣传的成功要取决于广告在传递信息方面的效果、产品的类型和个人对相关群体影响的敏感性。

相关群体分为两类：参与群体与非所属群体。参与群体是指消费者置身于其中的群体，又分为主要群体和次要群体。主要群体是指个人经常性受其影响的非正式群体，如家庭、亲密朋友、同事、邻居等。次要群体是指个人并不经常受到其影响的正式群体，如工会、职业协会等。非所属群体是指消费者置身之外，但对购买有影响作用的群体。包括两种，一种是期望群体，另一种是游离群体。期望群体是个人希望成为其中一员或与其交往的群体；游离群体是遭到个人拒绝或抵制，极力划清界限的群体。

企业营销应该重视相关群体对消费者购买行为的影响作用；利用相关群体的影响开展营销活动；还要注意不同的商品受相关群体影响的程度不同。商品能见度越强，受相关群体影响越大；商品越特殊、购买频率越低，受相关群体影响越大；对商品越缺乏知识，受相关群体影响越大。

（2）社会阶层。

社会阶层是指一个社会按照其社会准则将其成员划分为相对稳定的不同层次。不同社会阶层的人，他们的经济状况、价值观念、兴趣爱好、生活方式、消费特点、闲暇活动、接受大众传播媒体等各不相同。这些都会直接影响他们对商品、品牌、商店、购买习惯和购买方式的选择。

社会阶层是具有相似社会地位的人的一个开放的群体。开放指的是指个人可以自由地进入和离开。决定社会阶层的主要因素包括职业、教育、收入、健康、地区、种族、伦理、信仰和财富。把某一个人归入某一阶层不需要考虑所有的社会标准。所选择标准的数量及其重要性取决于所划入阶层的特点以及个人在阶层内的价值大小。在一定程度上，某个阶层内的成员采取的行为模式差不多，他们具有相似的态度、价值观念、语言方式和财富。社会阶层对人们生活许多方面都有影响。例如，可以影响人们的职业、信仰、小孩培养和教育娱乐，同样可以影响购买决策。

企业营销要关注本国的社会阶层划分情况，针对不同的社会阶层爱好要求，通过适当的信息传播方式，在适当的地点，运用适当的销售方式，提供适当的产品和服务。

一家一户组成了购买单位，我国现有 24 400 万左右的家庭，在企业营销中应关注家庭对购买行为的重要影响。研究家庭中不同购买角色的作用，可以利用有效营销策略，使企业的促销措施引起购买发起者的注意，诱发主要营销者的兴趣，使决策者了解商品，解除顾虑，建立购买信心，使购买者购置方便。研究家庭生命周期对消费者购买的影响，企业营销可以根据不同的家庭生命周期的实践需要，开发产品和提供服务。

（3）角色和家庭。

每个人都在一定的组织、机关和团体中占有一定位置，和每个位置相联系的就是角色。由于人们占据多种位置，同时扮演多种角色。例如一个男子不仅扮演父亲和丈夫的角色，而且还可能是公司主管、学会理事、体育教练，这样对一个人的行为就有多种期望。个人角色不仅影响一般行为，而且还影响购买行为。个人的多种角色需求可能不一致，为了说明这一点，假定上面提到过的男子打算买一辆车，他的妻子希望他买一辆广州本田车，他的儿子要买上海别克，他的同事却建议买进口宝马，因为那个牌子知名度更高，因而个人的购买行为部分地受到其他人意见的影响。在家庭中扮演的角色直接和购买决策联系在一起。家庭中的男主人可能主要是烟酒这些商品的购买者，而许多家庭用品的购买决策，包括保健品、洗漱用品、纸类产品和食品主要由妻子决定。丈夫和妻子、子女共同参与的购买决策，主要是耐用商品。当两个或两个以上的家庭成员参与购买时，他们就要进行分工，每个人都要完成一定的任务。

（4）文化。

文化是指人类所创造的物质财富与精神财富的总和，是人类劳动的结晶，包括有形的东西，如食物、家具、建筑、服装和工具；无形的概念，如教育、福利和法律。文化同样也包括整个社会所能接受的价值和各种行为。构成文化的观念、价值和行为，是一代一代传承的。

文化对购买行为有广泛的影响，因为它渗透在人们的日常生活中。文化决定人们的吃、穿、住、行。文化对人们如何购买和使用产品有影响，而且还影响人们从中得到的满足程度。由于文化在某种程度上决定了购买和使用产品的方式，从而影响产品的开发、促销、分销和定价。例如，食品营销者，在他们的营销过程中要作出多种变化。20 多年前，许多家庭几乎天天在一起吃饭，母亲一天要花 4 ~ 6 个小时来为此作准备，而现在 60% 以上的 25 ~ 40 岁年龄段就职于公司的人员基本上在外就餐。

当营销者在其他国家推销商品时，他们常看到文化对产品的购买和使用的强烈冲击。国际营销者发现世界不同地区的人具有不同的态度、价值观念和需求，从而要求运用不同的营销方法以及不同的营销组合。一些国际营销者之所以失败是因为他们没有或者不能根据文化的不同而对营销观念组合进行调整。

四、消费者购买决策

购买行为模式就是消费者市场，由谁构成？哪些人构成了市场？（who）—购买者（occupants）—他们购买什么？（what）—购买对象（objects）；他们为何购买？（why）—购买目的（objectives）；谁参与了购买过程？（who）—购买组织（organizations）；他们怎样购买？（how）—购买方式（operations）；他们何时购买？（when）—购买时间（occasions）；他们在哪里购买？（where）—购买地点（outlets）。人类行为的一般模式是 S-O-R 模式，即“刺激—个体生理、心理—反应”。

消费者购买决策过程是比较复杂的决策过程，一般可分为以下五个阶段，企业应制定相应的营销策略，即确认需要→收集信息→选择比较→决定购买→购后感受。

（一）问题认知

消费者认识到自己有某种需要时，是其决策过程的开始，这种需要可能是由内在的生理活动引起的，也可能是受到外界的某种刺激引起的。例如，看到别人喝某种新产品的饮料，自己也想购买来喝，或者是内外两方面因素共同作用的结果。因此，营销者应注意不失时机地采取适当措施，唤起和强化消费者的需要。

当消费者意识到对某种商品有需要时，购买过程就开始了。消费者需要可以由内在因素引起，也可以是由外在因素引起。此阶段企业必须通过市场调研，认定促使消费者认识到需要的具体因素，营销活动应致力于做好两项工作，即发掘消费驱策力和规划刺激、强化需要。

（二）搜寻信息

信息来源主要有四个方面：个人来源，如家庭、亲友、邻居、同事等；商业来源，如广告、推销员、分销商等；公共来源，如大众传播媒体、消费者组织等；经验来源，如操作、实验和使用产品的经验等。

在多数情况下，消费者还要考虑买什么牌号的商品，花多少钱到哪里去买等问题，需要寻求信息，了解商品信息。寻求的信息一般有：产品质量、功能、价格、牌号、已经购买者的评价等。

企业营销任务是设计适当的市场营销组合，尤其是产品品牌广告策略，宣传产品的质量、功能、价格等，以便使消费者最终选择本企业的品牌。

（三）评价备选方案

消费者得到的各种信息可能是重复的，甚至是互相矛盾的，因此还要进行分析、评估和选择，这是决策过程中的决定性环节。

在消费者的评估选择过程中，有以下几点值得营销者注意：产品性能是购买者所考虑的首要问题；不同消费者对产品的各种性能给予的重视程度不同，或评估标准不同；多数消费者的评选过程是将实际产品同自己理想中的产品相比较。

消费者进行比较评价的目的是能够识别哪一种牌号、类型的商品最适合自己的需要。消费者对商品的比较评价，是根据收集的资料，对商品属性作出的价值判断。消费者对商品属性的评价因人因时因地而异，有的评价注重价格，有的注重质量，有的注重牌号或式样等。企业营销首先要注意了解并努力提高本企业产品的知名度，使其列入消费者比较评价的范围之内，才可能被选为购买目标。同时，还要调查研究人们比较评价某类商品时所考虑的主要方面，并突出进行这些方面的宣传，对消费者购买选择产生最大影响。

（四）决定购买

消费者对商品信息进行比较和评选后，已形成购买意愿，然而从购买意图到决定购买之间，还要受到两个因素的影响：

一是他人的态度。反对态度愈强烈，或持反对态度者与购买者关系愈密切，修改购买者购买意图的可能性就愈大。

二是意外的情况。如果发生了意外的情况，如失业、意外急需、涨价等，则很可能会改变购买者购买意图。

（五）购后行为

购后行为就是购后评价。购后评价包括购后的满意程度和购后的活动。消费者购后的满意程度取决于消费者对产品的预期性能与产品使用中的实际性能之间的对比。购买后的满意程度决定了消费者的购后活动，决定了消费者是否重复购买该产品，决定了消费者对该品牌的态度，并且还会影响其他消费者，形成连锁效应。

第三节　农产品市场调查与预测

一、农产品市场信息

（一）市场信息

信息是市场的灵魂，市场经济是由信息引导的经济。我国以千家万户为主体的农业生产，要适应国内国际统一的大市场，必须有成熟的市场信息传播机制作支撑。农户作为农产品的生产主体及农产品全程质量控制的源头，强化对农户的信息服务，提高农户生产经营中的信息运用水平，对建设社会主义新农村，实现农村小康有重要的现实意义。当代世界经济正在由工业化进入信息化时代，以计算机多媒体、光纤和卫星通讯等技术为主要特征的信息化浪潮正在席卷全球。虽然农业就业人口很低，但农产品并不匮乏，工业品也不匮乏；相反，由于信息产业的发展，促进了各类生物技术的发展及应用，使农业生产率得到很大的提高，农产品、工业品要比以往的农业社会、工业社会时期更加丰富。

市场信息是指对市场上各种经济关系和各种经济活动现状、经济活动的变化情况以及与市场营销有关的各种消息、情报、图表、数据资料的总称。市场信息一般通过文字、语言、数据、凭证、报表、符号、广告、商情等表现和传递，对企业的发展具有重要的作用。市场信息有目的性、及时性、准确性、系统性、社会性等特点。

（二）市场信息对企业营销活动具有重要作用

第一，市场信息是企业制定经营战略与策略，进行市场竞争的重要依据。企业内部的各种主观条件，企业外部环境的现状及变化情况，都以一定的信息形式出现，企业要制定正确的经营战略与策略，必须依靠这些信息，才能充分发挥主观条件，灵活地适应外部环境，在企业竞争中立于不败之地。

第二，重视市场信息是企业提高经济效益的有效途径。企业通过分析市场信息，可以掌握和利用经营机会，提高企业的经营收益。同时，市场信息作为一种资源，也可以直接用于交换，为企业增加财富。

第三，市场信息是企业发掘经营机会的源泉，经营机会来源于企业主观条件的改变和客观环境的变化。主观优势的发现，市场环境机会的掌握，都离不开一定的经营信息作先导。对经营信息的及时搜集和分析，可以及时发现经营机会。

第四，市场信息是企业生产经营的先导。市场信息可以反映企业竞争的参与状况、市场的变化及其发展趋势；反映产品供应状况、销售渠道，对广告和推销方式的适应情况。企业通过这些信息的搜集、整理、传递、储存、应用来制定本企业的产品销售渠道、促销活动与价格策略，使企业在激烈的市场竞争中求得生存和发展。可见，在市场营销活动中，市场信息是企业的重要资源、无形资产，是企业的市场机会。企业能否在瞬息万变的市场竞争中求得生存和发展，在很大程度上取决于掌握市场信息的变化情况。因此，企业只有树立信息观念，才能发挥企业优势，不断开拓市场。

（三）市场信息来源

市场信息来源主要有几个途径：

一是市场人员的市场调查及客户的反馈是信息来源首要途径，而且市场信息的收集也是市场或销售人员的主要职责，但市场人员的学识、经验，很大程度上左右其获取信息的真实性和有效性；这就需要企业提供相应的培训和信息收集的表格化，尽量不赋予其分析判断职能、产品信息和渠道。信息更多的是由市场人员所获取的。

二是相关报刊、杂志、电视报道、专业的报纸杂志等公共媒体能够最大程度上提供行业内的有效信息，而且由于其接触层面高，更多的是对策略和战略信息的一些传播，一般是宣传性的公共信息，不涉及商业机密。

三是权威部门的信息披露，国家主管部门和行业组织披露的信息，主要是行业规划、政策约束及相关发展前景展望和数据公布。

四是互联网发布，作为新兴媒体作用不可小觑，而且实效性强，但互联网信息泛滥，要对其真实性进行印证和甄别。

五是业内人士的发言及交流、传播，更多的是指私下的传播和交流，由于了解内情，信息往往比较真实，但要防止其个人好恶而带来的信息歪曲。

市场营销信息系统（MIS）是由连续的、相互作用的人、设备、程序构成的整体，用于搜集、整理、分析、评价和传递准确的信息，为市场营销活动的决策者制定和执行市场营销战略，控制营销活动提供依据。MIS 有三个部分，即企业内部报告系统、市场营销情报系统、市场调查研究系统。

（四）农业信息技术在农业生产中的现状

近年来，我国农业信息化工作有了较大进展，全国各地在农业信息网络建设、政策与资金扶持等方面做了大量工作并取得一定成效。但是，从大多数地区对农业信息资源的利用状况来看，效果并不十分理想。究其原因，一个带有普遍性的问题是农业信息网络推进到县、乡后，如何进村入户遇到了障碍，农业信息得不到广大农户充分有效的接收和利用。农业信息技术在农业生产运用中还存在诸多问题，面临许多困难。主要表现为以下几个方面：

第一，网络基础设施建设严重滞后与农业信息量大、传播速度快、时效性强不相适应。目前农业信息网络基础设施建设还比较落后，还不能适应这一趋势。一方面是投入不足；另一方面是网站数量不足和质量不高。网站拥有站点数量仅占世界的 0.05%，其中涉农站点更少；已建设的农业网站大多是千面一孔；在农业数据库方面，农业数据库数量不足，数据库容量小；在上网人数方面，上网人员非农用户多、农业用户少，农业的经常性用户大约只占 0.5%。绝大多数农民仍以电视、广播等传统方式作为获取信息的主要渠道，不但信息量小、传播速度慢，而且具有很大的迟滞性。

同时，农业信息传输渠道不畅，信息发布渠道也偏少；尤其是大量的农业信息不能及时地传递到最需要信息的农民手中，农民应该是农业信息最大、最基层的用户群，可是在农业信息服务向数字化、网络化发展的今天，农民却一直游离于网络和网上农业信息资源之外，这对农业信息化和信息化农业的发展极为不利。

第二，农业信息服务人才短缺与提高农业信息服务质量不相适应。高素质的人才是提高农业信息服务质量的关键。因为农业信息服务涉及农业生物技术、气候、地理环境、农产品销售等多个领域及其相关信息的采集、存储、分析、计算、传输等多个环节，这要求服务人员既要懂得农业科学技术，又要懂得信息技术。但是目前这样的复合型人才还很少，极大地制约着农业信息服务质量的提高。由于农业信息人才缺乏，农业信息资源的开发利用明显不够，并直接导致农业信息的质量不高。突出表现在农业信息的采集范围窄，实际工作中，农业信息的采集渠道来自报刊、杂志、网络以及各地农业部门提供的农业信息材料；农业信息的采集标准不够规范，采集覆盖面不广泛，时效性较差，信息的开放性和共享性还需要进一步提高。

第三，信息资源的开发滞后与农民对信息需求的多样性、实用性不相适应。各种网上信息繁多，但有特色、实用性强，尤其是具有指导性、前瞻性、预测性、时令性的信息偏少；农业信息服务面窄，提供的农业技术信息、生产领域信息多，注重产中服务而忽略产前、产后服务；科技信息、市场销售信息缺乏，直接影响农产品销售，农民的增产；在农业应用软件的开发上，无论是数量还是质量离农民的需求差距太大，如农业实用技术光盘制作、各种农业数据库的建立、农业管理信息系统、农业决策支持系统和专家诊断系统等的开发大多尚为空白，还有待进一步加强。

第四，农民及基层工作人员的信息意识与有效开展农业信息服务不相适应。农业信息服务缺乏对农民的必要引导；由于农民收入的增长不确定因素增多，对市场变化更加敏感，市场信息尤其重要，而农业信息化市场服务缺乏对农民的必要引导。农民及基层工作人员的信息意识，直接影响农民对农业信息的需求，绝大部分农民对信息，尤其是对网上销售信息表现出漠然和无知，农产品流通基本上还是“养在屋前屋后，卖在村前村后”的状况，产品价格也是看邻里或道听途说。由于农业信息服务手段落后，一些基层信息服务人员对信息的利用和发掘不够，信息有效需求不足在一定程度上影响了农业信息服务的有效开展。而现实中的市场需求变化莫测，新技术、新品种层出不穷，广大农民由于缺乏科学知识和及时信息而陷于被动，农业信息中介传递机制缺少、信息服务的手段单一、信息传递途径缺乏，农民的“最后一公里”问题任重而道远。

21世纪进入了信息时代，随着市场经济的发展，信息就是生产力；农业与农村信息化是解决“三农”问题的有效途径之一，已经成为全社会的共识。在国家“金农工程”和相关科技计划的带动下，我国农业信息化建设步伐逐步加快，农村信息化建设滞后，“数字鸿沟”和“最后一公里”问题已经成为制约信息化建设的一道“门槛”。把握中国信息技术的应用与市场发展大趋势，积极推进农业与农村信息化建设和协调发展刻不容缓。

（五）农业信息化实现途径

农业信息化实现途径可以从以下几个方面着手：

第一，把握信息化发展的新趋势，建设一支高素质的农业信息人才队伍。拥有高素质的信息人才是搞好信息服务的关键因素之一。当前，农业信息人才比较缺乏，且现有人才结构不够合理，因而迫切需要培养一批适应市场经济和信息时代要求的农业信息人才，造就一批有信息搜集、信息识别、信息加工、信息应用、信息反馈和预测分析能力的信息人才队伍。除重点培养高素质农业信息专业人才外，还要着重加强对农村基层干部和农业技术人员的信息技术培训，使农业技术专家同时也是农业信息专家，让他们在农户信息化过程中引导农户、帮助农户并起到模范带头作用。积极发挥农业科技示范户带头作用，使之成为农村信息化建设的排头兵。

第二，把握信息公共技术平台建设和操作层管理向综合的决策型管理方向发展趋势，不断建立和完善的农村信息服务体系。按照“放大窗口，延伸网络”的要求，使农业信息网络不断向农村、基层、农户延伸，省县或乡与农户之间“断层”不断缝合，通过多种途径，重点加强乡级农业信息服务站、村级农村信息员建设，健全乡镇、村两级信息传播网络。充分发挥农业社会化服务组织的积极作用，使之把农业信息服务作为自身的重点服务内容，充分利用新闻媒体和农业信息网络的信息传播优势，并充分调动涉农企业、农产品经纪人、农广校、村干部、科技文化示范户、农村信息员的积极性，使各方面密切合作形成集信息搜集、加工、发布、服务于一体的农村信息服务体系，为解决农业信息进村入户问题奠定坚实的基础。

第三，把握信息资源的集中与共享趋势，因地制宜地采用多种手段送信息进村入户。信息的进村入户要视各地信息化水平、经济发展水平不同而采取适当的信息传播手段，从农村的现实出发，采用高科技信息技术结合农村、农民的需求和习惯，逐渐探索一个便捷、廉价、实用的送信息进村入户的途径。大胆探索出多种经济实用的信息入户方式：一是开办农业“致富 3＋1”专栏，如电波入户。由电视台、广播电台将搜集整理的农业信息制成电视片、电台专题节目，通过电视台、电台定期播放。二是开通农业信息服务热线电话。通过热线电话，直接为农民答疑。三是发送手机短信。由农业局组织专家编写农业生产、加工、销售等各方面的信息，通过短信服务平台，直接将农信通短信送到农民手中，农民也将通过这个短信平台直接与专家交流和咨询。通过开办农信通信息平台，直接将农业短信实现网上在线短信，使有条件的农户可以直接通过上网获得短信服务。四是开办农业专刊，通过刊物定期为农民提供农业信息服务。五是积极发挥农村科技示范户作用，鼓励农民上网。积极探索农业信息化服务的新模式，以“农业 110”为纽带，集技术、信息于一体，即一部电话，一个网站，一张报纸如“农业 110”专刊，一个电视专栏如“农民之友”专题节目，一条致富农业短信的“五位一体”新模式，将农业信息送到生产者、消费者手中，为农业、农村、农民提供全方位服务。

第四，把握信息技术发展的新趋势和农业信息化的新要求，加强对农民的系统培训，提高农民综合素质。政府应增加投入，加强对农民的培训，大力提高农民获取信息的能力，并着重培养农民的现代科技意识、市场意识和信息意识：一是现代的科技意识，即让农户具有学科技、用科技、走科技兴农之路的意识。二是现代的市场意识，即让农户具有学习市场经济知识、掌握市场动态、按市场经济规律办事的意识。三是现代的信息意识，即让农户具有愿意为信息投入、注重搜集信息、分析信息、利用信息的意识。同时，要大力提高农民信息素质能力，让他们具有信息搜集、信息应用和信息反馈的能力和意识。

第五，把握信息化建设过程中一系列统一的信息技术应用规范和标准，培育并创造农业信息服务的新方式，增加农户的信息需求。如 RSS（简易信息聚合）技术被大量的新起网站当作力推重点，RSS 是一种信息沟通标准，RSS 借助 XML（可扩展标记语言）技术形式，完成互联网站点间信息的自动传送，这种免编辑的新闻模式，不仅被人们看成是一种新业务的金矿，而且实实在在地节省成本。农业部门自上而下或自下而上地作为信息高速公路上的站点，信息的中继，通过 RSS 方式，即可以源源不断地提供各种信息源，又可以方便客户对内容的直接访问，扩大内容的影响力；对于信息接收网站，可以方便接收多家信息，并能实时跟踪，达到广泛、及时的效果。RSS 为互联网任意两个站点间提供了自动的信息沟通方法，这对于需要加强信息传递的网站来说，具有重要意义。有了统一的信息化采集、发布、处理筛选、传输等标准，农业信息的质量得到提高，农业信息的可靠性得到加强，农业信息的传输效率得到提高，农业信息的共享得到实现。

农业信息化很大程度上是农户信息化，其关键在于启发和培育农户的信息需求，激发农民参与农业信息化的热情，形成政府信息服务与农户信息反馈、信息运用的互动，使整个农业信息化链条畅通地运行起来。培育和创造农户的信息需求，一要提高农民的信息意识，让农民变“信息淡漠”为“信息饥渴”。二要提供及时、准确、实用性高的信息，包括农业产业结构调整和品种更新信息，特种养殖、种植和提高农产品质量信息，农产品市场营销信息，剩余劳动力就业等农民急需的信息。同时，加强农业信息的分析整理工作，提高对农产品市场的分析预测能力，增强农业信息的生产经营指导性，诱发农户的信息需求。农户信息化是在农村全面发展和应用现代信息技术过程中，通过让农户参与信息化活动，使信息化渗透到农户生产、经营、消费、学习等各个具体环节，增强农民对信息的接收、分析和运用能力，不断提高农户生产效率和生活水平，进而推动农村经济社会的全面协调、持续发展。

二、农产品市场调研

先以两则报道引起思考：我国在南非举办了“中国贸易博览会”，国内一家从事家电行业的厂家想当然地以为非洲一定非常热，所以只带去了冷风空调器参展。到了南非之后才发现当地的天气也很冷，就后悔没有带冷暖两用空调来参展。还有的企业以为当地盛产甘蔗，于是带来了甘蔗砍刀参展，来了之后这里却不产甘蔗……闹出了“盲人骑瞎马”的笑话。不重视市场调查，最后就要受到市场规律的无情惩罚。

又据报道，加拿大的市场调研专家罗吉教授曾对我国广东、四川、湖北、辽宁四个省的 400 多家企业调研发现，这些企业基本上都没有专门的市场调研部门，也从没有对消费者、竞争对手、国家经济、文化环境进行过调查和研究。罗吉教授最后提了一个尖锐的问题：对于加入 WTO 的中国企业，如何参与到国际市场竞争中去？如何培育自己的品牌呢？

在美国 73% 的企业设有正规的市场调研机构，很多大企业的市场调研经费超过其经销额的 3.6%，市场调研的成果能够为企业带来千万倍的回报。市场调研有利于企业正确确定自己的目标市场，进而实行正确的产品开发与产品策略；实行正确的产品定价与价格策略；正确选择销售渠道和销售策略，有效开展促销活动等。此外，它还能为企业制定正确的竞争策略、国际营销战略提供决策的重要依据。

再看看我国的大多数企业，现在大多数企业搞新产品开发或是开发市场，却对市场调研不重视，或重视不够细致，只凭自己的经验，对市场作直观的和感性的判断就匆匆上马，其结果是可想而知的。

（一）市场调研

市场调研指为了提高产品的销售决策质量、解决存在于产品销售中的问题或寻找机会等而系统地、客观地识别、搜集、分析和传播营销信息的工作。目前的发展趋势是网上市场调研，这种高效的调研手段也被许多调查咨询公司广泛应用，其优点主要表现在提高调研效率、节约调查费用、调查数据处理比较方便、不受地理区域限制等方面，但是在线市场调研并不是轻易可以实现的。若要使其成为企业可以利用的有效手段，必须要较熟练地掌握市场调研技术。一个完美的营销方案必须建立在对市场细致周密的调研基础上，互联网为市场调研提供了强有力的工具。

农产品市场调研的目的是，分析农产品的各种价格，农产品市场的饱和度和市场集中度，农产品各种买卖渠道，农贸市场环境概况，消费者对待农产品的消费的特点、消费观念和他们对待市场产品特点所持态度，现在市场发展状况以及农产品服务将来的发展方向。

（二）农产品市场调研内容

1．市场调研内容

（1）市场环境调研。

市场环境调研主要包括经济环境、政治环境、社会文化环境、科学环境和自然地理环境等。具体的调研内容可以是市场的购买力水平，经济结构，国家的方针、政策和法律法规，风俗习惯，科学发展动态，气候等各种影响市场营销的因素。

（2）市场需求调研。

市场需求调研主要包括消费者需求量调研、消费者收入调研、消费结构调研、消费者行为调研，包括消费者为什么购买、购买什么、购买数量、购买频率、购买时间、购买方式、购买习惯、购买偏好和购买后的评价等。

（3）市场供给调研。

市场供给调研主要包括产品生产能力调研、产品实体调研等。具体为某一产品市场可以提供的产品数量、质量、功能、型号、品牌等，生产供应企业的情况等。

（4）市场营销因素调研。

市场营销因素调研主要包括产品、价格、渠道和促销的调研。产品的调研主要有了解市场上新产品开发的情况、设计的情况、消费者使用的情况、消费者的评价、产品生命周期阶段、产品的组合情况等。产品的价格调研主要有了解消费者对价格的接受情况、对价格策略的反应等。渠道调研主要包括了解渠道的结构、中间商的情况、消费者对中间商的满意情况等。促销活动调研主要包括各种促销活动的效果，如广告实施的效果、人员推销的效果、营业推广的效果和对外宣传的市场反应等。

（5）市场竞争情况调研。

市场竞争情况调研主要包括对竞争企业的调研和分析，了解同类企业的产品、价格等方面的情况，它们采取了什么竞争手段和策略，做到知己知彼，通过调研帮助企业确定企业的竞争策略。

2. 农产品市场调研内容

（1）农贸市场农产品现状。

农贸市场集中了粮食产品市场、水果产品市场、蔬菜产品市场、肉类产品市场以及生活消费市场。在各种农产品买卖区中呈现出不是很集中的状况，小部分市场产品较分散，大多农产品都在交易厅棚里进行，农产品经营零销商主要以家庭经营为主，实行各种渠道买卖农产品为主。

在农产品供应和需求中，人们对农产品需求主要以主食类、蔬菜类、肉禽类、杂粮类为主。初步形成了以农副产品批发市场为中心，以集中贸易小市场、直销中心小卖区、农产品初加工小区、农民合作卖区、农民经纪人、行业小协会、仓储小物流中转站以及粗放型小卖区为基础的农副产品市场体系。

在粮食市场上，主要供应以大米、面粉、玉米等主食为主以及其他食品为辅。人们都喜欢一小批量购买为主，在粮食的种类、价格、质量、消费场保证满意。

在蔬菜市场上，蔬菜在供给上有点不足，价格短期类产生波动，有的蔬菜甚至短缺，供给状况不是很好，价格波动幅度不大。蔬菜产品大部分还是供应上及时，新鲜程度较好，居民关心的质量上也有保证，蔬菜基本能满足人们的需求，价格还算合理。从总体上看，蔬菜供给需求不是很平衡，供给有点不足。

在果类产品市场上，主要以西瓜、苹果、香蕉、葡萄为主。水果品种比较齐全，能满足消费者需求。

在肉类产品市场上，主要以猪肉消费为主，供给上能满足人们需求，肉类在渠道来源上有零售商、中间商、自销商等销售主渠道，都集中在厅棚里一起销售，从总体上看，供给还是处于稳定中，能满足消费者需求，价格上不是波动很大。

（2）农产品市场分析。

在粮食产品市场上，由于大米是必需品，是人们不可缺的生活消费品，大米的需求是缺乏弹性的，在我们国家政府的各种政策下，大米的价格波动幅度是很小的。大米销售渠道来源于农民直销、零售商和经销商。其他粮食产品如玉米、面粉由于季节的影响，价格上存在小幅波动。在蔬菜产品上，在蒜类产品价格下降的同时其他蔬菜产品价格上升，如大白菜、胡萝卜、冬瓜价格都明显上升，供应上还比较新鲜、及时。

在水果市场上，水果类产品在消费商富有弹性和具有替代品以及水果类产品不是人们必需品，所以销售者需进行合理的定价，以达到最大收益。

在肉类市场上，主要以猪肉销量最大，由于最近供应渠道的延伸，供应状况不是很好，需求量大，较上季度的价格基础上呈上升价格，但据调查这种价格波动不是很快，是一种正常波动。供应上肉类能满足市场需求，保质保量，价格上在未来预期中不会一直升会有下降的趋势。

（三）市场调研步骤

（1）确定市场调研的必要性。通过收集与分析资料，解决营销中存在的问题，针对问题寻找可行的改进措施。

（2）确定问题及其调研的范围，确立调研目标。

（3）制定调研方案。调研方案主要包括：调研主题；决定收集资料的来源和方法，调查什么资料、调查方法、地点、对象、实践、调查次数等；准备所需的表格；抽样设计，确定抽样方案及样本容量，决定抽样的对象、采取什么抽样方法进行、选择被调查者、确定样本的大小等。

（4）实地调研。实地调研时，调研人员按确定的调研对象、调研方法进行实地现场调研。收集第一手资料。实地调研的工作好坏直接影响调研结果的正确性，所以必须重视和做好调研人员的选择和培训。

（5）调研结果处理。

整理分析资料，剔除抽样设计有误、被调查者的回答错误等资料，保证资料的系统、完整和真实可靠；将整理后的资料分类、编号，便于归档查找和利用；对调研的资料进行统计分析，绘制统计图、统计表，并进行系统的分析，在此基础上，找出原因，得出结论，提出改进建议和措施。

（四）市场调研方法

市场调研方法有文案调研、实地调研、特殊调研、竞争对手调研等。

1．文案调研

文案调研主要是二手资料的搜集、整理和分析。主要的渠道来自网上资料搜索和图书馆书籍信息搜索等。

2．实地调研

实地调研可分为询问法、观察法和实验法三种。

（1）询问法：就是调查人员通过各种方式向被调查者发问或征求意见来搜集市场信息的一种方法。它可分为深度访谈、召开用户座谈会、问卷调查等方法，其中问卷调查又可分为电话访问、邮寄调查、留置问卷调查、入户访问、街头拦访等调查形式。采用此方法时应注意：所提问题确属必要，被访问者有能力回答所提问题，访问的时间不能过长，询问的语气、措词、态度、气氛必须合适。

（2）观察法：它是调查人员在调研现场，直接或通过仪器观察、记录被调查者行为和表情，以获取信息的一种调研方法。

（3）实验法：它是通过实际的、小规模的营销活动来调查关于某一产品或某项营销措施执行效果等市场信息的方法。实验的主要内容有产品的质量、品种、商标、外观、价格，促销方式及销售渠道等。它常用于新产品的试销和展销。

3．特殊调研

特殊调研有固定样本、零售店销量、消费者调研组等持续性实地调研；投影法、推测试验法、语义区别法等购买动机调研；计算机辅助电话访问调研等形式。

4．竞争对手调研

竞争调研的根本目标是通过一切可获得的信息来查清竞争对手的状况，包括产品及价格策略、渠道策略、营销策略、竞争策略、研发策略、财务状况及人力资源等，发现其竞争弱势点，帮助企业制定恰如其分的进攻战略，扩大自己的市场份额。另外，对竞争对手最优势的部分，需要制定回避策略，以免对企业造成损害。

三、农产品市场预测

（一）市场预测

市场预测是在市场调查的基础上，利用各种信息资源，采用科学方法进行分析研究，以推测和合理估计未来一定时期内市场需求发展情况及其趋势，为企业确定营销目标、制定营销策略和营销计划提供依据，是企业加强经营管理的手段。预测为决策服务，是为了提高管理的科学水平，减少决策的盲目性，需要通过预测把握经济发展或者未来市场变化的有关动态，减少未来的不确定性，降低决策可能遇到的风险，使决策目标得以顺利实现。

市场预测具有重要的意义：企业争取市场主动权；加强企业内部管理；改善外部环境，提高经济效益；了解市场，提高企业竞争力等。

（二）市场需求

1．市场需求含义

市场需求是指一定的顾客在一定的地区、一定的时间、一定的市场营销环境和一定的市场营销方案下对某种商品或服务愿意而且能够购买的数量。市场需求是消费者需求的总和。

2．影响市场需求的主要因素

影响市场需求的主要因素有消费者偏好、消费者的个人收入、产品价格、替代品的价格、互补品的价格、预期等。

（1）消费者偏好。

在市场上，即使收入相同的消费者，由于每个人的性格和爱好不同，人们对商品与服务的需求也不同。消费者的偏好支配着他在使用价值相同或相近的商品之间的消费选择。但是，人们的消费偏好不是固定不变的，而是在一系列因素的作用下慢慢变化的。

（2）消费者个人收入。

消费者收入一般是指一个社会的人均收入。收入的增减是影响需求的重要因素。一般来说，消费者收入增加，将引起需求增加，反之亦然。但是，对某些产品来说，需求是随着收入的增加而下降的。随着经济的迅速增长，消费者的收入水平将不断提高，在供给不变或供给增长率低于收入增长率的情况下，一方面使得市场价格上升，另一方面也将引起商品需求量的增加。

（3）产品价格。

产品价格是指某种产品的自身价格。价格是影响需求的最重要、最关键的因素。一般来说，价格和需求的变动呈反比变化。

（4）替代品的价格。

所谓替代品，是指使用价值相近、可以相互替代来满足人们统一需要的商品，如煤气和电力，石油和煤炭，公共交通和私人小汽车等。一般来说，在相互替代商品之间某一种商品价格提高，消费者就会把需求转向可以替代的商品上，从而使替代品的需求增加，被替代品的需求减少，反之亦然。

（5）互补品价格。

所谓互补品，是指使用价值上必须相互补充才能满足人们的某种需要的商品，如汽车和汽油，家用电器和电等。在互补商品之间，其中一种商品价格上升，需求量降低，会引起另一种商品的需求随之降低。

（6）预期。

预期是人们对于某一经济活动未来的预测和判断。如果消费者预期价格要上涨，就会刺激人们提前购买；如果预期价格将下跌，许多消费者就会推迟购买。

影响市场需求的因素除了以上几种外，还有其他因素，如商品的品种、质量、广告宣传、地理位置、季节、国家政策等。

3．市场需求的类型

市场需求有以下几种类型：

（1）负需求。

负需求是指绝大多数人对某个产品感到厌恶，甚至愿意出钱回避它的一种需求状况。在负需求情况下，应分析市场为什么不喜欢这种产品，是否可以通过产品重新设计、降低价格等积极营销方案，来改变市场的信念和态度，将负需求转变为正需求。

（2）无需求。

无需求是指目标市场对产品毫无兴趣或漠不关心的一种需求状况。通常，市场对产品无需求由下列原因引起：第一，人们一般认为对个人无价值的东西；第二，人们一般认为有价值，但在特定的市场无价值的东西；第三，新产品或人们不熟悉的物品等。无需求时应刺激市场营销，即通过大力促销及其他市场营销措施，努力将产品所能提供利益与人的自然需要和兴趣联系起来。

（3）潜在需求。

潜在需求是指相当一部分消费者对某物有强烈的需求，而现有产品或服务又无法满足的一种需求状况。在潜在需求状况下主要工作是开发市场营销，即开展市场营销研究和潜在的市场范围测量，进而开发有效的产品和服务来满足这些需求，将潜在需求变为现实需求。

（4）下降需求。

下降需求是指市场对一个产品或几个产品的需求呈下降趋势的一种需求状况。出现下降需求状况时的主要工作为重振市场营销，即分析衰退的原因，进而开拓新的目标市场，改进产品特点和外观，或采用更有效的沟通手段来重新刺激市场需求，使老产品开始新的生命周期，并通过创造性的产品再营销来扭转需求下降趋势。

（5）不规则需求。

不规则需求是指某些产品或服务的市场需求在一年不同季节，或一周不同的日子，甚至一天的不同时间上下波动很大的一种需求状况。在不规则需求情况下的工作是协调市场营销，即通过灵活的定价、大力促销及其他刺激手段来改变需求的时间模式，使产品或服务的市场供给与需求在时间上协调一致。

（6）充分需求。

充分需求是指某产品或服务的目前需求水平和时间等于预期的需求水平和时间的一种需求状况。这是企业最理想的一种需求状况。但是，在动态市场上，消费者偏好会不断发生变化，竞争也会日益激烈。因此，在充分需求状况下应做好维持市场营销工作，即努力保持产品质量，经常测量消费者满意程度，通过降低成本来保持合理的价格，并激励推销人员和经销商大力推销，千方百计维持目前需求水平。

（7）过量需求。

过量需求是指市场需求超过了企业所能供给或所供给的水平的一种需求状况。在过量需求情况下，应降低市场营销，即通过提高价格、合理分销产品、减少服务和促销等措施，暂时或永久地降低市场需求水平，或者是设法降低来自盈利较少或服务需要不大的市场的需求水平。需要强调的是，降低市场营销并不是杜绝需求，而是降低需求水平。

（8）有害需求。

有害需求是指市场对某些有害物品或服务的需求。对于有害需求的情况，应做好反市场营销工作，即劝说喜欢有害产品或服务的消费者放弃这种爱好和需求，大力宣传有害产品或服务的严重危害性，大幅度提高价格以及停止生产供应等。降低市场营销和反市场营销的区别在于：前者是采取措施减少需求，后者是采取措施消灭需求。

（三）市场预测方法

市场预测方法分为定性预测和定量预测两大类。对于企业营销管理人员来说，应该了解和掌握企业的预测方法。

（1）定性预测法。

定性预测法也称为直观判断法，是市场预测中经常使用的方法。定性预测主要依靠预测人员所掌握的信息、经验和综合判断能力，预测市场未来的状况和发展趋势。这类预测方法简单易行，特别适用于那些难以获取全面的资料进行统计分析的问题。因此，定性预测方法在市场预测中得到广泛应用。定性预测方法包括专家会议法、德尔菲法、销售人员意见汇集法、顾客需求意向调查法。

（2）定量预测法。

定量预测是利用比较完备的历史资料，运用数学模型和计量方法，预测未来的市场需求。定量预测基本上分为两类，一类是时间序列模式；另一类是因果关系模式。

（四）撰写调研报告

调研和预测报告是整个调研和预测工作的总结。撰写调研报告时，应注意报告内容要进口调研主题，突出重点，文字要简练，观点要明确，分析要透彻，尽可能使用图表说明，以便于经营决策者在最短时间内能对整个报告有一个概括的了解。

调研报告有四个方面的内容组成：序言、摘要、正文、附录。

序言部分主要介绍调研课题的基本情况，包括封面、目录和索引；摘要是对调研活动所取得的主要成果作概括性说明；正文包括调研的全部事实，对调研的背景、目的、方法、过程以及结论和建议做详细的阐述，包括导言、方法、步骤介绍、资料介绍与分析、结果与讨论等；附录主要有附属的图表、公式、附属资料、致谢及文献目录等。

复习思考题

1. 什么是营销环境？营销环境具有哪些特点？
2. 如何分析市场营销环境？企业分析市场营销环境的意义是什么？
3. 宏观营销环境和微观营销环境包括哪些内容？
4. 营销环境对营销活动的影响有哪些？
5. 什么是营销环境机会和环境威胁？
6. 常用的环境机会和环境威胁的分析步骤和方法有哪些？
7. 对环境威胁采用的对策通常有哪些？
8. 企业面对主要威胁可能选择的对策有哪些？
9. 影响消费者购买行为的因素有哪些？消费者购买行为分析有什么意义？
10. 消费者购买决策的过程分为哪几个阶段？各阶段应采取哪些营销对策？
11. 农产品信息在营销中的作用是什么？
12. 采取什么方法获得农产品信息？
13. 简述农产品市场调研的步骤和方法。
14. 农产品市场需求预测有哪些方法？

第四章 农产品市场细分和目标市场选择

第一节 农产品市场细分

农业企业在开展市场营销时，对整体市场进行细分是非常重要和必要的。因为市场细分是农业企业把握市场机会、有效利用有限资源、制定农产品计划和营销方案不可或缺的关键一环。

一、农产品市场细分

（一）农产品市场细分含义

农产品市场细分就是根据农产品总体市场中不同购买者在需求特点、购买行为和购买习惯等方面的差异性，把农产品总体市场化分为若干个不同类型的购买者群体的过程。每个用户或消费者群就是一个细分市场，或称子市场。每一个细分市场都是由具有类似需求倾向的消费者构成的群体，分属于不同细分市场的消费者对同一农产品的需求与欲望存在明显的差异。

随着农产品的极大丰富及消费行为的多样化，消费者对农产品的需求、欲望、购买行为以及对农产品营销者的营销策略的反应等表现出很大的差异性，这种差异性使农产品市场细分成为可能。广大农户为了求得生存和发展，在竞争激烈的市场上站稳脚跟，就必须通过市场调研，根据消费者的需要与欲望、购买行为、购买习惯等方面的差异性，通过市场细分，发现市场机会。

（二）农产品市场细分作用

第一，进行农产品市场细分，有利于发现市场营销机会。

市场机会是已经出现在市场但尚未加以满足的需求。运用市场细分手段，农户不仅可以找到对自己有利的目标市场，推出相应的产品，并根据目标市场的变化情况，不断改进老产品，开发新产品，开拓新市场。北方一些农民把鸡蛋的蛋黄和蛋清分开卖，拆零出售拆出了大市场。爱吃蛋黄的消费者买蛋黄，爱吃蛋清的消费者买蛋清，各有所爱，各得其便。消费者得到了实惠，卖方也赚到了以前赚不到的钱。

第二，进行农产品市场细分，能有效地制定最优营销策略。

市场细分是市场营销组合策略运用的前提，即农产品生产经营者要想实施市场营销组合策略，首先必须对市场进行细分，确定目标市场。因为任何一个优化的市场营销组合策略的制定，都是针对所要进入的目标市场。离开目标市场，制定市场营销策略就无的放矢，这样的市场营销方案是不可行的，更谈不上优化。如我国苹果生产连年获得丰收，市场相对饱和，市场销售不畅，价格下跌，果农一筹莫展。然而在这种情况下，美国的华盛顿州苹果却在北京、上海、广州等城市登陆，在强劲的宣传攻势下，占领了中国的苹果市场。分析其成功的原因，除了对营销环境的充分了解、优化的市场营销组合战略、成熟的营销战略操作机构之外，正确的市场细分和目标市场选择起了非常重要的作用。

第三，进行农产品市场细分，有利于农户扬长避短，发挥优势。

每一个农户的经营能力对整体市场来说，都是极为有限的。所以，农户必须将整体市场细分，确定自己的目标市场，把自己的优势集中到目标市场上。否则，农户就会丧失优势，从而在激烈的市场竞争中遭到失败。

第四，进行农产品市场细分，有利于开发新产品，满足消费者多样化的需求。

当众多的生产者奉行市场细分战略，那些尚未满足的消费需求就会逐一成为不同生产者一个又一个的市场机会，新产品层出不穷，市场上产品的种类增多，人们生活的质量也相应地得到提高。

（三）农产品市场细分原则

通过对市场的细分，得到若干个细分市场，但并不是所有的细分市场都是有效的。为了使细分市场有效，在进行市场细分时应掌握以下几个原则：

1. 细分市场必须具有明显的差异性

差异性就是指对细分市场上消费者对商品需求的差异性能明确反应和说明，对细分后的市场范围、容量、潜力等能定量加以说明。所以企业对消费者的需求进行分类时，必须获得可靠的依据，才能进行市场细分。

2. 细分市场必须具有可进入性

企业进行市场细分的目的是确定并打入目标市场，如果细分后的市场消费者不能有效地了解产品特点，不能通过一定的渠道购买产品，那么市场细分就失去了意义。因此企业进行市场细分时要充分考虑自身的力量，是否有可能进入目标市场。

3．细分市场必须具有较大量的需求

细分市场必须具备合理的范围，并存在一定规模的购买潜力。在进行市场细分时，不能把市场划分得太粗，这样市场中就存在着不同需求的消费者，企业也难以提供产品满足他们的需求；但若划分太细，细分市场中消费者太少，就难以形成一定的需求规模，企业也难以获得较好的赢利。所以，对市场进行细分时，应详细考虑各方面的因素，对细分市场要进行客观的评估，保证细分市场具有一定规模的潜在购买力，以确保企业获得合理的利润。

4．细分市场必须具有相对的稳定性

消费者的消费心理是经常变化的，如果细分市场消费者的需求变化太快，企业制定的经营策略就有很大的风险，有时甚至造成严重的损失。所以细分市场要能保证企业在一个相当长时期经营上的稳定，避免目标市场变换过快给企业带来的风险和损失，保证企业取得长期的利润。

二、农产品市场细分类型

当前农产品卖难是普遍现象，这在很大程度上是因许多农户、农产品加工企业并没有真正进行市场细分所致。有的自认为“细分”了，实际上却分得很粗，如把蛋类分为鸡蛋、鸭蛋等大类别，把鸡肉加工分为烤鸡、炸鸡等不同加工方法的大类别等，结果导致生产经营趋同化，竞争更加激烈。同样是细分，一只鸡能被内蒙古草原兴发集团开发出 140 余种深加工产品，仅鸡胸肉就有 8 个产品之多。

农产品市场细分的依据是消费者需求的多样性、差异性。消费者对农产品的需求与偏好主要受地理因素、人口因素、心理因素、购买行为因素等方面的影响。因此，这些因素都可以作为农产品市场细分的依据。

（一）地理细分

地理细分是按照消费者所处的地理位置、自然环境来细分市场。如根据国家、地区、城市规模、气候、人口密度、地形地貌等方面的差异将整体市场分为不同子市场。地理因素之所以作为市场细分的依据，是因为处在不同地理环境下的消费者对于同一类产品往往有不同的需求与偏好，他们对企业采取的营销策略与措施会有不同的反应。如在我国南方沿海一些省份，某些海产品被视为上等佳肴，而内地省份的许多消费者则觉得味道平常。又如，考虑到我国市场营销环境的差异性很大，河北华龙集团制定了区域产品策略，最大限度地分

割当地市场，因地制宜，各个击破，其产品在河南有“六丁目”，东北地区有“东三福”，山东有“金华龙”等。

地理变量易于识别，是细分市场应考虑的重要因素，但处于同一地理位置的消费者需求仍会有很大差异。如在我国的一些大城市，北京、上海流动人口逾百万，这些流动人口本身就构成一个很大的市场，很显然，这一市场有许多不同于常住人口市场的需求特点。所以，简单地以某一地理特征区分市场，不一定能真实地反映消费者的需求共性与差异，企业在选择目标市场时，还需结合其他细分变量予以综合考虑。

（二）人口细分

人口细分是指以人口统计变量，如年龄、性别、家庭规模、家庭生命周期、收入、职业、教育程度、宗教、种族、国籍等为基础细分市场。消费者需求、偏好与人口统计变量有着很密切的关系。如只有收入水平很高的消费者才可能成为高档服装、名贵化妆品、高级珠宝等的产品的购买者。人口统计变量比较容易衡量，有关数据相对容易获取，因此企业经常把它作为细分市场的依据。例如，河北华龙集团根据收入因素推出不同档次的产品，华龙主推的大众面有“108”“甲一麦”“华龙小仔”，中档面有“小康家庭”“大众三代”，高档面有“红红红”“煮着吃”。同时，华龙集团根据年龄因素还推出适合少年儿童的“A小孩”干脆面系列和适合中老年人的“煮着吃”系列。

除了上述方面，经常用于市场细分的人口变量还有家庭规模、国籍、种族、宗教等。实际上，大多数企业通常采用两个或两个以上人口统计变量来细分市场。

（三）心理细分

按照地理标准和人口标准划分的处于同一群体中的消费者对同类产品的需求仍会显示出差异性，这可能是消费者心理因素在发挥作用。心理因素包括个性、购买动机、价值观念、生活格调、追求的利益等变量。如消费者在购买农产品时，有不同的购买动机：有求实动机、求廉动机、求名动机、求美动机、显贵动机、好奇动机等。有些老年人买菜专挑便宜的买，是出于求廉动机；有些年轻人买菜专买自己没有吃过的特色菜，是出于好奇动机。

（四）行为细分

行为细分是根据购买者对产品的了解程度、态度、使用情况及反应等将他们划分成不同的群体。行为变量能更直接地反映消费者的需求差异，因而成为市场细分的最佳起点。如根据顾客是否使用和使用程度细分市场，通常可分为经常购买者、首次购买者、潜在购买者和非购买者。根据消费者使用某一产品的数量大小细分市场，通常可分为重度使用者、中度使用者和轻度使用者。消费者购买某种产品总是为了解决某类问题、满足某种需要。然而，产品提供的利益往往并不是单一的，而是多方面的，消费者对这些利益的追求往往会有所侧重。如生产果珍之类清凉解暑饮料的企业，可以根据消费者在一年四季对果珍饮料口味的不同要求，将果珍市场消费者划分为不同的子市场。根据人们偏好不同，把猪肉分割为瘦肉、排骨、肥肉和猪皮；把鸭子的舌头、鸭脖、翅膀、脚板、鸭肠、鸭肝等分割开来，加工成特色产品；鱼也可按需分割为鱼头、鱼身、鱼尾、鱼子、鱼肚等产品上市。

以上是根据单因素细分，还可以根据多因素细分，如选定京津蔬菜市场，应考虑农产品质量是高档还是低档、价位是高价还是低价；若选择高收入家庭作为目标市场，应开发高档次和较高价位农产品。

根据细分变量划分出的农产品细分市场是否具有开发价值，还需看农产品细分市场是否具有足够的购买力、农产品市场规模是否可以盈利、农业厂商是否有能力进入所要选定的农产品市场。

农产品市场相对来说比较大，任何一个农产品企业不可能经营全部农产品，必须进行市场细分。

三、农产品市场细分步骤

农产品市场细分分为以下六步：

第一，分析产品，确定营销目标。经营者要了解自己农产品的生产优势、劣势、产品特色及具备什么样的功能，这是细分的基础。

第二，分析顾客的各种需求。从现在需要、潜在需求出发，尽可能详细地列出消费者的各种需求。

第三，划分顾客的类型。按需求不同，划分出消费者类型，分析顾客需求的具体内容，然后按一定标准进行细分。

第四，选定目标市场。将产品特点、经营者经营能力同各细分市场特征进行比较，选出最能发挥经营者和产品优势的细分市场作为目标市场。

第五，进一步认识各细分市场特点，测量各分市场大小，考虑各分市场有无必要再作细分，或重新合并。

第六，选定目标市场，制定营销策略。

四、农产品市场细分禁忌

（一）忌模仿他人

农产品生产者模仿性很强，尤其是没有市场经验的农户，因为对市场信息把握不准，往往看别人种什么，就紧跟着种什么，这样一来，大家共同经营同一种产品，都把同一个细分市场作为自己的目标市场，从而极有可能造成某一种农产品的供给短期内或者在某一特定区域内远远大于市场需求，出现“谷贱伤农”的现象。

（二）忌盲目进入市场

农产品生产经营者往往在有了感性认识后，便迫不及待地进入目标市场，其结果往往是由于技术、管理经验、市场信息、消费者信息等因素制约，功亏一篑。

（三）忌随便转换细分市场

一些农产品生产经营者抵挡不住其他产品市场一时走俏的诱惑，往往在准备不足的情况下，放弃自己已有的优势而轻易盲从他人，结果不是种植技术原因造成产量和质量不尽如人意，丧失竞争力，就是由于不熟悉市场导致产品无人问津。曾有一农户，先后种过梨、苹果、西瓜、蔬菜、棉花等多种农作物，却一直没能致富，究其根本，一个人的精力和能力有限，什么作物都种，没有优势。失去了优势就失去了竞争力，市场细分根本目的就是在寻求差异化前提下保持竞争优势。

（四）忌盲目听信传媒之言

信息时代，信息所带来的不仅仅是便利、机会和财富，如果不分析所掌握的信息，它极有可能带来的是陷阱和失败。

（五）忌一根筋到底

“喜新厌旧”是消费者的一种普遍心理，随着市场发展，消费者的爱好时刻在变，所以不能用固定不变的观念去看待变化的市场。农产品生产经营者从产品销量、市场占有率等指标中分析产品处于生命周期的哪一个阶段，只有真正掌握产品的生命周期，才能有针对性地作出市场策略。

市场细分就是在寻找差异化。任何一种农产品都不可能满足所有消费者的需求。研究和分析消费者需求和欲望的差异性，并据此把农产品市场细分为几个甚至多个更加专业化的市场，结合自身条件和优势，有针对性地选择一个或者多个适合自己的目标市场进行生产经营活动，这就是市场细分。

市场细分能帮助生产者了解市场的各部分和客户群是类似的还是不同的，如果农产品生产者能比竞争对手做得更好的话，那么观察和选择这些相似性的能力可以成为一种竞争优势。

第二节　农产品目标市场选择与定位

目标市场是企业在市场细分的基础上，根据市场潜力、竞争对手状况及企业自身特点选择确定的既能发挥企业相对优势，又能给企业提供获利机会的值得进入的市场。选择和确定目标市场能够明确企业具体的服务对象，是企业制定营销策略的首要内容和基本出发点，但并不是所有的细分市场都能作为企业的目标市场。

一、农产品目标市场选择

把整体农产品市场划分为若干个细分市场后，受农业资源及内外条件的限制，不可能把所有的细分市场都作为目标市场，而是要在综合考虑诸多因素的基础上，在众多的细分市场中选择一个或几个有利于发挥农业资源优势、最具吸引力又能达到最佳或满意经济效益的细分市场作为农业目标市场。因此，选择农产品目标市场时主要应考虑以下条件。

第一，要将有适当的规模和发展潜力的细分市场作为目标市场。一方面要有一定的规模，即足够数量的顾客和购买力，能够保证企业有利可图；另一方面，目标市场是否具有开发价值，除了考察当前的规模，还要看其市场规模与未来的发展状况，一般应选择未来发展潜力大的细分市场作为企业的目标市场。

第二，竞争者未完全控制，企业应选择竞争对手较少或竞争对手较弱的细分市场作为自己的目标市场。需要注意有时可能会出现竞争企业遵循同一逻辑思维，争抢同一细分市场的现象，企业应竭力避免。

第三，符合企业经营目标和资源能力，在衡量和考虑前面两个因素的基础上，企业还须结合自身条件作进一步的分析。所选细分市场的经营应与企业总的经营目标相协调，并且是企业现有资源条件和能力所擅长的和所能胜任的。

二、农产品目标市场选择步骤

（一）目标市场战略

确定目标市场的方式有两种：一是先进行市场细分，然后选择其中一个或数个细分市场作为自己的目标市场；二是不进行市场细分，将产品的整体市场或全体顾客作为自己的目标市场。

与此相适应，目标市场战略有三种，即无差异性营销战略、集中性市场战略和差异性营销战略。对于农产品而言，随着竞争的加剧和生活方式多样化、个性化，要想取得竞争优势，必然要求差异化的农产品和营销过程的多样化，因而采用差异化营销战略，可以说是未来农产品营销者比较理想的选择。

1．无差异性营销战略

无差异性营销战略，即企业把整个市场看作一个目标市场，营销活动只考虑消费者或用户在需求方面的共同点，因此企业只推出单一的标准化产品，设计一种市场营销组合，通过无差异的大力推销，吸引尽可能多的购买者。

实行无差异营销战略的企业一般基于两种指导思想。一是从传统的产品观念出发，强调需求的共性，而不考虑需求的差异。面对整个市场，企业只提供单一标准的产品，这种思想较多的使用在卖方市场条件下。二是企业经过市场调查之后，认为某些产品的消费需求大致相同或差异较小，因此可以采用大致相同的营销策略。这种战略的最大优点是成本的经济性。大批量的生产和储运，可以降低单位产品的成本，相应市场调查、产品开发、促销、渠道开拓方面的费用也显著减少。这种战略的最大缺点是不考虑单个细分市场的需求差异性。随着消费者收入水平和消费水平的提高，消费者之间的需求差异性也随之扩大，无差异性市场策略难以适应这种形势，并且当众多企业都采取这种战略时，就会形成整体市场竞争激烈，而小的细分市场却得不到满足的局面，这对营销者和消费者都不利。如原来人们对鸡蛋的需求也没有什么特别之处，但随着生活水平的提高，人们越来越注重营养，这就对传统鸡场产出的鸡蛋提出了挑战。如果经营者仍然只考虑人们对鸡蛋的数量型需求，而不具体分析消费群体对鸡蛋的色泽、口感、蛋白质含量等的需求差异，那么，在大众化鸡蛋消费市场上的竞争将十分激烈，将出现供过于求的市场态势。可见，无差异营销战略对某些农产品的生产经营者和消费者都可能导致不利的情况。

2．集中性市场战略

集中性市场战略，即在细分市场的基础上选择其中的一个细分市场作为企业的目标市场，集中所有的资源力量于此，实行高度专业化的生产和销售。这种战略主要适用于资源力量有限的小企业，由于目标集中，因而可以大大节省营销费用和增加盈利，又由于生产、销售渠道和促销的专业化，也能够更好地满足这部分特定消费者的需求，企业易于取得优势的市场地位。这一战略的不足是经营者承担风险较大，如果目标市场的需求情况突然发生变化，目标消费者的兴趣突然转移，或是市场上出现了强有力的竞争对手，企业就有可能陷入困境。现在一些农户或小企业把所有资源和资金用于搞专业种植或养殖，就是集中性营销战略的体现。如四川雅安市雨城区草坝镇某农户，在具体细分雅安市民对鸡的需求的基础上，避开了大众性消费群体，选择了特定性消费群体，即追求营养品质型消费的群体为目标市场，专门生产放养的、不喂饲料添加剂的土乌骨鸡，结果生产的绿色无公害乌骨鸡供不应求。随着生活水平进一步提高，消费者开始关注食品安全和自身健康，绿色食品将成为部分消费者的首要选择。当前所倡导的开发和发展具有生态性、科学性和安全性的绿色农产品，就是为了满足人们崇尚自然、返璞归真的消费心理。可见，开发生产有特色的绿色农产品并进行集中性营销需要特定的市场基础。

3. 差异性营销战略

差异性营销战略，即在市场细分的基础上，企业选择两个以上乃至全部细分市场作为自己的目标市场，并为每个选定的目标市场制定不同的市场营销组合方案，多方位开展针对性的营销活动。采用这种战略的优点，是这种针对性较强的营销活动能够满足不同顾客群的需要，营销活动易于收到较好的效果，而且选择两个以上的目标市场，还可以使企业取得连带优势，提高企业的知名度。目前，消费者对奇形异彩农产品的需求，形成了新的消费动向。如乌骨鸡、七彩龟、黑小麦、黑玉米等农产品，因为其颜色特别，药用价值较高，不仅市场销路好，而且经济效益高。如果有相当实力和擅长营销策略及技巧的农户或企业能够针对消费者的这些差异性需求开展差异性营销，那么，这些农户和企业选择的目标市场战略就是差异性营销战略。当然这种战略由于产品多样化，营销组合复杂化，使企业的生产费用、管理费用、库存费用和促销费用大大增加，从而有可能对经济效益造成不利的影响。而且，由于市场经营范围广，要求企业有比较雄厚的人力、物力、财力和较高的经营管理水平。在当前农产品相对过剩，特别是低质农产品过剩，优质农产品不足，农产品销售困难的情况下，实施差异性市场营销具有十分重要的意义。

（二）目标市场选择步骤

目标市场选择与营销由三个步骤组成：市场细分、目标市场确定、市场定位。

1．市场细分

市场细分是企业根据市场需求的多样性和购买行为的差异性，把整体市场划分为若干个具有某种相似特征的顾客群，称之为细分市场或子市场，以便选择确定自己的目标市场。经过市场细分的子市场之间的消费者具有较为明显的差异性，而在同一子市场之内的消费者则有相对的类似性。所以，市场细分是一个同中求异、异中求同的过程。企业进行市场细分的目的就是为了实现目标市场营销，市场细分的结果为企业提供了发现理想市场的机会。企业在确定目标市场后，还需要制定一个切实可行的市场定位策略，这是企业占领市场、战胜竞争对手，取得立足点和进一步发展的重要环节。

2．确定目标市场

确定目标市场是在市场细分的基础上，企业根据自身优势，从细分市场中选择一个或者若干个子市场作为自己的目标市场，并针对目标市场的特点展开营销活动，以期在满足顾客需求的同时，实现企业经营目标。

3．市场定位

市场定位是企业从各个方面为产品创造特定的市场形象，使之相较于竞争对手的产品显示出不同的特色，以求在目标顾客心目中形成一种特殊的偏爱。

选择目标市场的目的是为了使产品有销路。问题是并非凡有销路的市场都一定能成为企业理想的目标市场，如果出现多数谬误，农户就不可能实现预期的营销目标，还可能导致挫折和失败。多数谬误是指过多的农户都把同一个细分市场作为自己的目标市场，从而造成某一种产品的供给远远超过市场需求。在这种情况下，这些农户共同经营同一种产品，实际上就是共同争夺同一产品有限的消费群体，结果造成社会劳动和资源的浪费，也不能满足其他的市场需求，大大提高了农户的机会成本，影响农户的经济效益，甚至造成农户的经营失败。

在现实的经济生活中，多数谬误屡屡发生。选择农产品目标市场，要走出多数谬误误区。从农户市场营销实践来看，发生多数谬误的原因是：

第一，农户均将市场容量最大、利润潜量最大的市场作为目标市场。许多农户只盯着市场的需求潜量和诱人的利润，认为只要市场有需求，重视产品质量，价格合理，加上推销工作，就一定能够扩大销售量，提高市场占有率，从而取得最大的利润。结果是竞争者太多，形成同步共振，造成损失。

第二，企业经营者在指导思想上急功近利，只考虑目前利益，避难就易，而看不到长远利益，使经营陷入困境。这种情况往往是农户把最容易进入的市场作为目标市场。有些农户看到某些农产品畅销，而且投资小，见效快，市场容易进入，便产生了投资冲动。如果某农户因培育果树苗发了财，结果就户户育，村村育，乡乡育，最后只能是果树苗当柴烧。类似事例，不胜枚举，更为严重的是现在仍有许多农户还在重蹈覆辙。

第三，抵挡不住外围市场一时走俏的诱惑。市场细分、确定目标消费群，只能在自己的有效市场范围内，决不能放弃自己的优势，去追求所谓的“热”。俗话说：“庄稼活，不用学，人家咋做咱咋做。”这是一种盲从思想，很多农民正是在这种习惯思维的引导下急功近利，盲目发展，看到别人家赚了钱，也挤进同一条赚钱道，自觉不自觉地扩大同类农产品的种植面积，结果却赚不了钱。这样的多数谬误已屡见不鲜，农户深受其害。

第四，对已经确定的目标市场缺乏精细的了解。信息是宝贵资源，但也是共有资源。当从传媒得知某地某货奇缺价高而进行生产时，将和四面八方获知同一信息采取同一举措的众多农户在市场上发生碰撞，奇缺变为过剩，抢购的俏货转眼之间变成卖不出去的滞销货。

第五，对细分后的目标市场的变化没有足够的把握。市场细分的各项变量随着社会大环境的变化而不断变化，所以不能用固定不便的观念去看待变化的市场，而应以变制变，具体问题具体分析，及时调整自己的营销策略。市场细分是一个复杂的问题，不是简单的种什么、养什么的问题，它还牵涉到资金、市场、人才、技术等诸多因素。因此，进行市场细分必须对多种因素进行综合考虑、科学论证、统筹规划，有计划、有步骤地进行。客观地讲，在商品经济生产中，多数谬误是很难完全避免的，问题是尽可能地把多数谬误控制在最小的范围之内，要把它造成的损失降到最低限度。

（三）影响农产品目标市场选择的因素

企业目标市场的选择是否恰当，直接关系到企业的营销成果及市场占有率。因此，在选择目标市场时，企业必须认真评价细分市场的营销价值，分析研究是否值得去开拓，能否以最少的人力、物力、财力消耗，取得最大的销售成果。一般来说，影响农产品目标市场选择的因素主要有以下几个方面：

1．市场容量

市场容量是企业选择目标市场的首要条件。理想的农产品目标市场，应该具有较大的市场容量，存在较大的需求，而且还存在尚未满足的需求，有较大的发展潜力。凡是市场容量的估计价值小于企业能够承受的市场潜力最小值的细分市场，要一律舍去，高于市场潜力最小值的细分市场则可留下来，以待进一步筛选。

2．购买力

购买力是企业选择目标市场的重要条件之一。如果没有较强的购买力，则不能成为现实市场。

3．竞争者

作为目标市场除了要求存在一定的市场容量，具有较高的购买力外，还应该没有竞争者完全控制这个市场，这样企业选择这个目标市场才具有实际意义，才能达到预期的营销目标，否则就没什么价值。当然，如果竞争者已经完全控制了市场，企业若有实力挤走或打垮竞争对手，也可以发挥自己的优势甚至占领这个市场。

4．与企业发展的一致性

理想的目标市场，应有利于企业发挥自己的优势，符合企业的市场战略，与企业的发展具有一致性。尽管有时候某些细分市场不利于企业发挥自己的优势，不利于推动企业实现自己的长远目标，甚至分散企业的经历，并与该企业的市场战略相左。因此，目标市场的确定，必须符合企业的发展目标，与企业的市场战略相一致。

此外，企业选择目标市场时还要考虑国家的政策与法令、社会环境、技术环境、竞争环境、文化环境、国际营销环境等。

三、农产品目标市场定位

（一）市场定位概念

市场定位是指企业为了实现特定的经营目标，根据消费者的需求及自身的情况，分析自己与竞争对手在目标市场占有的地位，为本企业及其产品在目标市场确定一定的市场位置，或者说为企业及其产品创造某种特色，在目标用户心目中树立起某种形象，以适应用户的需求和对付竞争对手。

市场定位实际上是在已有基础上更深一层次的市场细分和目标市场选择，即从产品的特征出发对目标市场进行更进一步的细分，进而在消费者需求确定的目标市场内再选择确定企业产品的目标市场。

（二）市场定位方法和策略

企业的市场定位方法多种多样，不同企业不同时期采取的市场定位方法也不尽相同，但总的来说，常用的市场定位方法有以下几种：

1. 使用者的类型定位

这种方法是在市场细分的基础上，根据消费者或用户的不同需求，生产出不同用途或性能的产品，使之定位于不同的消费者群体。

2. 产品的特色定位

这种定位方法是企业利用其产品的特色，如功能、质量、价格等，通过各种营销手段使该产品在消费者心中占据一席之地。

3. 按产品为消费者提供的利益定位

这种定位方法是企业根据消费者的要求，针对企业产品的不足进行改进，赋予原有产品一些新的特色，使产品顺其自然地在消费者心目中定位。

4. 根据竞争局势定位

这种定位方法就是企业根据自己竞争对手的情况采取的竞争策略。

选择市场定位的战略通常可分为三种。

第一种是“针锋相对式”的定位，即把经营产品定位在与竞争者相似的位置上，同竞争者争夺同一细分市场。例如，有些农户在市场上看别人经营什么，自己也经营什么，实行这种定位战略要求经营者具备资源、产品成本、质量等方面的优势。否则，在竞争上可能失败。

第二种是“填空补缺式”的定位，即农户不去模仿别人的经营方向，而是寻找新的、尚未被别人占领，但又为消费者所重视的经营项目，采取填补市场空位的战略。例如，有的农户发现在肉鸡销售中大企业占有优势，自己就选择饲养“农家鸡”，并采取活鸡现场屠宰销售的方式，填补大企业不能经营的这一“空白”。

第三种是“另辟蹊径式”的定位，即经营者在意识到自己无力与同行业有实力的竞争者抗衡时，可根据自己的条件选择相对优势来竞争。例如，经营蔬菜的农户既缺乏进入超级市场的批量和资金，又缺乏运输能力，就利用区域集市，或者与企事业单位伙食团联系，甚至走街串巷，避开大市场的竞争，将蔬菜销售给不能经常到市场购买的消费者。

以上的市场定位方法和策略在具体实施时，还应注意两点：首先，要研究消费者对某种产品属性的重视程度，了解消费者需要什么，找出消费者心目中对该产品的“理想点”位置；其次，要了解竞争对手在市场上的情况，根据这些分析和研究，确定企业产品的特色形象，实现最佳的市场定位。需要指出的是，企业产品的市场定位需要依靠多方面的营销策略，甚至需要营销组合策略来完成。

复习思考题

1. 什么叫农产品市场细分？
2. 农产品市场细分对企业市场营销有何意义？
3. 怎样进行农产品市场细分？
4. 农产品市场细分有哪些类型？
5. 农产品市场细分应该注意哪些问题？
6. 什么是目标市场选择？影响目标市场选择的因素有哪些？
7. 目标市场选择有哪些环节？
8. 什么是市场定位？市场定位有什么作用？
9. 常用的市场定位方法和策略有哪些？

销售终端是离消费者身体最近的地方，售后服务是离消费者心灵最近的地方。

——（美）菲利普·科特勒

模块三　农产品营销渠道

第五章　农产品营销渠道

第一节　农产品营销渠道

一、农产品营销渠道定义

营销渠道是指某种产品或劳务从生产者向消费者移动时，取得这种产品或劳务所有权或帮助转移其所有权的所有企业或个人。简单地说，营销渠道就是产品和服务从生产者向消费者转移过程的具体通道或路径。通过技术领先和创新保持，企业维持在市场中的竞争力已变得越来越难。营销渠道系统创造的资源对生产商的发展有弥补作用。

营销渠道的特征有：营销渠道的起点是生产者，终点是消费者和用户；参与者是商品流通过程中各种类型的中间商；前提是商品所有权的转移；营销渠道具有系统性等。

营销渠道是生产者将其产品所有权向消费者转移过程中各销售主体串联的系统。没有中间商的营销渠道，称为直接销售，只有一个销售过程；具有中间商的营销渠道称为间接营销渠道，具有多个销售过程。

营销过程一般有以下六种形式：

生产者→最终消费者。常规生产的农产品，如蔬菜，一般采用这种渠道方式销售；

生产者→产地零售商→消费者。如农产品中的荔枝、草莓、水蜜桃等水果的销售采用这种形式；

生产者→产地收购批发商→产地零售商→消费者。农作物种子的销售形式就是如此；

生产者→产地收购批发商→销地零售商→消费者。地域性比较强的水果如香蕉、橘子、苹果、梨子都采用这种渠道；

生产者→产地收购批发商→销地批发商→零售商→消费者。大批量生产的蔬菜，一般都采用这种渠道；

生产者→代理商→中间商→消费者。大多数的加工后农产品，如饮料、方便面、奶制品等，采用这种形式销售。

以上销售渠道中，“生产者→批发商→零售商→消费者”的模式是典型的市场营销渠道。销售渠道起点是生产商，终点是消费者。经过的流通环节或中间层次越多，渠道就越长，相反，渠道就越短，因此也有长渠道与短渠道之分。如图 5.1 所示：

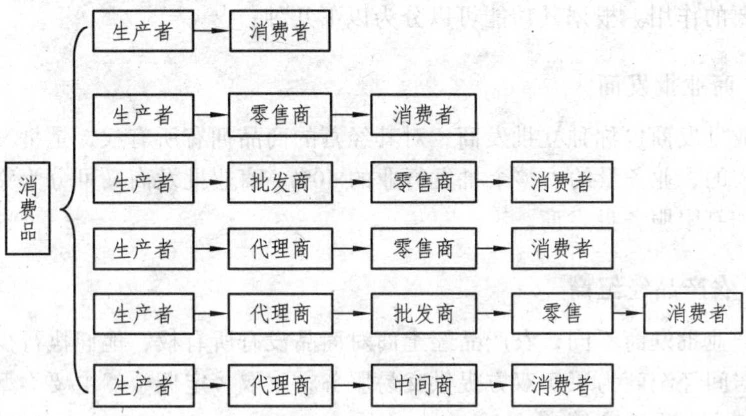

图 5.1　销售渠道渠道图示

一级渠道包括一个渠道中间商。在消费品市场上，这个渠道中间商则通常是零售商。

二级渠道包括两个渠道中间商。在消费品市场上，这两个渠道中间商则通常是批发商和零售商。

三级渠道包括三个渠道中间商。这类渠道主要出现在消费面较宽的日用品中，由于一些小型的零售商通常不是大型代理商的服务对象，故在大型代理商和小型零售商之间衍生出一级专业性经销商，从而出现了三级渠道结构。

通过技术领先和创新保持，企业维持在市场中的竞争力已变得越来越难，营销渠道系统创造的资源对生产企业的发展有弥补作用，这也是营销渠道所具有的重要意义。

二、农产品营销渠道类型

农产品营销渠道有生产商、批发商、代理商、零售商。新型销售渠道有电子商务、网上直销、连锁经营、特许经营、生产企业自营销售组织、物流等。

（一）生产商

农产品生产商主要指种植生产者和农产品加工企业以及农资生产企业，包括作物种植户、作物生产种植企业、农产品经营者、种植生产自销个体户等。

（二）批发商

批发商是联系生产者和零售商及其他用户的桥梁和纽带，在营销网络中发挥着重要的作用。根据其功能可以分为以下几种：

1．商业批发商

商业批发商也称独立批发商，对其经营的商品拥有所有权，是批发商中业务量最大的，业务量约占整个批发行业的50%。商业批发商又可分为完全服务批发商和有限服务批发商。

2．农产品经纪商

与商业批发商不同，农产品经纪商对商品没有所有权，他们执行少数几个职能。居间经纪商为买卖双方提供交易服务，收取一定佣金。主要类型有代理商、经纪人、委托商等。

3．生产商分店和销售办事处

由买方和卖方自行经营批发业务，而不通过独立的批发商进行。生产商分店有一定的商品储存，其形式如同商业批发商，只不过隶属关系不同；销售办事处没有存货，是企业驻外的业务代办机构，主要办理本公司的采购业务，也兼作批发业务。

（三）零售商

零售商的主要业务是将农资或农产品直接销售给最终消费者，是联系生产者、批发商和消费者的桥梁。通过零售活动，可以帮助生产者扩大市场覆盖面，及时反馈市场供求信息，为生产者营销决策提供重要的参考依据。

1．店铺零售

店铺零售指在店内零售商品和提供服务，其主要形式有：

（1）农资商店。

农资商店经营范围广，品种繁多，规格齐全，购物环境舒适，多设在城镇交通中心，能为顾客提供商品咨询、送货、维修等多种服务，如农资放心店、农资服务点。

（2）专业品牌店。

专业品牌店经营的产品线较窄，但品种较齐全，便于消费者充分选择。专业品商店一般经营单一品线甚至单一品牌产品，或经营针对某一顾客群的商品。

（3）超级市场。

超级市场已成为消费者光顾最频繁的零售店形式。其特点是商品分类上架顾客自选为主，集中结算付款，如食品超市、农产品超市等。

（4）便利商店。

便利商店指经营品种有限、周转率高的小型商店。便利商店主要设在居民区及活动场所附过。其特点是营业时间长，方便顾客临时性购买，如鲜花店、绿植连锁店、饮料等。

（5）购物中心。

购物中心是指由众多商店组成，集购物、餐饮和娱乐于一体的超级购物广场。其特点是占地面积大，产品种类、花色齐全，满足顾客综合消费需求。如大城市中心购物广场，多设置有游乐场、娱乐中心，都有涉及农产品和小食品消费。

2．无店铺零售

无店铺零售采用商品目录、直接邮购、电话销售、电视销售、电子销售服务、网络团购等方法。无店铺零售包括直复营销、直接销售和自动售货。

（1）直复营销。

直复营销使用多种广告媒体，使之相互作用于消费者，并通常需要消费者作出直接反应。其特点是购物方便、节省时间、购物范围广。主要形式包括直接邮购、电话营销、直接广播、电视营销及电子购物等。

（2）上门零售。

上门零售产品由生产者或推销人员直接向消费者销售。直接销售的长处在于便于与消费者沟通，并易于吸引个人的注意力。但是，用于雇佣、培训、支付、激励销售人员的费用成本高，导致较高的商品价格。

（3）自动售货。

自动售货通过自动售货机销售商品。主要用于一些具有高度方便价值的购买品，如饮料、香烟、糖果、报纸、书籍等。自动售货机为顾客提供了更方便的服务，24 小时自动服务。但是自动售货所需的设备和劳务代价昂贵，其商品价格往往比零售店高 15%～20%。

三、营销渠道策略

营销渠道策略有直接渠道或间接渠道的营销策略；长渠道或短渠道的营销策略；宽渠道或窄渠道的营销策略。

1．间接渠道与直接渠道策略

（1）间接渠道。

间接渠道是指利用中间商将产品出售给消费者，是采用比较多的一种渠道方式，间接渠道有抗风险能力强、利于夺取市场份额的特点。同时，可以节约生产企业用于人力、物力、财力和时间的成本，是农业企业普遍采用的一种渠道模式。利用间接渠道方式时，可以选择中间商。中间商可以是批发商也可以是零售商。当今一些发达国家的许多大型零售商店不仅在本国各地开设分店，形成连锁集团，而且将其业务拓展至国外，零售业国际化趋势日益明显。因此，选择农产品进入这些国家的渠道，必须充分考虑这些零售商的特点与优势，以获取最有效率的零售渠道。

（2）直接渠道。

直接渠道是指生产企业将产品直接卖给消费者，而不通过中间商的销售渠道模式。具体形式有：农业企业直接接受用户订货，农业企业设立经销机构或者设立分支机构，农业企业通过网络销售产品。网络营销是充分利用信息时代网络通讯传播速度快、传播范围广的特点，发布产品营销信息、办理结算等经济活动。网络销售可以节约成本，方便快捷，但要加强防范网络风险的意识。

2．宽渠道与窄渠道策略

宽渠道与窄渠道策略指农业企业同时使用多条分销渠道分销自己产品的策略。渠道的宽窄通常按每个地区、每个中间环节使用的同类型中间商的多少划分，宽窄也只是相对而言，最窄的渠道仅有一个中间商。农产品大多是重复消费的鲜活商品，分销渠道一般不宜过窄。

3．长渠道和短渠道策略

按农产品到达最终消费领域所经过中间环节的多少，流通渠道可分为长渠道和短渠道。长渠道的优点是，渠道长、触角多、商品销售覆盖面大、市场风险小；缺点是由于中间环节多，商品价格一般较高，不利于市场竞争。短渠道中产品流通经历的中间环节相对较少，一般是经过一个中间环节便可转移到消费者手中，短渠道由于流通时间短、速度快，节约流通费用。

不同的渠道模式各有利弊。企业要依据自身产品结构、经济实力、市场地位、竞争状况等因素综合考虑，选择适宜的渠道策略。

四、营销渠道冲突

生产商与生产商、生产商与代理商、代理商与代理商、经销商与经销商之间，甚至生产商与其直销办事处的冲突是不可避免的，但凡事都有利有弊。有利的一面表现在以下几个方面：

第一，有可能一种新的渠道运作模式将取代旧有渠道模式，从长远看这种创新对消费者是有利的。

第二，完全没有渠道冲突和客户碰撞的制造商，其渠道的覆盖与市场开拓肯定是有瑕疵的。

第三，冲突的激烈程度，可以成为判断冲突双方实力及商品热销与否的检验表。

在激烈的市场竞争中，代理商与代理商、经销商与经销商、经销商与直销办事处之间往往为了抢占市场发生窜货现象。

窜货从性质上可分为恶性窜货、自然性窜货和良性窜货。恶性窜货，即经销商为牟取非正常利润，蓄意向非辖区倾销货物。自然性窜货，一般发生在辖区临界处或物流过程中，非经销商恶意所为。良性窜货，所选择的经销商流通性很强，货物经常流向非目标市场。

窜货表现有中间商之间窜货，经销商与办事处的客户之间窜货，更为恶劣的窜货现象是经销商将假冒伪劣产品与正品混同销售，掠夺合法产品的市场份额，或者直接以低于市场价的价格进行倾销，获取非正常的利润，打击了其他经销商对品牌的信心。

窜货会给企业带来很大的危害，会影响渠道控制力和企业形象，影响销售业绩，损害品牌形象，使先期投入无法得到合理回报，影响决策分析，发往甲地的货物被悄悄销往乙地，其业绩体现在了甲地，在公司未确定窜货时，总部会得到这样的虚假数据，因而造成公司决策分析的失误。

五、营销渠道开发

营销渠道有各种各样的开发方式，任何时间，任何场合，任何方式都可进行。

（一）发掘潜在顾客

日常活动不会在隔绝的状态下展开，每个人都会认识一大批人，这批人有可能成为潜在顾客。不可否认，即便是一个社交活动很少的人也会有一群朋友、同学和老师，还有他的家人和亲戚，这些都是资源。一个带一圈，这是销售人员结交人最快速的办法。寻找潜在顾客的第一条规律是不要假设某人不能建立商业关系。有些人也许目前不是潜在顾客，但是他们也许认识将成为顾客的人。与最亲密的朋友联系之后，再转向熟人。电话最能突破时间与空间的限制，是最经济、有效率的接触顾客的工具。展示会是获取潜在顾客的重要途径之一。扩大人际关系，销售顾客基数就是所谓的人际关系。企业的经营也可以说是人际的经营，人际关系是企业的另一项重要的产业，销售人员的人际关系越广，接触潜在顾客的机会就越多。也可以在互联网上找到潜在的顾客，互联网上很多的分类项目，可以在很短的时间找到有可能成为顾客的群体。

（二）借助外力

刚进入销售行业的新手，很多事情根本无法下手，这时就需要跟有经验的人学习，从他们那获得建议。导师就是这样一种人，导师可以从行业协会、权威人士、有影响力的人或者本地一些以营销见长的企业去寻找。多数企业将新手与富有经验的老手组成一组，共同工作，让老手培训新手一段时期。这种企业导师制度在全世界运作良好。通过这种制度，企业老手的知识和经验获得承认，同时有助于培训新手。

（三）企业提供的名单

企业可以通过广告和营销的细节来获得最佳的业绩。许多企业向销售人员提供业绩名单，为了成为优秀的业务高手，需要从中找到潜在顾客。这样，即使从企业的名单中毫无所获，也有所准备。检查过去顾客的名单，不但能获得将来的生意，而且还将获得他们推荐的生意。

（四）展开商业联系

商业联系比社会联系更容易。借助于私人交往，将更快地进行商业联系。不但考虑在生意中认识的人，还要考虑政府职能部门、协会、俱乐部等行业组织，这些组织带来的是其背后庞大的潜在顾客群体。

（五）了解服务及技术

其他企业派出来的训练有素的销售人员，熟悉顾客的特性。只要他们不是竞争对手，一般都会结交，即便是竞争对手，也可以成为朋友，和他们搞好关系，会收获很多经验，也有了非常得力的商业伙伴。了解服务及技术，企业里的其他部门的人在听到有价值的信息时会想到销售人员。形成定期检查企业服务和维修记录的习惯。询问顾客服务部门顾客打过几次咨询电话。如果次数多，就需要回访他们。也许他们处于增长阶段，也可以帮助他们赢得新的服务。努力提供超过普通销售人员提供的服务，这将有助于建立长期的关系、信誉以及获得推荐业务。

（六）连锁介绍法

连锁介绍法是世界销售冠军乔·吉拉德使用的一个方法。乔·吉拉德是世界上汽车销售最多的一位超级汽车销售员，他平均每天销售五辆汽车。只要任何人介绍顾客向他买车，成交后，他会付给每个介绍人 25 美元，25 美元在当时虽不是一笔庞大的金额，但也足够吸引一些人，举手之劳即能赚到 25 美元。

每一个人都能当介绍人，可是有些人的职位，更容易介绍大量的顾客，每一个人都能使用连锁介绍法，但每个人要严格规定自己，一定要守信、一定要迅速付钱。

第二节　农产品电子商务

随着互联网技术的深入推进，电子商务、网络营销发展如火如荼，传统营销模式正在发生变化。电商企业通过建立新模式，为农产品销售开辟了广阔空间，为农民在宽带上增收、在键盘上奔小康提供了绝佳机会，为“互联网＋农业”的深度融合提供了无限空间。农业部门将大力支持农产品电子商务发展及农业信息化建设，积极创造条件，做好企业运营的协调服务工作，严把农产品质量安全关，努力打造电商服务“三农”的新品牌，为农民增收、企业增效做好服务。

互联网时代，农产品营销主要探索营销渠道创新。电子商务是新型销售渠道的主要形式，电子商务的迅猛发展，也对农产品的营销产生了重大的影响，农业企业利用电子商务同样可以取得降低成本、提高销售量和增加利润的成果。

一、农产品电子商务

（一）农产品电子商务的含义

电子商务是指交易当事人或参与人利用计算机和互联网等现代信息技术，所进行的各类商务活动，包括货物贸易、服务贸易和知识产权贸易。其主要功能包括网上的广告、订货、付款、客户服务和货物递交等销售、售前和售后服务，以及市场调查分析、财务核算及生产安排等多项利用网络开展的商务活动。

农产品电子商务营销是指将电子商务等现代信息技术和商务手段引入现行的农产品生产、经营过程中，以保证农产品信息搜集与处理的有效畅通，通过农产品物流，电子商务系统的动态策略联盟，建立起适合网络经济的高效能的农产品营销体系。

（二）农产品电子商务的特点

电子商务利用网络科技将传统商业活动中商流、资金流、信息流的传递方式整合，企业将重要的信息通过国际互联网、企业内部网或企业外部网直接与分布各地的客户、员工、经销商及供应商共享，创造更具竞争力的经营优势。农产品电子商务与传统的商务活动方式相比，具有以下几个特点：

1. 交易虚拟化

通过计算机互联网络进行贸易，贸易双方从贸易磋商、签订合同到支付等，无需当面进行，均通过计算机互联网络完成，整个交易完全虚拟化。对卖方来说，可以到网络管理机构申请域名，制作自己的主页，组织产品信息上网，或通过有关网络中介发布自己的产品信息。而虚拟现实、网上聊天等新技术的发展使买方能够根据自己的需求选择产品，并将信息反馈给卖方。通过信息的互动，签订电子合同，完成交易并进行电子支付，整个交易都在网络这个虚拟的环境中进行。

2. 交易成本低

农产品电子商务使得买卖双方的交易成本大大降低，具体表现在：

（1）距离越远，网络上进行信息传递的成本相对于信件、电话、传真而言就越低。此外，缩短时间及减少重复的数据录入也降低了信息成本。

（2）买卖双方通过网络进行商务活动，可以减少交易的中间环节，直接降低交易成本。

（3）卖方通过互联网进行产品介绍、宣传，节省了在传统方式下做广告、发印刷品等大量促销费用。

（4）电子商务实行“无纸贸易”，可减少 90% 的文件处理费用。

（5）互联网使买卖双方及时沟通供需信息，使无库存生产和无库存销售成为可能，从而降低库存成本。

（6）企业利用内部网可实现“无纸办公”，提高了内部信息传递的效益，节省时间，并降低管理成本。通过互联网把公司总部、代理商以及分布在其他国家的子公司、分公司联系在一起，及时对各地市场情况作出反应，及时生产，及时销售，降低存货费用，采用高效快捷的配送公司提供交货服务，从而降低农产品成本。

（7）传统的贸易平台是店铺，电子商务贸易平台则是网吧或办公室，营业面积减少，从而降低了交易成本。

3．交易效率高

由于农产品电子商务将贸易中的商业报文标准化，使商业报文能在世界各地瞬间完成传递与计算机自动处理，原料采购、产品生产、需求与销售、银行汇兑、保险、货物托运及申报等过程无需人员干预，而在最短的时间内由计算机自动完成。传统贸易方式中，用信件、电话和传真传递信息，必须有人的参与，且每个环节都要花不少时间，失去最佳商机。电子商务克服了传统贸易方式费用高、易出错、处理速度慢等缺点，极大地缩短了交易时间，使整个交易非常快捷、方便。

4．交易透明化

买卖双方从交易的洽谈、签约到货款的支付和交货通知等整个交易过程都在网络上进行。通畅、快捷的信息传输可以保证各种信息之间相互核对，可以防止伪造信息的流通。

（三）农产品电商模式

电子商务模式，就是指在网络环境中基于一定技术基础的商务运作方式和盈利模式。研究和分析电子商务模式的分类体系，有助于挖掘新的电子商务模式，为电子商务模式创新提供途径，也有助于企业制定特定的电子商务策略和实施步骤。

电子商务市场，在网上这个世界将会变得很小，一个商家可以面对全球的消费者，而一个消费者可以在全球的任何一家商家购物。一个商家可以去挑战不同地区、不同类别的买家客户群，在网上能够搜集到丰富的买家信息，进行数据分析。

农产品电子商务优势体现在农产品电子商务减少了商品流通的中间环节，节省了大量的开支，从而也大大降低了商品流通和交易的成本。通过农产品电子商务，农产品生产者和企业能够更快的匹配买家，实现真正的产--供--销一体化，能够节约资源，减少不必要的生产浪费。

1．电子商务分类

按营销运作方式分类，电子商务可分成完全电子商务和不完全电子商务两类。完全电子商务，即可以完全通过电子商务方式实现和完成整个过程的交易。不完全电子商务，即无法完全依靠电子商务方式实现和完成整个过程的交易，需要依靠一些外部要素，如运输系统等来完成交易。

按电子商务应用服务的领域范围分类，电子商务可分为三类，即企业对消费者、企业对企业、企业对政府机构的电子商务。

企业对消费者的电子商务，也称商家对个人客户或商业机构对消费者即 B2C 的电子商务。商业机构对消费者的电子商务基本等同于电子零售商业。目前，网络上已遍布各种类型的商业中心，提供各种商品和服务，农产品类主要有鲜花、农植物种子等商品和服务。

企业对企业的电子商务，也称为商家对商家或商务机构对商务机构即 B2B 的电子商务。商业机构对商业机构的电子商务是指商业机构使用英特尔或各种商务网络向供应商订货和付款。商业机构对商业机构的电子商务发展最快，已经有了多年的历史，特别是通过增值网络上运行的电子数据交换，使企业对企业的电子商务得到迅速扩大和推广。公司之间可使用网络进行订货和接受订货、签订合同等单证和付款。这是农业企业现阶段实施电子商务的主攻方向。

企业与政府之间的电子商务（Business to Government）。涵盖了政府与企业间的各项事务，包括政府采购、税收、商检、管理条例发布，以及法规政策颁布等。政府一方面作为消费者，可以通过网络网发布自己的采购清单，公开、透明、高效、廉洁地完成所需物品的采购；另一方面，政府对企业宏观调控、指导规范、监督管理的职能通过网络以电子商务方式更能充分、及时地发挥。借助于网络及其他信息技术，政府职能部门能更及时全面地获取所需信息，作出正确决策，做到快速反应，能迅速、直接地将政策法规及调控信息传达于企业，起到管理与服务的作用。在电子商务中，政府还有一个重要作用，就是对电子商务的推动、管理和规范作用。

我国有些地方政府已经推行网上采购。农业企业应关注政府网站，同时努力建设好自己的网站，使政府有关部门能够方便的找到你的公司网站，了解企业经营的业务范围和项目，努力开展 B2G 的业务。

2．电子商务模式

随着其应用领域的不断扩大和信息服务方式的不断创新，电子商务模式也层出不穷，新型电子商务模式，还可以再次细分。主要可以分为以下几种：C2C、B2C、C2B、B2B、BOB、O2O 等。

第一，C2C——消费者与消费者之间的电子商务（Consumer to Consumer）。

C2C 商务平台就是通过为买卖双方提供一个在线交易平台，使卖方可以主动提供商品上网拍卖，而买方可以自行选择商品进行竞价，其代表是 eBay、taobao 电子商务模式。

C2C 是指消费者与消费者之间的互动交易行为，这种交易方式是多变的。例如，消费者可同在某一竞标网站或拍卖网站中，共同在线上出价而由价高者得标。或由消费者自行在网络论坛或 BBS 上张贴布告以出售二手货品，甚至是新品，诸如此类因消费者间的互动而完成的交易，就是 C2C 的交易。

C2C 的优势在于巨大的网民基数为 C2C 的发展奠定了坚实的基础；C2C 网络平台在很大程度上节约了成本；C2C 有比较好的交易平台和信用机制。

第二，B2C——企业与消费者之间的电子商务（Business to Consumer）。

这是消费者利用互联网直接参与经济活动的形式，类似于商业电子化的零售商务。随着互联网的出现，网上销售迅速发展起来。

B2C 就是企业通过网络销售产品或服务给个人消费者。企业厂商直接将产品或服务推上网络，并提供充足资讯与便利的接口吸引消费者选购，这也是目前一般最常见的电商方式，例如网络购物、证券公司网络下单作业、一般网站的资料查询作业等，都是属于企业直接接触顾客的电商方式。

B2C 电子商务模式的优势体现在五个方面，即信息优势、短渠道优势、客户忠诚度优势、贴近客户需求优势以及资金的安全优势。它的劣势主要有控制力问题、在线人数问题和实际网络购买力、物流问题、库存问题、销售控制和资金管理问题。

B2C 电子商务网站由三个基本部分组成：一是为顾客提供在线购物场所的商场网站；二是负责为客户所购商品进行配送的配送系统；三是负责顾客身份的确认及货款结算的银行及认证系统。

第三，C2B——消费者与企业之间的电子商务（Consumer to Business）。

C2B 是指个人对企业直接营销的关系，是通过聚合那些分散但数量庞大的用户形成一个强大的采购集团，以此来改变 C2B 模式中一对一出价的弱势地位，目前国内很少有厂家采取这种模式。通常情况为消费者根据自身需求定制产品和价格，或主动参与产品设计、生产和定价，产品、价格等彰显消费者的个性化需求，生产企业进行定制化生产。

C2B 电子商务模式的优势在于零库存，接到订单之后才开始生产；高溢价，在定制的过程当中有很大的情感价值，因为是消费者自己设计、创造的商品；高毛利，由于前两个优势才形成了高毛利。

第四，B2B——企业与企业之间的电子商务（Business to Business）。

B2B 主要是针对企业内部以及企业（B）与上下游协力厂商（B）之间的资讯整合，并在互联网上进行的企业与企业间交易。借由企业内部网（Intranet）建构资讯流通的基础，及外部网络（Extranet）结合产业的上中下游厂商，达到供应链（SCM）的整合。因此透过 B2B 的商业模式，不仅可以简化企业内部资讯流通的成本，更可使企业与企业之间的交易流程更快速、减少成本的耗损。

B2B 方式是电子商务应用最多和最受企业重视的形式，企业可以使用 Internet 或其他网络对每笔交易寻找最佳合作伙伴，完成从定购到结算的全部交易行为。

B2B 电子商务是指以企业为主体，在企业之间进行的电子商务活动。B2B 电子商务是电子商务的主流，也是企业面临激烈的市场竞争、改善竞争条件、建立竞争优势的主要方法。

B2B 新模式交易必须具备以下条件：

第一，必须是大宗商品。大宗商品的最大好处在于标准化，大家对于产品的质量都有清晰的认识；

第二，中间炒货渠道众多。从厂家到经销商，再到二级、三级、四级的经销网络，最后到买家，这中间有大量的信息不对称，资金利用率也低；

第三，坚持在交易环节服务客户。相比起阿里巴巴或者慧聪，找 X 网会更加垂直，力图以最专业的方式，服务好行业客户。

B2B 电子商务含有三要素：

第一是买卖，B2B 网站平台为消费者提供质优价廉的商品，吸引消费者购买的同时促使更多商家合作；

第二是合作，与物流公司建立合作关系，为消费者的购买行为提供最终保障，这是 B2B 平台硬性条件之一；

第三是服务，物流主要是为消费者提供购买服务，从而实现再一次的交易。

B2B 电子商务代表网站有阿里巴巴、中国制造网、中国供应商。

B2B 的新模式涵盖农业、鲜花等多个领域。B2B 的新模式也有了深入的思考，通过撮合交易充分服务经销商，进而形成一个类似淘宝的垂直行业交易平台。

开展电子商务，将使企业拥有一个商机无限的发展空间，这也是企业谋生存、求发展的必由之路，它可以使企业在竞争中处于更加有利的地位。B2B 电子商务将会为企业带来更低的价格、更高的生产率和更低的劳动成本以及更多的商业机会。

第五，BOB——供应方（Business）与采购方（Business）之间通过运营者（Operator）达成产品或服务交易的一种电子商务模式。BOB 核心目的是帮助那些有品牌意识的中小企业或者渠道商，能够有机会打造自己的品牌，实现自身的转型和升级。BOB 模式是由品众网络科技推行的一种全新的电商模式，它打破过往电子商务固有模式，提倡将电子商务平台化向电子商务运营化转型，将电子商务以及实业运作中品牌运营、店铺运营、移动运营、数据运营、渠道运营五大运营功能板块升级和落地。

第六，O2O——线下商务与互联网之间的电子商务（Online To Offline）。这样线下服务就可以用线上来揽客，消费者可以用线上筛选服务，还有成交可以在线结算，很快达到规模。该模式最重要的特点是：推广效果可查，每笔交易可跟踪。

Groupon 模式就是我们平时所说的团购模式，以网友团购为经营卖点。简单来说，就是把认识或者是不认识的消费者联合起来，加大与商家的谈判能力，以求得到最优价格的一种营销方式。Groupon 的优势是成本低廉、盈利快以及得到政府的扶持。

O2O 模式，早在团购网站兴起时就已经出现，只不过消费者更熟知团购的概念，团购商品都是临时性的促销，而在 O2O 网站上，只要网站与商家持续合作，那商家的商品就会一直“促销”下去，O2O 的商家都具有线下实体店，而团购模式中的商家则不一定。另外，网购电商的发展也伴随出现了一些新现象，让广大网购消费者印象深刻的是电商们发起的多场节日促销和价格战。

O2O 营销模式的核心是在线预付，在线支付不仅是支付本身的完成，是某次消费得以最终形成的唯一标志，更是消费数据唯一可靠的考核标准。其实对提供在线服务的互联网专业公司而言，只有用户在线上完成支付，自身才可能从中获得效益，从而把准确的消费需求信息传递给线下的商业伙伴。

O2O 电子商务模式需具备五大要素：独立网上商城、国家级权威行业可信网站认证、在线网络广告营销推广、全面社交媒体与客户在线互动、线上线下一体化的会员营销系统。

O2O 又分为四种运营模式：Online to offline 是线上交易到线下消费体验；offline to online 是线下营销到线上交易；offline to Online to offline 是线下

营销到线上交易再到线下消费体验；Online to offline to online 是线上交易或营销到线下消费体验再到线上消费体验。

O2O 电子商务模式的优势在于把线上和线下的优势完美结合。通过网购把互联网与地面门店完美对接，实现互联网落地。让消费者在享受线上优惠价格的同时，又可享受线下的服务。同时，O2O 模式还可实现不同商家的联盟。

用得比较多的方式是购买者收到一条包含二维码的彩信，购买者可以凭借这条彩信到服务网点经专业设备验证通过后，即可享受对应的服务。这一模式很好地解决了线上到线下的验证问题，安全可靠，且可以后台统计服务的使用情况，在方便了消费者的同时，也方便了商家。二维码的出现，成为移动运营商进军移动互联网，布局未来 O2O 电子商务的关键。

（四）农产品电商交易过程

农产品电子商务的基本过程包含下列步骤：

（1）购买者在互联网上查询自己想购买的物品。

（2）购买者输入记载从各个商店购买的商品名称、数量、送货方式、时间、地点、收货人等信息的订单。

（3）商家得到订单信息后，对购买者提供所购货物的单价、应付款数、应付税款、运费、交货方式等。

（4）购买者确定上述信息后，用电子钱包付款。首先将电子钱包装入系统，输入口令，确认后从中选出要使用的电子信用卡。

（5）信用卡号码经加密后发送到相应银行，同时商家也收到经过加密的购货账单，但是商家并不知道信用卡信息，这样就保证了购买者的信用卡号码等不会泄露。如果信用卡信息经银行检验后遭到拒绝或不予授权，说明客户信用卡中的存款不足以支付本次消费金额或已过期。这时购买者还可以从电子钱包中选出其他信用卡，重复上述过程。

（6）在经银行确认客户信用卡有效并授权后，商家就可以准备交货。同时，商家留下整个交易过程中业务往来的财务数据，并且出示一份电子收据给消费者。

（7）上述交易完成后，销售商店就按照订单通过邮政系统或配送中心送货。

对购买者来说整个过程在网上仅用 5 ~ 20 秒的时间就能完成，非常省时、省力。对买家来说，有利于促进销售。

（五）农产品电子商务的技术手段

随着电子商务的飞速发展，电子商务的安全问题日益成为人们关注的焦点。黑客的攻击和电脑病毒的爆发常常造成网站的瘫痪、信息的丢失，给蓬勃发展的电子商务带来极大威胁。

电子商务的安全主要体现在：交易的有效性和可执行性、交易机制的可靠性、交易过程中信息的完整性和保密性。从技术上讲，典型的安全手段有以下五种方法。

1. 密码技术

采用密码技术对信息加密，是最常用的安全交易手段。在电子商务中获得广泛应用的加密技术有以下两种：

对称密钥加密：该方法是指对信息的加密和解密均采用同一把密钥的加密方法。该方法的优点是加密速度快，但缺点是密钥的传递和保管困难，密钥一旦在传递过程中被他人截获，就会出现信息泄密。

非对称密钥加密：这一加密方法亦称为 RSA 编码法。它利用两个很大的质数相乘所产生的乘积来加密。这两个质数无论哪一个先与原文件编码出另一个质数，都是十分困难的，因此将这一对质数称为密钥对。在加密应用时，某个用户总是将一个密钥公开，让需发信的人员将信息用其公共密钥加密后发给该用户，而一旦信息加密后，只有用该用户知道的私用密钥才能解密。具有数字凭证身份的人员的公共密钥可在网上查到，亦可在请对方发信息时主动将公共密钥传给对方，这样保证在互联网上传输信息的保密和安全。该方法的优点是安全性高，但加解密的速度慢。

上述两种方法可结合起来使用，称为数字信封。即信息原文采用对称密钥加密，然后将密钥采用信息接收方的公钥加密后与密文一起形成数字信封发送给对方。对方收到密文后，先用自己的私钥对数字信封解密，得到密钥，再用该密钥对密文解密得到信息原文。

2. 数字摘要

这一加密方法亦称安全 Hash 编码法。该编码法采用单向 Hash 函数将需加密的明文转换成一串 128bit 的密文，这一串密文亦称为数字指纹，它有固定的长度，且不同的明文摘要成密文，其结果总是不同的，而同样的明文其摘要必定一致。这样，该摘要便可以成为验证明文是否是原文的证据了。

3. 数字签名

在书面文件上签名是确认文件的一种手段，签名的作用有两点，一是自己的签名难以否认，从而确认了文件已签署这一事实；二是因为签名不易仿冒，从而确定了文件是真的这一事实。数字签名与书面文件签名有相同之处，采用数字签名，也能确认以下两点：信息是由签名者发送的；信息自签发后到收到为止未曾作过任何修改。这样，数字签名就可用来防止电子信息因易修改而有人作伪；或冒用别人名义发送信息；或发出信件后又予以否认等情况的发生。

数字签名并非用印章类型的图形标志，它采用了双重加密的方法来实现防伪、防赖。其原理为：被发送文件用安全 Hash 编码加密产生 128bit 的数字摘要。发送方用喜剧的私用密钥对摘要再加密，这就形成了数字签名。将原文和加密的摘要同时传给对方。对方用发送方的公共密钥对摘要解密，同时对收到的文件用安全 Hash 编码加密产生另一摘要。将解密后的摘要和收到的文件与接收方重新加密产生的摘要相互对比。如两者一致，则说明传送过程中信息没有被破坏或篡改过，否则不然。

4．数字时间戳

交易文件中，时间是十分重要的信息。在书面合同中，文件签署的日期和签名一样均是十分重要的防止文件被伪造和篡改的关键性内容。

在电子交易中，同样需对交易文件的日期和时间信息采取安全措施，而数字时间戳服务就能提供电子文件发表时间的安全保护。

数字时间戳服务是网上安全服务项目，由专门的机构提供。时间戳是一个经加密后形成的凭证文档，它包括三个部分：需加时间戳的文件的摘要；DTS 机构收到文件的日期和时间；DTS 机构的数字签名。

时间戳产生的过程为：用户首先将需要加时间戳的文件用 Hash 编码加密形成摘要，然后将该摘要发送到 DTS 机构，DTS 机构在加入了收到文件摘要的日期和时间信息后再对该文件加密，然后送回用户。注意，书面签署文件的时间是由签署人自己写上的，而数字时间戳则不然，它是由认证机构 DTS 来加的，以 DTS 机构收到文件的时间为依据。因此，时间戳也可作为科学家科学发明文献的时间认证。

5．数字证书

数字证书又称为数字凭证，是用电子手段来证实一个用户的身份和对网络资源的访问权限。在网上的电子交易中，如双方出示了各自的数字凭证，并用它来进行交易操作，那么双方都可不必为对方身份的真伪担心。

数字证书可用于电子邮件、电子商务、群件、电子基金转移等用途。

数字证书的内部格式是由 CCITTX.509 国际标准所规定的，它包含了以下几点：证书拥有者的姓名；证书拥有者的公共密钥；公共密钥的有效期；颁发数字证书的单位；数字证书的序列号；颁发数字证书单位的数字签名。

数字证书有三种类型：

个人证书仅仅为某一个用户提供凭证，以帮助其个人在网上进行安全交易操作。个人身份的数字凭证通常是安装在客户端的浏览器内的，并通过安全的电子邮件来进行交易操作。

企业证书通常为网上的某个 Web 服务器提供凭证，拥有 Web 服务器的企业就可以用具有凭证的万维网站点来进行安全电子交易。有凭证的 Web 服务器会自动地将其与客户端 Web 浏览器通信的信息加密。

软件证书通常为网络中被下载的软件提供凭证，该凭证用于和微软公司 Authenticode 技术结合的软件，以使用户在下载软件时能获得所需的信息。

上述三类凭证中前两类是常用的凭证，第三类则用于较特殊的场合。大部分认证中心提供前两类凭证。

在电子交易中，无论是数字时间戳服务，还是数字凭证的发放，都不是靠交易双方自己能完成的，而需要一个具有权威性和公正性的第三方来完成。

认证中心就是承担网上安全电子交易认证服务、能签发数字证书并能确认用户身份的服务机构。认证中心通常是企业性的服务机构，主要任务是受理数字凭证的申请、签发及对数字凭证进行管理。认证中心依据认证操作规定来实施服务操作。

另外，还要从法律上为电子商务提供保障，即在电子商务出现差错时解决有关交易方的责任和权利等法律问题。

开展电子商务最突出的问题是要解决网上购物、交易和结算中的安全问题，其中包括建立电子商务各主体之间的信任问题，即建立安全认证体系问题；选择安全标准问题；采用加、解密方法和加密强度问题，其中建立安全认证体系是关键。

电子商务的安全体系还包括：安全可靠的通信网络，保证数据传输的可靠完整，防止病毒、黑客侵入；电子签名和其他身份认证系统；完备的数据加密系统等。

（1）安全支付结算体系。

银行业务的电子化，使得电子货币正在逐步取代传统货币，发挥越来越重要的作用。1996 年英国小城斯温登宣布用电子货币取代纸币，信用卡成为一种新的货币形式。在我国，信用卡、网络银行也不再陌生。无论是完全依赖于网络的银行，还是传统银行利用网络开展银行业务，安全问题都是十分重要的。我国电子商务的普及，首先要进一步解决网络的安全问题。

（2）协同作业体系。

在电子商务中，所谓协同作业，包括工商、税务、银行、运输、商检、海关、外汇、保险、电信、认证等部门，以及商城、商户、企业、客户等单位按一定规范与程序相互配合，相互衔接，协同工作，共同完成有关电子商务活动。所谓协同作业体系包括：有关协同作业部门通过专线或网络与电子商城互连；共同协商制定统一高效的作业规范与程序；共同制定降低电子商务运行成本的资费政策；推行实施协同工作。

（3）法律政策环境。

建立一套法律政策体系，保证电子交易双方能按照共同的规则进行交易，对启动、发展电子商务是必要的、急需的。电子商务是世界性的经济活动，其法律框架也不应局限在某一国范围内，而应适用于国际间的贸易往来，联合国国际贸易法委员会已经完成了一个法律范本，以支持电子商务在国际贸易中的应用。其内容应包括：电子合同的有效性；有效的电子文件的规范；电子签名的合法性和其他身份辨认程序；知识产权的保护；商标权和域名的保护；企业和个人隐私的保护。

在我国，《合同法》中已承认电子合同与书面合同一样具有合法性，即可证明买卖成立，但不能解决合同纠纷问题，要解决此问题有两条出路：第一条是到法院起诉；第二条是通过仲裁解决。

建立电子商务活动的技术标准也是至关重要的。在电子商务试点阶段，实行税费优惠政策也有利于其推广。

（六）农产品电子商务发展趋势

我国农产品电子商务快速发展，新型交易模式层出不穷，农产品与图书、服装、计算机、通讯和消费电子产品等一样成为电商企业激烈角逐的热点。据媒体报道：2013 年年底，中国目前全国涉农电子商务平台已超 3 万家，其中农产品电子商务平台已达 3 000 家。电商行业不仅出现了我买网、顺丰优选、本来生活、沱沱工社、中国地理标志产品商城等专业农产品电商网站，还出现了淘宝网、京东商城、1 号店等平台型电商。据了解，农产品电商亏本运营是行业现状。除去像淘宝生鲜农业、1 号店等财力雄厚的大企业外，大部分中小型电商企业都在农产品质量、农产品流通、农产品市场开拓等不同环节上，存在较大的问题，都在生存与发展的道路上步履维艰地前行。

1. 农产品电商营销存在的问题

农产品电商营销从行业角度分析，存在以下问题。

第一，传统的B2C思维，目标人群定义偏离、营销策略走弯路。

很多电商认为一个线上B2C平台，通过导流量，客户就会到线上购物了。这是很大的一个误区，其实顾客买的不仅仅是产品，而是健康生活，因此农产品电商需要让消费者从商品背后的故事、种植基地、采摘体验、物流体验、可追溯、供应链可视化等维度全程展现。

从需求上讲，农产品电商市场还属于培育期，而且目标人群多半以都市女性白领为主，有追求“健康生活＋互联网购物”的需求，同时又是时间成本太高的高富帅人群。很多农产品电商也不要满地撒广告，向男人、老太太人群推销介绍，如何实现目标客户的精准营销，是个大农产品电商思考的问题。下一个农产品、生鲜电商的爆点是“90后”一代成家后的家庭主妇，因此农产品电商必须重视这一类人群。

第二，会“电”不会“商”，伤不起的客单价与物流成本。

“基地整合＋营销＋流量＋交易＋供应链服务＋口碑营销”，这个闭环农产品流程缺一不可。当前不少农产品电商存在重大的经营管理误区，认为中心在“营销＋流量＋交易”三项，仅仅于重视“电”而忽视了“商”，其实真正要实现盈利，关键在商。农产品电商后端的服务角色没有做好，前端的营销、流量都是噱头。

第三，缺乏一体化的采购基地整合，必须面对本地化问题。

忽视对基地的整合是当前农产品电商面临的问题，很多农产品电商仅仅是以定向采购方式与基地合作，谈不上打造什么战略协同的供求关系。至于是否以市场导向来指导基地有计划地种植产品，这个国内还仅仅是一种远景。

国际品牌星巴克，不仅仅实现基地的整合、需求的协同，星巴克的供应链再回溯到咖啡豆的种植以及降水、风力、土壤等一系列的管理。

采购基地整合的商业价值不仅仅是质量的保证，更是品牌化、集约化采购和需求协同的重要方式，也是降低成本、降低浪费、获得利润的重要手段。

由于农产品受商品质量、物流限制等因素，不管是小而美的农产品电商，还是像顺丰优选、阿里巴巴这样的全国市场。建立本地化的服务体系都是必然的趋势，除非是高附加值的商品，这个在不计成本的前提下是可以实现的，其他的大众农产品必须定义在本地化。

第四，客户体验是双刃剑，一次不愉快的购物体验，会丢掉一大群客户。

将一个客户不满意的订单置之不理，这是最大的失误。消费者最容易带来的就是口碑传播，如果出现不满意的话，将伤害一大群客户。

未来的农产品电商一定要培养忠实的消费粉丝群，这是粉丝经济发展的商业价值，拴住一个人就可能拴住一家人，更有可能拴住一群人。

第五，社会化成熟的冷链物流是农产品电商的心头之痛。

做农产品电商，冷链是永远无法回避的问题，不仅仅要建库房，同时还必须要有“冷藏＋冷冻”的混合配送车辆，以及冷藏周转箱和恒温设备，否则再好的商品，送到客户那里都会成问题商品。冷链的投入不是一般的农产品电商企业能够做得好的，连续的资产投入，投资回报周期长，这都是单独做农产品电商所面临的问题。即使有钱，投入了资产，但订单的季节性和不稳定性，会让运营成本大大的增加并造成浪费。做电商的对冷链物流不一定很懂，必须建立冷链物流队伍。因此，社会化的冷链物流队伍，集约化、专业化的管理成为了整个农产品电商急需的资源。

第六，品类定位错误，退货比例控制。

人群定位分析中提到，要满足普通百姓的需求，这不仅仅是人群定位的问题，也涉及品类定位的问题，为什么顺丰优选开始要选择进口食品、阿里巴巴为什么要选择美国车厘子和阿拉斯加海产，这些品类的定义不仅仅与人群需求相关，也跟供应链支撑能力密切相关。无论是传统零售还是电子商务，运营的核心都是品类驱动的供应链。科学的品类选择就成功了一大半，所以农产品电商定位品类相当重要，不要以过多的品类来吸引更多的购买需求，在多品类混合的供应链体系中，特别是农产品品类，搞不好还砸了品牌。

如本来生活卖的褚橙、柳传志卖的柳桃、顺丰优选卖的荔枝、天猫卖阿拉斯加海产等，这些都可以看出细分的品类定义，对农产品电商有着重要的价值。

农产品电商必须重点考核的 KPI 指标就是退货，一个退货带来的损失不仅仅是商品的损失，重要的是客户购物体验及口碑的损失，农产品电商控制退货比例已经成为 CEO 关注的重点。宁可送客户，也尽量避免退货带来的损失。

所以控制农产品电商的退货比例，不仅仅要从运营角度思考，更要从商业模式的角度去变换经营思路。

第七，流通环节是农产品电商发展的拦路石。

从农产品物流的特性看，农产品的物流具有相对独立性，对技术要求高、专业性强、难度大，同时又具有季节性和地域性特点。正是基于上述农产品在流通中的诸多特性，使得传统的农产品流通模式中会遇到很多问题。

第八，注重技术和质量，莫让营销变成忽悠，小农经济模式难破，顾客信任问题难解决。

我国长期处在小农户自产自销的小农经济模式中，家庭农场目前也处于发展的初期阶段。农场出产的产品种类不够丰富，消费者可选择性差。对于时常购买有机食品的高端消费者来说，面对频频爆出的假冒有机食品新闻，以及网购商品透明度低，实物往往与图片、描述存在差距等客观因素困扰，消费者往往觉得无所适从。买也不是，不买也不是。有机消费市场需要一个清洗涤荡的过程，才能走上健康有序的发展道路。此外，对于我国消费者来说，已经习惯了和商家交谈建立起信任感的模式，让其面对一个产品并不清楚商家位置就购买很难做到。再者，我国食品安全环境十分严峻，消费者对食品透明度要求更高，用一种不太透明的方式运作更不会赢得信任。

尽管目前农产品电商面临许多发展中的难题，但电商一度被认为是解决"菜贱伤农，菜贵伤民"的有效途径。农产品电商走出亏损困局，一是加大对采购基地的整合。忽视对基地的整合是当前农产品电商面临的问题。例如，京东商城在采购基地的整合方面做了有益探索。目前京东商城对接农业实体，与种粮大户、家庭农场、合作社和农业龙头企业合作，以市场导向来指导基地有计划地种植产品，与产业链上的各经营主体共同成长，共同塑造品牌。二是重视并加强客户体验服务。农产品电商一旦与顾客建立了良好的购物体验，将会迎来持续的消费力，而且会影响顾客身边的群体。很多人对农产品电子商务的认识还不充分。因此，集约化发展农产品电商，树立品牌意识，探索农产品电商赢利模式，必须建立信息化平台，建设智慧物流，解决物流成本太高的问题，拓展农业信息化途径等。

2．农产品电子商务的发展趋势

对于我国 14 亿人口基数来说，互联网生活是必然趋势，农产品电商一定是一个大市场，2013 年的年底，我国农产品电商尚未出现一个个行业标杆，整个领域存在诸多问题，有问题就是发展的机会，以互联网思维探索我国传统行业，一定具有潜在的商业价值，这不是一家公司的使命，是整个农产品电商营销行业参与者的共同使命。

第一，农产品电子商务国内前景。

"十二五"时期，我国电子商务行业发展迅猛，产业规模迅速扩大，电子商务信息、交易和技术等服务企业不断涌现。

2010 年中国电子商务市场交易额已达 4.5 万亿元，同比增长 22%。

2011 年我国电子商务交易总额再创新高，达到 5.88 万亿元，其中中小企业电子商务交易额达到 3.21 万亿元。

2012 年第一季度，中国电子商务市场整体交易规模 1.76 万亿，同比增长 25.8%，环比下降 4.2%。2012 年第二季度，我国电子商务市场整体交易规模 1.88 万亿，同比增长 25.0%，环比增长 7.3%。

截止到 2013 年年底，中国电子商务市场交易规模达 10.2 万亿，同比增长

29.9%。其中，B2B电子商务市场交易额达8.2万亿元，同比增长31.2%。网络零售市场交易规模达18 851亿元，同比增长42.8%。电子商务服务企业直接从业人员超过235万人。由电子商务间接带动的就业人数，已超过1 680万人。

2013年电子商务市场细分行业结构中，B2B电子商务占比80.4%；网络零售交易规模市场份额达到17.6%；网络团购占比0.6%；其他占1.4%。

2014年农业电商出现井喷现象，越来越多的农产品走向网络。由甘肃、陕西、新疆三省区联合主办的“2015年中国（平凉）丝绸之路农产品博览会暨中国西部农产品电子商务联盟启动仪式”在甘肃省平凉市举行。此举旨在进一步促进西部地区农产品物流业的交流合作，提升西部地区农产品物流业的服务能力，加快推进西部地区农业现代化。

第二，农产品电商营销工作开展。

统筹规划设计，有序推进发展。以促进农产品实体交易和电子商务有机融合为方向，通过零售带动批发、高端带动低端、城市带动农村、东部带动西部，加快开展农产品电子商务示范培育工作，力争在重点地区、重点品种和重点环节率先突破。

（1）完善制度，规范发展秩序。加快电子商务法律法规建设，规范信息发布、网上交易、信用服务、电子支付、物流配送和纠纷处理等服务，依法打击商业欺诈、销售假冒伪劣、发布虚假违法广告和不正当竞争等活动，抓紧制定急需的农产品标准。

（2）加强配套支撑，优化发展环境。鼓励发展专业化、规模化的第三方物流，重点支持发展农产品冷链物流。落实各项支持物流企业发展的税费政策，完善农产品绿色通道政策，促进支付、信用、金融、保险、检测、认证、统计和人才培育等服务协同发展。

（3）线上线下结合，突破关键约束。发展县域服务驱动型、特色品牌营销型等多元化的农产品电子商务模式。鼓励农产品流通企业，依托实体经营网络探索开展农产品电子商务，充分利用传统的销售渠道，通过实体经营场所体验、考察与网上下单、支付相结合，解决交易主体之间的信任度低、标准不统一等问题。

（4）开展农村商务信息服务。充分发挥全国农产品商务信息公共服务平台在常态化购销对接中的作用，通过与大型连锁超市、批发市场及与电子商务企业合作，更好地促进农产品流通，缓解“卖难”。

随着我国消费结构的巨大变化，网购普及，消费者追求绿色健康食品的需求旺盛，我国农业电子商务呈现出加速发展的态势。在过去短短的一年里，农业电商如雨后春笋一般蓬勃发展，无数的资本在这两年进入这个领域。阿里巴巴、京东商城、1号店等知名电商平台纷纷在农业尤其是生鲜领域逐步发力，同时顺丰优选在2012年依托物流优势进入生鲜电商领域；而有着媒体基因的本来生活网团队则因为“褚橙”而一举成名。

第三，电商扶持政策将出台。

（1）在可信交易方面，国家工商总局正在会同有关部门，推进电子商务交易主体、客体和交易过程中基础信息的规范管理和服务；质检总局也在着力研究建立电子商务交易产品基础信息的规范化管理制度，建立基于统一产品编码体系的质量公开制度；商务部着力推进信用监测体系的建设。

（2）在移动支付方面，中国人民银行正在针对当前移动支付快速发展的需求，研究制定移动支付发展的具体政策，引导商业银行、各类支付机构实施移动支付的金融行业标准。

（3）在网络电子发票方面，国家税务总局正在进一步研究推进网络电子发票试点，完善电子发票的管理制度和标准规范；财政部研究完善电子快捷档案的管理制度等一系列的规章制度。

（4）在商贸流通领域，商务部会同有关部门进一步完善交易、物流配送、网络拍卖领域的电子商务应用的政策、管理制度和标准规范。

（5）在物流配送方面，国家邮政局正在重点研究建立重点地区快递准时通报机制，健全电子商务配送系列保障措施，同时创新电子商务快递服务机制。

第四，农产品电商的发展趋势。

农产品电商的发展趋势，农产品电子商务的经营模式越来越多样化，农产品电子商务的线上线下结合成为趋势，农产品电子商务的SNS营销成为热点，更多的力量与资源开始“涉”农。

（1）更广阔的环境。人们不受时间的限制，不受空间的限制，不受传统购物的诸多限制，可以随时随地在网上交易。

（2）更广阔的市场。在网上，这个世界将会变得很小，一个商家可以面对全球的消费者，而一个消费者可以在全球的任何一家商家购物。

（3）更快速的流通和低廉的价格。电子商务减少了商品流通的中间环节，节省了大量的开支，从而也大大降低了商品流通和交易的成本。

（4）更符合时代的要求。如今人们越来越追求时尚、讲究个性，注重购物的环境，网上购物更能体现个性化的购物过程。

农产品电子商务是发展的大趋势，目前农产品电商总体仍处于起步阶段，在法律规范、诚信体系、标准建设、食品安全风险管控等方面仍有很多问题需要解决。但是有问题就代表着有发展的机会，以互联网思维探索中国传统行业，探索潜在的商业价值，推动农产品电子商务行业快速发展。

案 例

生鲜农产品电商营销

淘宝旗下的聚划算作为电商渠道拥有巨大的流量优势，农产品及生鲜产品在2012年成为增长最快的品类，聚划算也在2012年开始推出本地生鲜频道，2013年逐渐成形，开始成为聚划算生活汇中的重要品类。目前聚划算生鲜品类以水果、海鲜、肉类为主，模式基本上是预售，即订单农业。

肉类电商模式有农户＋电商、经纪人＋电商、农企＋电商、渠道商＋电商四种。2013年3月份千头死猪漂流黄浦江，聚划算随即在4月份推出浙江遂昌深山散养生态土猪的预售，并且紧扣这次新闻，投入巨大的宣传资源，这也是聚划算首次大型生鲜猪肉的团购活动。这次活动由当地农户、地方政府、当地电商以及聚划算四方面共同操作：农户提供散养猪，地方政府给予信誉背书和行政支持，当地电商负责运营，聚划算负责整合宣传资源。活动首发当日售出6 093斤猪肉，营业额为18.455 9万。这个战绩放在服装和3C类产品只能说一般，但作为生鲜产品，已经相当不错了。

生鲜电商将是未来肉类生鲜销售的重要渠道，并有利于加速国内猪肉品牌化的进程，拥有强势品牌并积极拥抱电商变革的企业将乘风而起，国内猪肉品牌最具影响力的双汇发展和积极拓展电商渠道的上海梅林（通过其旗下苏食品牌），同时积极关注与京东、1919酒类连锁展开深度合作的新希望，其肉类业务在电商驱动下或将迎来高增长。

生鲜电商受成本制约、多走高端路线，未来机会来自大众生鲜品类。

国内大部分生鲜电商主打进口、有机等高端品种，有助于提升客单价，少部分实现盈利。如莆田网以高端进口生鲜为主，客户群定位于外籍人士和华裔，平均客单价高达400元，是目前国内极少数开始盈利的生鲜电商；沱沱工社主打有机食品，客单价在200元左右，并向上游延伸，目前也实现了阶段性盈利。

但规模消费仍是电商运营的关键，进口、有机等高端生鲜品类不能形成持续稳定的消费。而进口生鲜满足的大多是尝鲜性需求，也不能形成持续稳定的消费；有机食品消费习惯的形成以及配套的农业发展更是一个长期的过程。

生鲜电商未来的机会来自大众生鲜品类。大众生鲜的重复购买率更高、黏性更大，能够真正发挥引流和集客的作用。且大众生鲜的货源相对稳定，销量容易形成规模，从而摊薄固定成本。此外，大众生鲜的盈利能力也并不差，在传统渠道下，蔬菜、水果在流通环节的加价幅度在几倍甚至几十倍，生鲜电商通过产地直采并直接对接消费者，减少中间流通环节，终端售价即使给予较大幅度的优惠，仍有很大的利润空间。

"本地化＋O2O"模式可以突破生鲜高昂的物流配送成本，满足生鲜消费方便、快捷的核心需求，或将成为未来大众生鲜电商的主流模式。物流配送成本是掣肘生鲜电商盈利的最根本原因。

生鲜电商的成本主要为三块：一是物流成本，二是人力成本，三是损耗成本。其中物流成本费用率一般达20%～30%，损耗成本费用率在10%～20%之间。但三大成本实际上都可以归结为物流配送成本。首先人力成本中很大一部分来自大量的配送人员；而损耗率可以随着全程冷链的运用，导致配送成本升高，即转化为配送成本，使精细化的运营得到有效控制。

生鲜配送包括两个环节，一是从产地到仓库的分拣环节，二是从仓库到消费者的宅配环节。要降低第一个环节的仓配成本，应立足"本地化"，可以缩短运输半径，降低损耗。"本地化"是指从本地及周边采购瓜果蔬菜、畜禽肉类等大众生鲜品，这样将大大减少从产地到仓库的运输半径，降低运输成本和损耗；且由于不同地域饮食习惯的较大差异性，生鲜只有通过实现本地化经营，才可以满足当地消费者的大部分需求，异域不同品类产品不可能长时间改变本地居民的购买习惯。

要降低第二个环节的宅配成本，O2O模式是比较好的选择，可以提升宅配密度和效率，满足生鲜消费的即时性需求。通过布点线下资源，实现消费者自提或由线下网点进行区域配送，提升配送密度和效率，从而降低生鲜电商的配送成本；线下网点可以只覆盖一定配送范围，大大缩短配送时间，满足生鲜消费的即时性需求，获得消费黏性。如京东与唐久便利的合作做到了1小时送达，酒类电商也与1919连锁合作实现了30分钟配送。

猪肉作为大众生鲜最重要的品类，我们关心生鲜电商所带来的渠道变革对猪肉行业的影响。猪肉标准化程度低、电商运营难度大，且毛利空间也相对较小，但猪肉是生鲜电商不可缺少的经营品类，猪肉是中国人最主要的动物蛋白来源，消费频次高、没有季节性，且规模量大，货源稳定、能够保证，生鲜电商可以做到"薄利多销"。而其能够带来人气、流量和消费黏性，对于生鲜电商的战略意义则更为重大，可以带动蔬菜、调味品、酒水饮料等其他高毛利商品的销售。

从标准化、替代性、安全性三个维度看，品牌猪肉都将是电商渠道变革的最大受益者。

维度一：品牌猪肉可以解决非标准化问题，也更容易获得消费者认可。通过品牌和包装，能够让消费者感知为"标准化"，容易进行对比和比价。而像双汇、苏食等分割技术好的厂商，则可以通过精细化的分割（双汇一头猪可以分割成200多种产品），真正意义上实现猪肉较大程度的标准化，使消费者获得统一的消费体验。同时消费者也更为认可品牌猪肉，认为其安全、放心，生鲜电商不需太多宣传、推广，就可以获得销量的快速提升。

维度二：生鲜电商部分替代农贸市场，农贸市场非品牌肉转化为生鲜电商品牌肉。因为猪肉的易获得性，通过网上卖猪肉，也只是一个存量消费的渠道转移，并不会产生增量消费——我们从价格优势、新鲜程度、方便、快捷四个方面对比了生鲜电商、商超和农贸市场，生鲜电商在价格、新鲜程度、方便性上都具有优势。只要生鲜电商通过O2O等模式，实现配送的即时性，满足生鲜消费的快捷性需求，则会对农贸市场产生较大的替代作用。目前农贸市场的猪肉消费占比仍高达60%，而农贸市场大部分为非品牌猪肉，品牌猪肉占比不到20%。

维度三：品牌猪肉更能确保肉品安全，减少生鲜电商检验成本。一次食品安全事故都将对生鲜电商带来致命打击，生鲜电商为了确保肉品安全和自己网站的口碑，更倾向于引入品牌猪肉。同时也相应减少了自己检验的成本，形成肉品的猪肉检测成本很高，一次高达500元，而且极为麻烦。

电商冲击对生鲜肉行业格局的影响较小，拥有全国布局的“屠宰基地+高认知度的品牌+广泛的线下门店”的传统优势企业将强者恒强。传统优势厂商屠宰基地全国布局，构筑“本地化”优势。传统优势厂商有资金和资源优势，在全国进行屠宰基地布局，构筑了品牌猪肉进驻电商的“本地化”优势。如武汉家事易上售卖的猪肉品牌就是在武汉或湖北省内建有屠宰基地的双汇、中粮和宝迪；北京鲜直达卖的也是北京顺鑫农业屠宰的猪肉。另外，由于屠宰的重资产属性和国家准入限制政策，未来传统优势企业将逐渐掌控大部分的生猪屠宰资源，形成一定的资源壁垒。

传统优势厂商拥有大量线下渠道的连锁店、专卖店，具备发展O2O的潜力。传统优势厂商经过长期的渠道深耕，拥有了大量的连锁店、专卖店资源，并广泛分布在各社区，未来传统厂商可以借助这些专卖店资源，顺势发展O2O。通过电商为其线下门店推送巨大的本地流量，并结合线上的营销推广活动更好地盘活门店资源、深入社区，带动线下门店的销售和人气。

在电商时代，传统猪肉厂商所拥有的“全国布局的屠宰基地+高认知度的品牌+广泛的线下门店”优势，仍是决定胜负的关键。而行业内其他厂商单纯想依靠电商渠道实现赶超领先者难度较大，仍需要线下渠道资源的不断拓展和深耕。

电商冲击肉制品行业格局，弱化传统渠道优势，休闲肉制品有逆袭机会。肉制品中间渠道利润占比大，且物流配送无需冷链，电商渠道容易渗透。在高、低温肉制品领域，双汇、金锣、雨润占据绝对强势地位。行业内其他厂商借助电商渠道可以突破区域限制、实现产品的全国布局，或可缩小与双汇等企业在渠道上的差距。但肉制品作为快速消费品，仍需考量品牌和产品力。而现在处于认知渠道严重碎片化的时代，再造一个高认知度的品牌变得比以前难很多。

对国内猪肉电商进行了梳理，虽然国内发展尚处于起步阶段，但其中不乏亮点，既有苏食（上海梅林旗下）、雨润、新希望、中粮等传统厂商的渠道转型，又有沱沱工社等垂直电商的崛起。上海梅林旗下的苏食已覆盖四大电商平台，目前天猫肉类综合排名第一，配送上苏食与国内冷链宅配龙头顺丰（江浙）和黑猫宅急便（上海）合作；雨润电商不做零售，也不自建 B2C 平台，而是以供应链为核心，专注于电商渠道的拓展，定制化服务各电商；新希望（美好、千喜鹤）牵手 1919 酒类连锁，着力肉制品 O2O；沱沱工社作为垂直生鲜电商代表，采用“产地直采＋自建农场”模式。

问题与讨论

1. 生鲜农产品如何做网上促销活动？活动过后如何形成持续销售？
2. 肉类电商模式有几种？
3. 生鲜电商市场有哪五个关键点？
4. 品牌猪肉的电商渠道变革从哪三个维度分析？

二、手机营销

手机营销，是以手机工具为视听终端、上网为平台的个性化信息传播为媒介，以分众为传播目标，定向为传播效果，互动为传播应用的大众传播媒介手机为基础的营销模式。

（一）手机营销的现状

作为新兴媒介，手机报和手机电视成为业界人士关注的焦点，同时，手机报和手机电视业务也正在如火如荼地展开。

2004 年 7 月，《中国妇女报》推出了全国第一家手机报《中国妇女报——彩信版》，引起各类媒体躁动；同年 12 月，重庆各大报纸联手推出《重庆晨报》《重庆晚报》和《热报》WAP 手机上网版，跃跃欲试者摩拳擦掌。

2009 年手机的用途和作用已经扩大到了支付、宣传、视听终端等领域。然而，手机作为未来一个崭新的营销媒体平台，手机营销是未来的一个趋势，在中国拥有庞大的手机用户群体，手机成了人们生活中的一个必备工具，并且运用手机营销可以让企业实现随时、随地、随身的精准营销、互动营销和忠诚营销。

相对于企业对于社会化媒体营销应用的积极性，手机网络营销应用现状则发展缓慢，很多企业对基于手机的网络营销策略还比较模糊，或者并不急于在手机营销方面过于激进。尽管手机上网已经成为用户获取信息的主要网络渠道之一，但由于对手机网络推广效果评估困难，以及手机网络营销可操作的方法有限等原因，影响了企业营销人员的积极性。

随着我国手机用户普及率的逐渐提高，手机作为一种新型媒体的应用价值也日益凸现。手机媒体拥有其他媒体无法比拟的优势，例如覆盖人群最广、传播成本比较低廉、可以最方便地把人们的零碎时间利用起来，并且能够极为快捷地传播信息。

随着 3G、4G 时代的到来，各种多媒体形式也普遍充分体现在手机上，这将给广告主更大的发挥空间。北京九信通科技有限公司认为，在 3G、4G 手机普及之后，手机媒体已成为普通人在日常生活中获得信息的重要手段，手机营销将有很大的空间和市场。

（二）手机营销的形式

短信营销：短信群发广告、短信抽奖、短信促销等，在国内应用已经非常普遍。

WAP 站点：即手机网站广告应该是发展动态广告位，即在页面的下方加入类似于某些新闻网站的滚动新闻模式（跑马灯）的广告，以此来放入多条广告信息。

本地化广告：本地化网站服务如城市门户、地图等的发展，将是一个应用契机。

手机视频广告：以视频方式呈现，但还是受移动网络速度、手机多媒体表现能力、移动的数据业务费率等制约。banner 广告、积分墙、推送广告、列表广告、插屏广告、市场分析。随着移动通信技术的发展，3G 服务模式的不断明朗化，移动衍生出的服务模式进入推陈出新的更迭阶段。借助被称为“第 5 媒体”的手机，“手机广告”一词开始频繁曝光。2006 年年初，中国移动等运营商也已在尝试开展手机互动营销，开始试点手机广告业务。手机广告有定向、精准、定点、高效等特点。手机广告的表现形式包括文字、图像、视频、音频、动画等，它们可以根据广告创意需要进行任意的组合创作，从而有助于最大限度地调动各种艺术表现手段，制作出形式多样、生动活泼，能够激发消费者购买欲望的广告。

终端嵌入：有文字、图片、LOGO + 文字、动画四种形式。

折扣券：与折扣信息网站结合，发布折扣信息。

间隙广告：在下载手机电影、游戏时插播的广告。

应用广告：通过在手机软件中嵌入广告商提供的控件，以 CPM、CPC、CPA 来计费。模式较成熟，国外的 Admob，国内的有米广告、酷果广告、微云、架势等都是较大的平台。

（三）手机营销的未来

手机营销在用户到达率上太过强大，对这种高侵入性的广告形式过度使用必然惹人生厌，客户不喜欢甚至不愿意收到太多的垃圾短信。要解决这个问题，最重要的就是要让手机广告内容和用户相关起来。

首先是许可营销，即不向用户发送未经许可的广告信息，是如何在保护用户隐私和精确确定位之间取得平衡会是个难题。拥有细分和接受许可营销的手机用户数据库，将是短信或彩信广告领域内最珍贵的资源。

其次，是精确定位，即要获得手机用户的个人资料和偏好，以发送用户感兴趣的信息。移动互联网的特色在移动，即能够根据用户的手机 IP 地址识别用户所在的地区，并显示相应的广告，提高针对性。而定位到“最后一公里”的小区短信广告可谓更加精准，但操作手法尤其需要小心，许多的商超百货类客户对此类推广尤其感兴趣。

要许可营销和精确定位，无线互联、手机视频和微信营销是手机营销发展的未来。

1. 无线互联

如果只是局限于把传统互联网的广告模式搬到手机互联网上，那将大大限制我们的想象力。与坐在椅子上用电脑上网不同的是，手机上网时往往是处在时间间隙和移动的状态中，用户比使用传统的桌面网络时更加缺乏耐心。而因为使用键盘的不便，也更迫切的需要便捷地找到信息。手机网络广告即应该针对用户的使用习惯做设计。比如 Yahoo，令人耳目一新的 One Search 手机搜索模式，即是把网页搜索变为内容搜索，以此放入更多的、切合用户需要的信息，也就是说对手机用户提供了多种类，但是每种类允许少量的内容推送。

对于 WAP 广告，或别的形式的手机网站广告来说，一个大问题是手机屏幕太小，广告位过于稀缺，像传统互联网一样大卖广告是不可能的。要解决这个问题，手机网站广告应该是发展动态广告位，即在页面的下方加入类似于某些新闻网站的滚动新闻模式，如跑马灯广告，以此来放入多条广告信息，而究竟是对什么用户显示哪条广告，则需要在广告管理后台作出定位匹配。

由于手机号这个 ID 与用户身份的几乎唯一对应性，通过该手机号用户过往的浏览点击记录，不同的时间段等属性即可作出相对精准的匹配。这在实操上对服务器、系统资源管理以及数据挖掘的系统性与营销逻辑设计的方法论都提出了更高的要求。

2．手机视频

手机视频和手机程序在中国尚未普及，但是两者的营销功能可望在 3G、4G 时代取得迅速应用。随着 3G、4G，甚至广播模式的手机电视的到来，未来手机视频广告的带宽瓶颈肯定不再是问题，唯一要担心的就是用户对手机视频广告的忍受度有多高。也就是说，手机视频广告必须在商业化和用户体验中取得平衡。普遍接受的观念是互联网视频长度大多在几分钟左右，很明显，传统的 30 秒 TVC 对于 1、2 分钟的手机视频来说是过长了，限制在 15 秒以内比较合适。而且手机短视频广告只能采用片前广告的形式，因为片后广告毫无疑问会有高比率的用户停止播放。对于可以插播多段广告的手机电视节目来说，到底多长时间的广告内容比是用户能够接受的还是个未知数。如日本的 One-Seg 手机电视的互动模式，虽然手机电视是免费的，但用户可以在看手机电视的同时参与回答问题，运营商以此获得数据业务的收入。这种互动模式完全可以移植到广告上来，即在播放视频的时候屏幕下方显示广告链接，用户随时可以点击。在运营手机视频/电视的成本依然高昂的现状下，则需要考虑营销收入与运营投入的平衡比关系。

3．微信营销

微信营销是网络经济时代企业或个人营销模式的一种，是伴随着微信的火热而兴起的一种网络营销方式。微信不存在距离的限制，用户注册微信后，可与周围同样注册的“朋友”形成一种联系，订阅自己所需的信息，商家通过提供用户需要的信息，推广自己的产品，从而实现点对点的营销。

微信营销主要体现在以安卓系统、苹果系统的手机或者平板电脑中的移动客户端进行的区域定位营销，商家通过微信公众平台，结合转介率微信会员管理系统展示商家微官网、微会员、微推送、微支付、微活动，已经形成了一种主流的线上线下微信互动营销方式。

（1）微信营销功能。

商品管理，商城后台具备商品上传、分类管理、订单处理等网上店铺都具有的设置功能。

自动智能答复，卖家可以在系统自定义设置回复内容，当用户首次关注商城时，可自动发送此消息给客户，还可设置关键词回复，当用户回复指定关键词的时候，系统将自动回复相应设置好的内容，让客户第一时间收到想要的消息。

支付功能，支持支付宝、财付通及货到汇款的传统支付方式。

促销功能，如积分赠送、会员优惠等。

（2）微信营销特点。

微信营销具有高到达率、高曝光率、高接受率高精准度、高便利性等特点。

高到达率

营销效果很大程度上取决于信息的到达率，这是所有营销工具最关注的地方。与手机短信群发和邮件群发被大量过滤不同，微信公众账号所群发的每一条信息都能完整无误的发送到终端手机，到达率高达100%。

高曝光率

曝光率是衡量信息发布效果的另外一个指标，信息曝光率和到达率完全是两码事，与微博相比，微信信息拥有更高的曝光率。在微博营销过程中，除了少数一些技巧性非常强的文案和关注度比较高的事件被大量转发后获得较高曝光率之外，直接发布的广告微博很快就淹没在了微博滚动的动态中了。

而微信是由移动即时通讯工具衍生而来，天生具有很强的提醒力度，比如铃声、通知中心消息停驻、角标等，随时提醒用户收到未阅读的信息，曝光率高达100%。

高接受率

微信用户已达3亿之众，微信已经成为类似手机短信和电子邮件的主流信息接收工具，其广泛和普及性成为营销的基础。由于公众账号的粉丝都是主动订阅而来，信息也是主动获取，完全不存在垃圾信息招致抵触的情况。

高精准度

那些拥有粉丝数量庞大且用户群体高度集中的垂直行业微信账号，就是真正炙手可热的营销资源和推广渠道。比如酒类行业知名媒体佳酿网旗下的酒水招商公众账号，拥有近万名由酒厂、酒类营销机构和酒类经销商构成粉丝，这些精准用户粉丝相当于一个盛大的在线糖酒会，每一个粉丝都是潜在客户。

高便利性

移动终端的便利性再次增加了微信营销的高效性。相对于PC电脑而言，未来的智能手机不仅能够拥有PC电脑所能拥有的任何功能，而且携带方便，用户可以随时随地获取信息，而这会给商家的营销带来极大的方便。

微信营销所基于的强大关系网络，如果不顾用户的感受，强行推送各种不吸引人的广告信息，会引来用户的反感。凡事理性而为，善用微信这一时下最流行的互动工具，让商家与客户回归最真诚的人际沟通。

随着智能手机的越来越普及，微信已经慢慢地从高收入群体走向大众化，几年之后，或许会出现这样的一个场景，中国智能手机软件市场上微信屹然成了霸主地位，就类似于如今电脑聊天工具中的QQ地位一样，无法撼动。

信息交流的互动性更加突出，虽然前些年火热的博客营销也有和粉丝的互动，但是并不及时，除非能天天守在电脑面前，而微信就不一样了，微信具有很强的互动及时性，无论在哪里，只要带着手机，就能够很轻松的同未来客户进行很好的互动。

能够获取更加真实的客户群，博客的粉丝中存在着太多的无关粉丝，并不能够带来几个真实的客户。但是微信就不一样了，微信的用户却一定是真实的、私密的、有价值的，有的媒体这样比喻“微信1万个听众相当于新浪微博的100万粉丝”。

很多企业把微信当作移动微博，总是一味地在向客户传达信息，而没有认真的关注客户的反馈。有互动功能的，也只是在微信后台设置好一些快捷回复的方案，但这种缺乏人性化的沟通方式，极大地损害了用户体验，就如同风靡一时的电子宠物无法长久流行的原因一样。当客户的咨询无法得到满意回复后，他们唯一的选择就是取消关注。而人工微信客服的核心优势，就在于实现了人与人的实时沟通，此时客户所面对的是一个个专业、服务质量优秀的客服人员，对于客户的咨询可以给出满意的回复。

（3）微信营销模式。

第一，草根广告式：“查看附近的人”。

产品描述，微信中基于LBS的功能插件“查看附近的人”便可以使更多陌生人看到这种强制性广告。

功能模式，用户点击“查看附近的人”后，可以根据自己的地理位置查找到周围的微信用户。在这些附近的微信用户中，除了显示用户姓名等基本信息外，还会显示用户签名档的内容。所以用户可以利用这个免费的广告位为自己的产品打广告。

营销方式，营销人员在人流最旺盛的地方，后台24小时运行微信，如果“查看附近的人”使用者足够多，这个广告效果也会随着微信用户数量而上升，可能这个简单的签名栏也许会变成移动的“黄金广告位”。

第二，品牌活动式：“漂流瓶”。

产品描述，移植到微信上后，漂流瓶的功能基本保留了原始简单易上手的风格。

功能模式，漂流瓶有两个简单功能：“扔一个”，用户可以选择发布语音或者文字然后投入大海中；“捡一个”，“捞”大海中无数个用户投放的漂流瓶，“捞”到后也可以和对方展开对话，但每个用户每天只有20次机会。

营销方式，微信官方可以对漂流瓶的参数进行更改，使得合作商家推广的活动在某一时间段内抛出的“漂流瓶”数量大增，普通用户“捞”到的频率也会增加。加上“漂流瓶”模式本身可以发送不同的文字内容甚至语音小游戏等，如果营销得当，也能产生不错的营销效果。而这种语音的模式，也让用户觉得更加真实。但是如果只是纯粹的广告语，会引起用户的反感。

第三，O2O 折扣式：“扫一扫”。

产品描述，二维码发展至今其商业用途越来越多，所以微信也就顺应潮流结合 O2O 展开商业活动。

功能模式，将二维码图案置于取景框内，然后你将可以获得成员折扣、商家优惠抑或是一些新闻资讯。

营销方式，移动应用中加入二维码扫描，这种 O2O 方式早已普及开来，坐拥上亿用户且活跃度足够高的微信，价值不言而喻。

第四，互动营销式：“微信公众平台”。

产品描述，对于大众化媒体、明星以及企业而言，如果“微信开放平台 + 朋友圈”的社交分享功能的开放，已经使得微信作为一种移动互联网上不可忽视的营销渠道，那么微信公众平台的上线，则使这种营销渠道更加细化和直接。

第五，微信开店。

微信开店或微信商城，并非微信“精选商品”频道升级后的腾讯自营平台，而是由商户申请获得微信支付权限并开设微信店铺的平台。公众号要申请微信支付权限需要具备两个条件，第一必须是服务号；第二还需要申请微信认证，以获得微信高级接口权限。商户申请了微信支付后，才能进一步利用微信的开放资源搭建微信店铺。

（4）微信营销策略。

第一，“意见领袖型”营销策略。

企业家、企业的高层管理人员大都是意见领袖，他们的观点具有相当强的辐射力和渗透力，对大众有着重大的影响作用，潜移默化地改变人们的消费观念，影响人们的消费行为。微信营销可以有效地综合运用意见领袖的影响力，和微信自身强大的影响力刺激需求，激发购买欲望。如小米创办人雷军，利用自己的微博关注度，在新浪上发布关于小米手机的一些信息，就得到众多小米手机关注者转播与评论，更能在评论中知道消费者是如何想的，了解消费者内心的需求。

第二，“病毒式”营销策略。

微信即时性和互动性强、可见度、影响力以及无边界传播等特点，特别适合病毒式营销策略的应用。微信平台的群发功能可以有效地将企业拍的视频、制作的图片，或是宣传的文字群发到微信好友。企业更是可以利于二维码的形式发送优惠信息，这是一个既经济又实惠，更有效的促销模式，使顾客主动为企业做宣传，激发口碑效应，将产品和服务信息传播到互联网以及生活中的每个角落。

第三，“视频、图片”营销策略。

运用“视频、图片”营销策略开展微信营销，首先要在与微友的互动和对话中寻找市场，发现市场，利用市场，为潜在客户提供个性化、差异化服务。其次，善于关注各种技术，将企业产品、服务的信息传送到潜在客户的大脑中，为企业赢得竞争的优势，打造出优质的品牌服务，让微信营销更加“可口化、可乐化、软性化”，吸引消费者的眼球。

（5）微信营销技巧。

注册微信公众号，尽快获得微信官方认证。

根据自己的定位，建立知识库。

可以把某个定向领域的信息通过专业的知识管理手段整合起来，建成一个大家方便的知识检索库，同时将知识与最新的社会热点相结合，提供给目标客户，变成对目标客户的增值服务内容，提高目标客户的满意度。

加强互动，每周感悟、竞猜送小礼物等。

吸收会员，定制特权，开展优惠活动。

微网站，更省流量，更快捷地打开网站。

微商城，在微信上直接展示商品，并且实现支付。

微信一对一的互动交流方式具有良好的互动性，精准推送信息的同时，更能形成一种朋友关系。基于微信的优势，借助微信平台开展客户服务营销，也成为继微博之后的又一新兴营销渠道。

案　例

微关系带动微营销

尚鼎中和牛肉面馆扫二维码点菜。“打开微信扫一扫，加关注除了有10元优惠券相送，还有一份惊喜等你”进入尚鼎中和牛肉面馆，服务员并没有循规蹈矩地拿出菜单让顾客点餐，而是先拿出店里的“微信公众平台二维码”向顾客推荐店中的优惠活动。

“目前，来店里就餐的从最初的日均七八十人到现在的一百五十人左右，整整翻了一番！仅仅通过微信朋友圈介绍慕名而来的至少占到30%。”尚鼎中和牛肉面馆总经理尚福光指了指自己手机里的微信兴奋地说，如今面馆微信公众平台粉丝数量已经超过2 000，不取消认证，根本忙不过来。

“加粉、点赞便可到店中领取鸡翅木筷子一双!”尚福光在微信朋友圈的一条信息发出不到1小时便有100多人转发，200多人点赞。“不花一分钱，足不出户，仅仅动动手指，便能收到事半功倍的宣传效果。”尚福光说，面馆自开业以来，曾找人发过传单，也在电视台先后两次投放广告，但效果甚微。

如今借助微信大搞“微宣传”“微营销”的商铺、企业如雨后春笋般兴起，小到餐馆、影楼，大到商厦、超市，微信二维码随处可见。随着微信5.0的横空出世及其功能的不断优化，微支付、微商城的强势来袭，使得微信对当下人们生活方式的改变也日益凸显。

截至2013年，微信已经有6亿多用户。用户可以通过QQ好友、手机通讯录等方式导入朋友圈，这也使得进入自己好友圈的基本都是亲朋好友。可以说，微营销的一切手段都是建立在微人脉、微关系的基础之上。

再如在微信朋友圈发了一条信息并配上照片：有没有人要自家鲜榨花生油，10斤一桶，每桶120元。不到两个小时便有上百条回复，卖出140多桶，而且订单还在持续增加，已经供不应求。

王婆卖瓜喊破嗓子也敌不过朋友一个“好”字。通过朋友圈发布信息，朋友看到后也分享到自己的朋友圈，一传十，十传百，影响力迅速扩大，而且目标客户十分精准。微营销尤其适合快销行业、民生服务类等众多需要口碑行业。

保质保量的拓宽微人脉，用微信查找附近人的功能添加了一部分多领域、高素质、平时根本无缘得见的“微友”。

微营销的兴起带动一大批提供微营销专项策划的公司涌现，微营销市场风生水起。

售后管理仍需完善。2013年被业界称为移动互联网商业化元年，微信迈出商业化第一步后，旧的电商格局将受到前所未有的冲击。每一个新媒体的出现，都会带来企业营销方式的巨大变化，从阿里巴巴、京东凭借商家平台化，颠覆传统实体零售店模式的实例就可窥一斑，微信也不例外。

在“微营销”大放异彩的同时，许多问题也逐渐暴露出来。有些公众账号一天到晚发产品推送，太扰人，只好取消关注。

作为一种新型的营销模式，微信更重视用户之间的互动，如果把仅仅把微信当成广告的群发工具，如果只知道对关注的人群做信息和优惠推送，往往会适得其反。

微信中的营销模式普遍采用分级代理制度：做代理无需加盟费用，直接购买货物就可以成为销售代理；品牌代理有多个层级，拿货越多，层级越高，而最高等级的代理商则需要一次拿货数万元以上；成为代理后，就可以发展次级代理，也就是俗称的下线。每个层级的代理拿货价格不同，赚层级差价得到的收入要远高于直接销售，越高级别的代理依靠发展下级代理获得的收入越多。

值得提醒注意的是微信中的分级代理制度营销模式容易与传销相混淆，很容易让人失去正确的判断。有不法分子以手机微信为平台，利用传销伪装成微信营销、免费授课的形式在各大城市组织非法传销。要判断是正常的经营、正常的朋友代购还是传销，要素之一就是它的盈利模式是不是靠发展下线、发展人头，或者说是不是一种金字塔形的盈利模式。

问题与讨论

1. 什么是微信圈、微关系、微营销？
2. 分级代理制度的上线、下线是什么意思？
3. 微营销中怎样保证高诚信度？

三、大数据营销

大数据营销，随着数字生活空间的普及，全球的信息总量正呈现爆炸式增长。基于这个趋势之上的是大数据、云计算、物流、快递等新概念和新范式的广泛兴起，这无疑正引领着新一轮的互联网风潮。

大数据营销是基于多平台的大量数据，在依托大数据技术的基础上，应用于互联网广告行业的营销方式。大数据营销是指通过互联网采集大量的行为数据，首先帮助广告主找出目标受众，以此对广告投放的内容、时间、形式等进行预判与调配，并最终完成广告投放的营销过程。

2014 年出现的热词“APEC 蓝”，这背后有大数据的支持，IBM 参与其中。IBM 做了“绿色地平线项目”，结合所有的大数据，包括卫星资料、气象数据、周边地区所有企业的经济参数，以便北京作出决策：河北哪个方向的企业要停、怎么停、哪些企业要停，才对经济影响最小等。这都是通过大数据实现的。这样才能让我们治理环境的代价降到最低。

有人说，“互联网再怎么弄也解决不了产品质量的问题”。在一定程度上，这个说法是对的，但互联网大数据确实可以帮助质量提高，“绿色地平线项目”虽然解决不了企业的排放问题，但可以为政府在决策过程中提供非常好的参数，对标注最先进的企业，调出经济参数进行决策，这就要充分挖掘大数据在这个领域当中的一些应用。

企业如何使用大数据？大数据是一种战略、世界观和思维习惯。大数据面向未来，旨在减少决策的不确定性，提高决策的质量。即使企业今天没有大体量的数据，还是可以尽可能自觉、客观、全面地测量世界，为未来的大数据实践做准备。

（一）大数据的特点

大数据的特点表现出4V，即体量大、快速化、类型杂、价值大。

1．体量大（Volume）

大数据有多大？数据总量的增长主要归功于非结构化数据收集、存储、处理能力的增强。非结构化数据占到总量85%以上，而且增速比结构化数据快得多，据估计快10～50倍。

2．快速化（Velocity）

从状态看，有三类数据：动态、正使用中、静态。

一个是“动态数据”来得快。动态数据有不同的产生模式。既有爆发模式，也有涓涓细流的模式，典型的如日志，RFID数据，GPS位置信息、各类流媒体等。

二是对“正使用数据”处理得快。水处理系统可以从水库调出水来进行处理，也可以直接对涌进来的新水流处理。这对应着两种大相迥异的处理范式：批处理和流处理。

三是静态数据，属于整个类，即使没有任何对象创建，类的静态数据成员常量也存在，如静态人群属性和兴趣爱好常量等。

3．类型杂（Variety）

数据最简单的方法是分为结构化与非结构化两类。

事实上，信息里的“结构”是永远存在的，只不过尚未被发现，或结构变化无定（半结构化或多结构化），或者结构存在但机器却处理不了。最典型的非结构化数据如文本，如电子邮件，文档，各类记录，它有语言学意义上的语法和语义结构，又有叙事意义上的结构如三段式、先破后立等，还具有结构化的元数据。随着互联网和物联网的发展，又扩展到网页、社交媒体、感知数据，涵盖音频、图片、视频、模拟信号等。

真正的大数据，应该是从不同维度，不同途径过来的各种格式数据碎片，并不限于文字、视频、声音、位置、图片等。只有将不同维度的数据放在一起判断，得出来的趋势才有可能更真实。

4. 价值大（Value）

“数据即价值”的价值观早已存在，Value不是大数据专享的属性，小数据照样有大价值。大数据的功劳在于唤醒人们的意识和觉悟。从数据中发现价值的实践由来已久，横跨数据库、统计学和机器学习交叉学科的数据分析是大数据分析的基础，传统的数据分析实践无法适应大数据的发展。

大数据的未来，云计算和大数据、数据仓库合并起来，成为了一项服务，“分析即服务”和“数据即服务”成为主流。

（二）大数据的三个要点

大数据有三个要点，第一不要随机样本，而是全体数据；第二不是精确性，而是混杂性；第三不是因果关系，而是相关关系。

第一，不要随机样本，而是全体数据。随机抽样与全样本的优劣势，统计学家们证明：采样分析的精确性随着采样随机性的增加而大幅提高，但与样本数量的增加关系不大。

根据维克托·迈尔·舍恩伯格的预测，人们总是习惯把统计抽样看做文明得以建立的牢固基石，就如同几何学定理和万有引力定律一样。但是统计抽样其实只是为了在技术受限的特定时期，解决当时存在的一些特定问题而产生的，其历史尚不足一百年。如今，技术环境已经有了很大的改善。在大数据时代进行抽样分析就像是在汽车时代骑马一样。在某些特定的情况下，人们依然可以使用样本分析法，但这不再是人们分析数据的主要方式。慢慢地，人们会完全抛弃样本分析。

随机样本有它的不足，完全随机很困难，更深层次的细分领域也很困难。

第二，不是精确性，而是混杂性。如果要测量一个橘园的温度，以往的思路，数据量的大幅增加会造成结果的不准确性，与此同时，一些错误的数据也会混进数据库，重点是能够努力避免这些问题，即大数据的简单算法比小数据的复杂算法更有效；计算机翻译的三种思路；大数据容忍错误数据的存在，并允许混沌。

第三，不是因果关系，而是相关关系。如果某人下一本要买什么书，亚马逊荐书系统，通过数据推荐产品，所增加的销售远远超过书评家的贡献。不是因果性不重要了。

（三）大数据营销特点

1. 数据采集多平台化

大数据的数据来源是多样化的，多平台化的数据采集能使对网民行为的刻画更加全面而准确。多平台采集可包含互联网、移动互联网、广电网、智能电视，未来还有户外智能屏等数据。

2．强调时效性

在网络时代，网民的消费行为和购买方式很容易在短时间内发生变化。在网民需求点最高时及时进行营销非常重要。全球领先的大数据营销企业 AdTime 对此提出了时间营销策略，它可通过技术手段充分了解网民的需求，并及时响应每一个网民当前的需求，让网民在决定购买的“黄金时间”内及时接收到商品广告。

3．个性化营销

在网络时代，广告主的营销理念已从“媒体导向”向“受众导向”转变。以往的营销活动须以媒体为导向，选择知名度高、浏览量大的媒体进行投放。如今，广告主完全以受众为导向进行广告营销，因为大数据技术可让他们知晓目标受众身处何方，关注着什么位置的什么屏幕。大数据技术可以做到当不同用户关注同一媒体的相同界面时，广告内容有所不同，大数据营销实现了对网民的个性化营销。

4．性价比高

和传统广告“一半的广告费被浪费掉”相比，大数据营销在最大程度上，让广告主的投放做到有的放矢，并可根据实时性的效果反馈，及时对投放策略进行调整。

5．关联性

大数据营销的一个重要特点在于网民关注的广告与广告之间的关联性。由于大数据在采集过程中可快速得知目标受众关注的内容，以及可知晓网民身在何处，这些有价值的信息可让广告的投放过程产生前所未有的关联性，网民所看到的上一条广告可与下一条广告进行深度互动。

大数据营销是一个大量运算基础上的技术实现过程。虽然围绕着大数据的话题层出不穷，但大多数人对大数据营销的过程不是很清楚。国内的很多以技术为驱动力的企业也在大数据领域深耕不辍。

全球领先的大数据营销平台 AdTime 率先推出了大数据广告运营平台——云图。据介绍，“云图”的“云”代表云计算，“图”代表可视化。“云图”的含义是将云计算可视化，让大数据营销的过程不再神秘。“图”是 AdTime 构建的大数据平台系统，该系统具备海量数据、实时计算、跨网络平台汇聚、多用户行为分析、多行业报告分析等特点。

大数据营销是基于大数据分析的基础上，描绘、预测、分析、指引消费者行为，从而帮助企业制定有针对性的商业策略。大数据营销中所依赖的数据，往往是基于 hadoop 架构分类的静态人群属性和兴趣爱好常量，这导致了大数据营销在本质上很难以去控制和捕获用户的需求。

（四）大数据营销契机

第一，用户行为与特征分析。只有积累足够的用户数据，才能分析出用户的喜好与购买习惯，甚至做到“比用户更了解用户自己”。这一点，才是许多大数据营销的前提与出发点。

第二，精准营销信息推送支撑。精准营销总在被提及，但是真正做到的少之又少，反而是垃圾信息泛滥。究其原因，主要是过去名义上的精准营销并不怎么精准，因为其缺少用户特征数据支撑及详细准确的分析。

第三，引导产品及营销活动，投用户所好。如果能在产品生产之前了解潜在用户的主要特征，以及他们对产品的期待，那么产品生产即可投其所好。

第四，竞争对手监测与品牌传播。品牌传播的有效性亦可通过大数据分析找准方向。例如，可以进行传播趋势分析、内容特征分析、互动用户分析、正负情绪分类、口碑品类分析、产品属性分布等，可以通过监测掌握竞争对手传播态势，并可以参考行业标杆用户策划，根据用户声音策划内容，甚至可以评估微博矩阵运营效果。

第五，品牌危机监测及管理支持。新媒体时代，品牌危机使许多企业谈虎色变，然而大数据可以让企业提前有所洞悉。在危机爆发过程中，最需要的是跟踪危机传播趋势，识别重要参与人员，方便快速应对。大数据可以采集负面定义内容，及时启动危机跟踪和报警，按照人群社会属性分析，聚类事件过程中的观点，识别关键人物及传播路径，进而可以保护企业、产品的声誉，抓住源头和关键节点，快速有效地处理危机。

第六，企业重点客户筛选。许多企业家纠结的是：在企业的用户、好友与粉丝中，哪些是最有价值的用户？有了大数据，或许这一切都可以更加有事实支撑。从用户访问的各种网站可判断其最近关心的东西是否与企业相关；从用户在社会化媒体上所发布的各类内容及与他人互动的内容中，可以找出千丝万缕的信息，利用某种规则关联及综合起来，就可以帮助企业筛选重点的目标用户。

第七，大数据用于改善用户体验。要改善用户体验，关键在于真正了解用户及他们所使用的产品的状况，做最适时的提醒。

第八，社会化客户关系管理（SCRM）中的客户分级管理支持。面对日新月异的新媒体，许多企业通过对粉丝的公开内容和互动记录分析，将粉丝转化为潜在用户，激活社会化资产价值，并对潜在用户进行多个维度的画像。大数据可以分析活跃粉丝的互动内容，设定消费者画像各种规则，关联潜在用户与会员数据，关联潜在用户与客服数据，筛选目标群体做精准营销，进而可以使传统客户关系管理结合社会化数据，丰富用户不同维度的标签，并可动态更新消费者生命周期数据，保持信息新鲜有效。

第九，发现新市场与新趋势。基于大数据的分析与预测，对于企业家提供洞察新市场与把握经济走向都是极大的支持。

第十，市场预测与决策分析支持。数据对市场预测及决策分析的支持，过去早就在数据分析与数据挖掘盛行的年代被提出过，沃尔玛著名的“啤酒与尿布”案例即是一个杰作。只是由于大数据时代的规模大、类型多的特点对数据分析与数据挖掘提出了新要求。更全面、速度更及时的大数据，必然对市场预测及决策分析进一步上台阶提供更好的支撑。似是而非或错误的、过时的数据对决策者是灾难。

因此，大数据还没有完全颠覆大多数企业的运作方式。越来越多的人似乎也想弄明白，大数据将如何推动企业的发展，企业需要做什么才能迎接快速发展的互联网时代的挑战。

（五）大数据对企业营销的影响

市场营销的目标是满足顾客的需求和欲望；市场营销的核心是交换；交换取决于营销者的产品满足顾客需求的程度和对交换过程管理的水平。

企业应分为两类：一类是大数据运营和服务的企业，如百度、阿里巴巴、腾讯公司；一类是借助大数据工具的企业，后者为多数。

1．定义范围，业务优先，明确问题

每家企业都面临业务增长和降低成本挑战，领导层需要清楚哪些是紧迫问题，然后 IT 专家能够聚焦在几个关键领域，通过数据分析查找问题根源，一旦确定数据分析的问题对象，就可以为数据分析项目制定量化的业务目标，例如，未来 6 ~ 12 个月将客户投诉降低 2%，利润提高 3% 或者返券率降低 5% 等。

2．找到合适的推手

业务技术顺畅沟通。大数据分析项目需要一个同时能跟企业高管和技术管

理者进行有效沟通，又能够在多个业务部门之间协调的善于沟通的项目领导者或者说推手，能够在控制和沟通分析成果方面扮演重要角色，即数据分析师人选。大多数企业都迫切需要这样的数据分析师。

3．不要做完美主义者

快速启动，不断尝试，实现小胜。不要等数据仓库一切完美后才开始数据分析。先做一些概念验证类的先期估算，在3～6个月内评估初始结果，很多企业都认为只有“万事俱备”才可开始数据分析。在正确的道路上尝试学习并应用小的概念比数据仓库就绪前的犹豫不前要更好。

4．平衡速度与准确性

压缩周期，不求完美。一个大型数据仓库项目往往需要一年后才能生成用户可用的报告。这期间，企业完全可以收集另外十亿个数据点，应对新的业务挑战。针对特定的业务领域收集原始数据并进行分析，把数据分析周期从数月缩短到数周。

5．技术驱动

收集：用户通过PC或移动设备发生的交易行为会产生相当数量的原始数据。

传输：原始数据通过设备采集后进入分发中心。

分发加工：按照一定分发规则，数据被分发至各个集群服务器。零散的、无序的、没有关联的原始数据在集群服务器被加工成人或者机器可以理解的形式。

挖掘建模：数据进一步被挖掘，形成业务模型。

大数据是互联网的智商，但其基础还是经营者的创新和创意。客户意图和决策过程的分析才是具有价值的金矿，即关于购买商品的想法以及影响客户购买决策的关键因素是什么。不是所有企业都需要大数据，但未来成功的企业一定属于会运用大数据的企业。

企业可以从小数据做起，从对数据的重视起步，培育大数据思维习惯。即使今天没有大体量的数据，还是可以尽可能自觉、客观、全面地测量世界，为未来的大数据实践做准备。

只有不停地使用数据，挖掘数据背后的关系和价值，才能使数据之间的相互关系更丰富更完善，大数据的价值才会真正凸显。

案　例

农夫山泉营销

农夫山泉问题：各地、不同品种销售量的准确预测，如何解决生产和销售的不平衡问题？拥有和需要哪些数据？

农夫山泉解决方案，数据驱动分三步走：

第一步，开始是把数据变得透明，让人们看到数据，能够看到的数据越来越多。

第二步，是可以提问题，可以形成互动，很多支持的工具帮企业作出实时分析。

第三步，信息流来指导物流和资金流，现在数据要告诉人们未来，告诉企业往什么地方走。

农夫山泉的业务员每天例行公事地来到某个销售点，拍摄 10 张照片：水怎么摆放、位置有什么变化、高度如何……这样的点每个业务员一天要跑 15 个，按照规定，下班之前 150 张照片就被传回了杭州总部。每个业务员，每天会产生的数据量就是 10M。有了强大的数据分析能力做支持后，农夫山泉近年以 30%～40% 的年增长率，在饮用水方面快速超越了原先的前三甲，即娃哈哈、乐百氏和可口可乐。

大数据收集需要条件，很多高速公路的收费、道路等级、天气、配送中心辐射半径、季节性变化、不同市场的售价、不同渠道的费用、各地的人力成本，甚至突发性的需求等，比如某城市召开一次大型运动会，就是以上条件的综合运用。

（六）大数据与智慧农业

要抓住“互联网＋”和“工业 4.0”或“中国制造 2025”这个机遇，在未来新一轮竞争中才会获得先机。

做电商一定要靠大数据、物联网。商业模式也在变，原来几十万家的中间贸易商没有了。现在国内所有的公司都出来做电商，这是基础工作。

所谓智慧农业，就是充分应用现代信息技术成果，集成应用计算机与网络技术、物联网技术、音视频技术、3S 技术、无线通信技术及专家智慧与知识，实现农业可视化远程诊断、远程控制、灾变预警等智能管理。

智慧农业是农业生产的高级阶段，是集新兴的互联网、移动互联网、云计算和物联网技术为一体，依托部署在农业生产现场的各种传感节点，如环境温湿度、土壤水分、二氧化碳、图像等，和无线通信网络实现农业生产环境的智能感知、智能预警、智能决策、智能分析、专家在线指导，为农业生产提供精准化种植、可视化管理、智能化决策。

智慧农业是云计算、传感网、3S等多种信息技术在农业中综合、全面的应用，实现更完备的信息化基础支撑、更透彻的农业信息感知、更集中的数据资源、更广泛的互联互通、更深入的智能控制、更贴心的公众服务。

智慧农业与现代生物技术、种植技术等高新技术融合于一体，对建设世界水平农业具有重要意义。我国是农业大国，而非农业强国。近30年来农业高产量主要依靠农药化肥的大量投入，大部分化肥和水资源没有被有效利用而随地弃置，导致大量养分损失并造成环境污染。我国农业生产仍然以传统生产模式为主，传统耕种只能凭经验施肥灌溉，不仅浪费大量的人力物力，也对环境保护与水土保持构成严重威胁，对农业可持续发展带来严峻挑战。针对上述问题，利用实时、动态的农业物联网信息采集系统，实现快速、多维度、多尺度的信息实时监测，并在信息与种植专家知识系统基础上实现农田的智能灌溉、智能施肥与智能喷药等自动控制，突破农业信息获取困难与智能化程度低等技术发展瓶颈。

智慧农业起着很重要的作用。智慧农业能够有效改善农业生态环境。将农田、畜牧养殖场、水产养殖基地等生产单位和周边的生态环境视为整体，并通过对其物质交换和能量循环关系进行系统、精密运算，保障农业生产的生态环境在可承受范围内，如定量施肥不会造成土壤板结，经处理排放的畜禽粪便不会造成水和大气污染，反而能培肥地力等。

智慧农业能够显著提高农业生产经营效率。基于精准的农业传感器进行实时监测，利用云计算、数据挖掘等技术进行多层次分析，并将分析指令与各种控制设备进行联动完成农业生产、管理。这种智能机械代替人的农业劳作，不仅解决了农业劳动力日益紧缺的问题，而且实现了农业生产高度规模化、集约化、工厂化，提高了农业生产对自然环境风险的应对能力，使弱势的传统农业成为具有高效率的现代产业。

智慧农业能够彻底转变农业生产者、消费者观念和组织体系结构。完善的农业科技和电子商务网络服务体系，使农业相关人员足不出户就能够远程学习农业知识，获取各种科技和农产品供求信息。专家系统和信息化终端成为农业生产者的大脑，指导农业生产经营，改变单纯依靠经验进行农业生产经营的模式，彻底转变农业生产者和消费者对传统农业落后、科技含量低的观念。另外，智慧农业阶段，农业生产经营规模越来越大，生产效益越来越高，迫使小农生产被市场淘汰，必将催生以大规模农业协会为主体的农业组织体系，如智能农业大棚、农机定位、仓储管理、食品溯源等。

智慧农业的功能构建包括特色有机农业示范区、农科总部园区和高端休闲体验区，以促进农业的现代化精准管理、推进耕地资源的合理高效利用。

案　例

“中华粮网”电子商务

郑州华粮科技股份有限公司（中华粮网）在粮食行业率先把握了难得市场的机会，在探索和发展电子商务方面为粮食行业开辟了一条成功之路。

中华粮网是由中国储备粮管理总公司控股，集粮食 B2B 交易服务、信息服务、价格发布、企业上网服务等功能于一体的粮食行业综合性专业门户网站，一直以促进传统粮食行业信息化水平的提高为己任，不断提供高质量的信息产品和高水平的技术手段，广泛传播电子商务理念，努力为我国粮食产业化调整及深化粮食流通体制改革做出积极的贡献，被誉为“利用现代信息技术改造传统行业、提升传统服务的成功典范”。中华粮网初办当年在全国主要粮食产销区设立了 50 多个二级网站和信息工作站，免费向用户提供信息服务，是全国粮食行业最早、最具规模的专业网站之一。中华粮网的定位是：为深化粮食流通体制改革服务，为粮食企业生产经营服务，为粮食流通市场化、国际化服务。

中华粮网始终以促进传统粮食企事业单位提高信息化水平为己任，不断提供高质量的信息产品和高水平的技术手段，广泛传播电子商务理念，在为我国粮食产业化调整及深化粮食流通体制改革做出积极贡献的同时，将中华粮网打造成在国内和国际上最具影响力的粮食电子商务平台。

中华粮网是中国粮食流通行业最大的 B2B 电子商务交易平台，是专注于粮食企业的信息流服务的网络经纪模式。它的网站功能架构分为以下几个方面：

国内信息：包括粮油政策、粮食生产、粮油市场，财政金融。

国际信息：包括国际粮油机构报告、进出口动态、海外期货收市报告。

价格中心：包括价格查询、产销区报告、美国和南美现货离岸价、全国城市粮油价格行情；

交易中心：包括意向交易、网上竞价交易，协商交易、场内竞价交易、栈单交易、合同转让。

粮网社区：包括企业建站、商务洽谈，免费邮箱，帮助中心。

粮油期货：包括期市新闻、收盘报告、即时行情、期市论坛。

资料馆：包括政策法律、统计数据、粮油品种、粮经研究、大事年表、农业科技、馆长推荐、交易常识。

粮网学苑：包括规则法规、教育快讯、电子商务、科技动态、远程教育、计算机知识、粮油人才。

其他信息：包括气象与农情、粮企动态、粮种推荐、粮机专栏、会展信息。

商业模式：会员服务费，缴纳会员会费、交易资格金及交易保证金等费用；交易手续费；会员信息服务费；即受理短信信息服务，收取信息费用；广告服务，即受理各种广告业务。

中华粮网电子商务系统技术解决方案："中华粮网电子商务系统"由以下各子系统构成："中华粮网"交易系统、"中华粮网"信息发布系统、"中华粮网"价格查询系统、"中华粮网"社区企业网站自助生成系统。

人力资源充沛，年轻化、知识化和专业化是中华粮网员工队伍的特点。而主要领导和技术骨干，不仅具有国内、国外的高级计算机专业学历，还具有多年从事粮食现货和期货交易的管理经验。复合型的高级管理群体是中华粮网迅速发展的关键。作为粮食行业信息化建设的主力军，中华粮网一端连接传统的也是最具发展潜力的产业——农业，另一端连接充满活力、风头正劲的行业——互联网业。作为一家服务于国内及全球涉农领域的领先在线媒体、互动商务及增值资讯服务提供商，中华粮网着力于科技创新，本着为粮食企业生产经营服务的宗旨，借互联网技术之力，开拓中国农业产业化之路，国内权威的农粮信息港、创国际互联网一流品牌立为自己的发展目标。为了便于客户进行商品和服务的搜索，中华粮网提供了"信息中心""价格中心""客服中心"三个专栏，在这里客户可以了解国内外最新的粮食供求信息、最新的粮食价格，为客户进行适时交易提供了方便。同时中华粮网提供了"会展信息"专栏，这为商家和消费者提供了一个网上展示平台，为了方便客户进行交易和交流，粮网设立了"粮网社区"。在"粮网社区"客户可以进行安全自由的商务洽谈。

关于信息源问题，为保证信息数量、质量和权威性，中华粮网建立了既具规模又注重布局与科学管理的专业信息采集网络。目前拥有各类信息栏目 200 余个，网站每日发布的文字信息、价格信息、供求信息等近 400 条，其中文字信息日平均达 15 万字。网站点击率平均每天 100 万次，最高日点击率 140 万次。目前信息渠道主要有以下几个方面：遍及全国各地的特约撰稿人、报价员；从相关机构购买或免费获取相关信息，如农业部、美国小麦协会等机构；中华粮网进行整合、分析，撰写相关信息。

中华粮网选择稿件的标准：一是实时信息，因为中华粮网融合"价格中心""全国粮油价格监测系统"两套报价系统，并具有相关地区的信息采集系统，可以及时监测各地粮油行情，并通过系统对比对相关信息的准确性、及时性进行评判，以确定是否使用。二是分析信息，根据中华粮网对于市场的研判，甄选分析性信息。对于扩大网站信息来源，中华粮网不断扩大撰稿、报价员队伍，并从中筛选优秀者，另外同更多的国内外政府、部门、粮油相关机构进行联系以获取更多信息。关于支付和配送问题，中华粮网也有有效的解决办法。中华粮网用会员制、保证金、电子认证体系三种约束体制来保证网上交易的公正性。首先每个在中华粮网参与贸易的客户都是经过审核然后登记注册的会员；其次要缴纳一定的保证金，每个会员还会得到一个用来电子认证的网络卡，上面记载着会员的详细信息。这样，所有的贸易行为都具有良好的保密性、不可抵赖性，而较高的准入门槛也保证了在中华粮网上极高的履约率。在粮网首页的“交易中心”，粮网为客户提供了一个安全方便的交易平台，客户可以根据自己的实际情况从“协商”“竞价”“栈单”“场内”四种交易方式中作出选择，付款时，客户可以从“邮局汇款”和“银行电汇”中作出选择。

中华粮网将用先进的网络信息技术为粮食行业构造一个崭新的数码空间，创造一个新型的超越时间限制的网络市场，以充分优化行业资源，降低行业费用，提高运营效率，实现传统的粮食经济与网络经济的真正结合。因为中国经济的快速发展和网民的迅速增加，更因为网民和企业对于电子商务态度的转变，越来越多的电子商务网站开始盈利，其盈利方式、风格也在朝多样化发展。在今后相当长的一段时间内，电子商务企业将成为我们国家新的经济增长点，如何去把握这个机会，不断创新，巩固在粮食流通行业的中流地位，并适度地横向发展，将是中华粮网所要解决的问题。

问题与讨论

1. 我国粮食企业存在问题，观念落后，信息化水平落后，从事电商的主体企业缺乏，如何着手解决？

2. 农村互联网计算机用户少，怎样创建形成网上网下畅通的信息渠道的有利条件？

3. 网络速度慢，费用贵，农民用电子商务获取商机的人还很少，要加强培养新型农民，任务艰巨而任重道远。

4. 如何保障电子商务的安全问题？

第三节　农产品物流配送

农产品电商须与顾客建立良好的购物体验，才能迎来持续消费力及带动相关消费群体。目标人群定位是农产品电商平台考虑的首要问题，目标人群不能定位在基本不会上网的老年人或消费能力低下的人群。另外，由于农产品的特殊性，配送须要有冷藏、冷冻的混合配送车辆，以及冷藏周转箱和恒温设备，否则产品原质量再好，客户收到的也将是有质量问题的商品。所以物流配送成本将成为考验农产品电商平台的最大问题。

一、农产品物流

(一) 物　流

农产品经济活动包括生产、流通、消费三大部分。流通主要包括商流和物流。所谓物流，是指物品从供应地向接受地的实体流动过程。物流是将运输、储存、装卸、搬运、包装、流通加工、配送、信息处理等基本功能实施有机结合的全过程。

物流强调物流活动的具体化，追求整体的最优化，现代物流有五方面的特性。

1. 主动性

现代物流活动深入企业管理的全过程，具有主动性。

2. 系统化

现代物流不再孤立地追求各项功能的效益最大化，而是提倡“供应链管理”的思想。它将包装、装卸、储存、配送、流通加工、物流信息处理等综合在一起，作为一个系统来管理。它从采购物流开始，经过生产物流，再进入销售物流，最后还考虑回收物流和废弃物物流，从而成为了一种良性的系统化物流循环。物流的系统化可以大大节约流通费用，提高流通的效率与效益。

3. 信息化

随着全球经济一体化的发展，物流业正向全球化、网络化和信息化方向发展，商品与生产要素在全球范围内以空前的速度自由流动，电子数据交换技术与互联网的应用，使物流效率的提高更多地取决于信息管理技术。计算机的普及和条码技术的普遍应用则提供了更多的需求和库存信息，提高了物流管理水平。

4. 物流服务的社会化

这突出表现为第三方物流与配送中心的发展。随着市场经济和服务社会化的发展，专业化分工越来越细，且各专业之间的合作越来越密切。生产企业与零售行业所需的原材料、中间产品、最终产品大部分由不同的物流中心、批发中心与配送中心提供，以实现少库存和零库存。现代物流的社会化趋势是社会经济活动发展的必然结果。

5．物流与商流、信息流一体化

按照一般的流通规律，商流、物流、信息流是三流分离的。商流可以使物质资料的使用价值得以实现，经过商流，物质资料就变更了所有权；物流解决的是物质资料从生产地向消费地的位移，无法变更物质资源的所有权；信息流解决的是流通主题之间的信息传递。现代物流通过信息化技术将物流、商流和信息流有机结合，实现物流全过程的高效、协调和经济。

（二）农产品物流特点

1．农产品物流量大

广义上的农业不仅包括种植业，而且包含林业、畜牧业、副业、渔业等。不管是粮食、经济作物还是畜牧产品和水产品，都大量转化为商品，商品率很高，它们不仅直接满足人们的生活需要，而且还向食品工业、轻纺工业、化工工业提供原料。因此，农产品物流的需求量大、物流量大、范围广，要求农产品进行空间范围的合理布局和规划。农产品生产受自然条件制约大，各地因气候、土壤、降水等情况的不同，在农作物种植上适宜不同的品种。如果某一地区不顾自然条件，盲目种植，其产量和质量均比适宜地区低得多。这样的农产品会因为销售困难而难以进入流通渠道，可能较长时间地储存于仓库，对农产品物流的通畅形成障碍。

2．农产品物流的运作具有相对独立性

农产品自身的生化特性和特殊重要性决定了它在基础设施、仓储条件、运输工具、技术手段等方面具有相对独立的特性。在农产品储运过程中，为使农产品的使用价值得到保证，需采取低温、防潮、烘干、防虫害等一系列技术措施。这并非交通部门和其他部门都能做到的，它要求有配套的硬件设施，包括专门设立的仓库、输送设备、专用码头、专用运输工具、装卸设备等。而且，农产品物流中的发、收以及中转环节都需要进行严格的质量控制，以确保农产品品质、质量达到规定要求。这是其他许多商品所不具备的。另外，农产品流通加工技术和物流各环节的信息处理技术，也是制约农产品物流发展的重要因素。

3. 农产品物流点多面广

农产品运输在农产品物流中具有重要地位，但是与一般产品的运输相比，它具有装卸的多次性、运输的不均衡性以及对运输的技术性要求高等特点。首先，由于农业生产点多、面广，消费农产品的地点也很分散。因此，农产品运输和装卸比多数工业品要复杂得多，常常需要两个以上的储存点和两次以上的装卸环节，单位产品运输的社会劳动消耗大。只有科学规划农产品物流流向，才能有效地避免对流、倒流、迂回等不合理运输现象。其次，由于农业生产的季节性，在农业运输上，不管是农用生产资料的运输，还是农产品的运输都具有时间性强和不均衡性的特点。播种前大量有机肥要在短期运到田间，收获期间大量农产品要从田间运回，各种农产品的收获季节也是农产品的紧张运输期，在其他时间运输量就小得多，因此要求运输工具的配备和调动与之相适应。最后，农产品是有生命的有机物，多数易损易腐，因此必须根据它们的物理化学性质安排合适的运输工具。否则，就会引起农产品的性质和状态发生变化，从而丧失使用价值，失去扩大空间效用的目的。对于某些农产品，如奶制品的配送，要科学规划配送方式和配送工具，满足用户需求，提高效率。

4. 加工增值是农产品物流的重要内容

农产品加工增值和副产品的综合利用是减少农产品损失，延长其保存期限，提高农产品附加值，丰富人民生活，使农产品资源得以充分利用的重要途径。因此，农产品加工是农产品物流中一个不可缺少的重要组成部分。如粮食深加工和精加工、畜牧产品加工、水果加工和海洋水产品加工等，具体包括研磨、抛光、色选、细分、干燥、规格化等生产加工和价值贴付、单元化和商品组合等促销加工作业，以使农产品流通能顺利进行。

（三）农产品物流发展中存在的问题

1. 农村经济发展总体水平低，农产品物流发展缓慢

农产品物流的发展水平受农村经济发展水平的影响很大。我国农村发展势头良好，但与城市相比，农村经济依然落后，农民收入低，农村市场相对城市市场发展滞后，这必然使得农产品物流供给及需求水平低，发展缓慢。同时，农产品物流发展缓慢还与广大农村地区物流意识差、物流知识薄弱、对物流重视不够、物流政策不到位甚至空白、物流作业不规范有着直接关系。

2．农产品具有易腐性、季节性，农产品物流经营难度大

农产品与工业品不同，是有生命的动物性、植物性产品，容易腐烂变质，在物流过程中包装难、装卸难、运输难、仓储难。此外，农产品具有季节性和周期性，对物流的要求比较高：一是季节性生产要求物流的及时性；二是为保证安全必须实施农产品绿色物流；三是要满足一些农产品的特种物流方式，如粮食的散装运输，水产品的冷冻运输，分割肉的冷藏运输，牛奶等制品的恒温运输等，这样对农产品的运输、包装、加工等提出了特殊的也是更高的要求，经营农产品物流风险较大。

3．物流基础设施、技术装备落后，物流运作成本高

物流的运输、包装、装卸搬运、流通加工、信息处理等每一项功能的实施，都与物流的基础设施和物流技术水平有关。我国农村交通基础设施落后，道路状况差，物流运费高；没有专业的车辆运输队以及车况较差，路网联通度低，致使农产品物流时间过长；没有科学的冷藏设备，鲜活农产品就难以运输，损耗严重。

农业信息网络不健全，农产品物流信息系统所能提供的信息品种和质量都不能满足需要。农户居住分散，沟通渠道不畅，许多农产品信息难以搜集、传递，信息化体系建设明显滞后，农资和农产品物流的流向带有盲目性，流程不合理，这是导致在运送途中损失严重，影响农产品保值增值的一个重要原因。

4．农产品物流链过短，农产品的增值程度低

在整个物流链条上，农产品加工、包装能力比较低下，品牌数量少、覆盖率低。品牌及包装产品一般是粮油等大宗农产品的初级加工品，进入市场的鲜活农产品基本上仍以散装原产品为主，农产品难以实现加工增值。农产品加工企业以及流通环节的初加工、简单包装的品牌产品数量虽有增长，但所占的市场份额仍然很小，这导致了流通环节的利润主要来源于市场间的差价而不是加工增值。发达国家农产品加工率一般都在 90% 以上，农产品产值与农产品加工产值之比为 1∶4 到 1∶3，加工食品占食物消费总量的比重为 80%。而我国农产品加工率只有 20%～30%，加工增值比例为 1∶1 左右，加工食品占食物消费总量的比重不到 30%。蔬菜水果经过采后储藏加工，国外增值比例为 1∶3.8，我国是 1∶1.8 的水平，我国蔬菜水果采摘后商品化处理为 1%，储藏比例不足 20%，加工比例不到 10%。

（四）发展农产品物流的对策

1. 加大对农产品物流基础设施的投入

农产品物流的基础设施建设，包括农产品批发市场的建设，农产品仓储、交通运输条件和工具等设施的建设。考虑物流量的大小、区位等因素，在粮食、蔬菜、水果、禽蛋、水产品等农产品集中产区，改扩建一批集散功能强、辐射范围广的农产品产地批发市场，发展农产品加工配送中心；加强农村道路建设，实施村村通公路，提高通达率和道路等级，确保农产品的运输道路畅通无阻，物畅其流；加快农产品运载工具的开发生产，发展与改进各式农用运输车；加速农村电信基础设施建设，努力提高电话普及率；加快网络基础建设，改变目前信息“高速公路”塞车的状况，发展和普及宽带业务，不断推动网络延伸，解决终端入户难问题。

2. 培育与壮大农产品物流主体

鼓励农业、商业、国内外物流企业介入农产品物流市场，促进物流领域的竞争，完善物流服务，培育和壮大从事农产品物流的主体。农产品物流主体主要有以下几种形态：一是国有流通企业，即国有粮食公司、供销合作社；二是农业公司，我国提倡公司加农户这一形态，因而大部分农业公司既指导农户生产，又从事农产品加工与流通；三是为农产品物流服务的专业公司，包括专业运输公司、专业包装公司等；四是专门为农业公司、农业合作社服务的第三方物流企业。这种企业目前非常少，需要鼓励发展，尤其是民营第三方物流企业。民营物流企业以其反应速度快，经营灵活，富于创新精神，敢于承担风险，办事效率高，决策效率高，更能灵活适应变化万千的市场等优势，符合农产品物流时效性高的要求。

3. 加快农产品物流标准化进程

根据农产品物流市场的自身特点，制定适宜农产品物流的标准体系，加强农产品物流标准化工作。参考国外物流及相关标准，结合我国农产品物流的实际，研究农产品的生产、采购、运输、存储、装卸、搬运、包装、流通加工、配送、信息处理等标准需求，为形成规范的农产品物流标准体系打下基础。大力推进农业的标准化生产，把标准化贯穿于产前、产中以及产后的加工、包装、产品质量检验等环节上，把农业生产的全过程纳入规范化、标准化的轨道，实现农产品的优质化、品牌化。加快农产品运输工具标准的制定，取消开放式运输，大量采用厢体运输作为公路货物运输的主载体，减少货物丢失、损坏交通、危害人身安全、污染环境等诸多隐患。

4．加强对农产品物流保鲜技术的研究开发

首先要研究农产品的包装技术。包装是物流的重要环节之一，它是生产的终点，物流的起点，在储存、运输、销售过程中具有保护功能、定量功能、标识功能，其作用在于保护产品，以防被污染或腐烂变质，在销售过程中起到美化宣传的作用，提高产品的增加值。应根据不同产品的特性，不断改进包装，发展农产品包装的标准化、礼品化、系列化。其次，研究农产品物流的冷冻保鲜技术。加强农产品储运工具和设备的开发生产，推动我国农产品冷藏保鲜物流的发展，降低储运环节的损耗率，扩大冷藏货运车辆的生产和营运，淘汰不符合公路及食品卫生标准的车辆，保障冷藏货物的质量。另外，还要加强棉库、粮库、糖库、保鲜库、冷藏库的建设，增加温控设备和防潮设备。

“三农”问题是影响国民经济发展的重要问题，现阶段影响农业发展的瓶颈从生产领域转向了流通领域，发展现代农产品物流，正在成为解决大市场与小生产矛盾的重要举措。由于农产品生产的地域性与消费的普遍性、生产的季节性与消费的全年性之间的对立，造成了农产品供给与消费之间的矛盾，要解决这些矛盾，靠的就是发展现代农产品物流。农产品物流不仅能使农产品实现其价值与使用价值，而且可以使农产品在物流过程中增值，还能降低农产品生产与流通的成本，提高农业的整体效益。

我国农产品物流以常温物流或自然物流形式为主，农产品在物流过程中损失很大。有数据表明，我国水果、蔬菜等农副产品在采摘、运输、储存等物流环节上的损失率在 25%~30%，而发达国家的果蔬损失率则控制在 5% 以下。另据统计，我国每年大约有 3.7 万吨蔬菜、水果在运送路上腐烂，如此之多的农产品足可以供养 2 亿人的生活。发展农产品物流，对降低我国现在高达 20% 以上的物流环节的农产品损失率，切实提高农民应得的收入，具有重要的意义和作用。

二、农产品物流管理内容

农产品物流目标具体表现在送货及时，能按照顾客需要的时间送到；准确迅速的完成订单处理和货物发送等工作；送货的品种、规格、数量可靠；根据客户需求，保证不间断地供货；技术服务到位，结算方式方便顾客；降低物流成本。

农产品物流管理的主要内容包括农产品的包装、运输、装卸搬运、仓储、配送、流通加工和订单处理。

1. 包　装

物流的包装主要是指运输包装，要求做到：合适装卸，人工装卸的要适合人体的承受能力、适合工人操作，包装体过大过小都不好。机械装卸的要求要与机械性能一致；包装要能满足仓库堆码高度的要求；要符合商品的特性要求，适合远距离运输。

2. 运　输

物流中的运输问题包括运输路线、运输工具、运量、运送时间的决策等。

农产品运输的要求就是合理运输。合理运输，就是要按照商品运输的合理流向，以最短的里程、最快的速度、最省的费用，把商品安全完好地送达目的地。合理运输决策的要求是及时、准确、安全、经济。所谓及时，指运送及时，既要求按产、供、销的具体情况，及时将商品由产地运到销地。及时运送，既能减少商品运输损耗，又利于把握销售机会。所谓准确，指运送准确，既要求切实防止和避免运输过程中可能发生的错发、错收等各种差错。所谓安全，指运送安全，既要求在运输过程中不发生损坏、丢失和霉烂等损耗，或把这种损耗控制在最低限度。所谓经济，指经济效益较好，既要求选择合理的运输路线和运输工具，又能够降低运输费用。

我国农产品运输的主要方式有公路、水路、铁路、集装箱、航空运输。

公路运输灵活、方便、快捷。是中短途和部分长途运输常用的运输工具，包括汽车、拖拉机、人畜力车。保温车是在普通货车上加上一个类似于集装箱的保温箱或制冷保温箱；冷藏保温车是在普通保温箱内加装制冷设备，自动调节运输中农产品温度；气调冷藏保鲜车是在冷藏车的基础上加上气调装置。保温车或冷藏保鲜车是未来冷链系统的主体，是农产品物流业的发展方向。

水路运输工具包括小艇、木船、机帆船、大轮（渡轮）船、船艇等，其行驶平稳，载运量大，运费便宜，并可以和货车联运，十分便利。

铁路运输货车主要有篷车、敞车、保温车（冰保车）或冷藏车（机保车）、平板车和特种专用车等。我国铁路四通八达，速度快、运费低，运货量大时可形成专列。

集装箱运输适用于多种运输工具。集装箱具有足够强度，能长期反复使用，在途中转运时，不搬动容器内的货物，可以直接换装，便于货物的装满和卸空，具有较大的容积。因此，是农产品最有前途的运输方式，它能保证最大限度地减少产品的损耗和损伤，缩短运送时间。

航空运输是比较有前途、引人注目的产业，其特点是快捷、损耗小，但运费较高，受气候条件制约。

农产品采后的流通、储藏、销售中连贯的低温冷藏技术体系称为冷链保藏运输系统。在经济发达国家已建立起以低温冷藏系统，使果蔬采后损失小于5%。冷链运输是我国农产品运输的主要发展方向。

良好的运输效果除要求农产品本身具有较好的耐贮运性外，同时也要求有良好的运输环境条件。这些环境条件包括温度、湿度、气体成分、包装、振动要求、堆码与卸装等。

温度是运输过程中的重要环境条件之一。低温流通对保持农产品新鲜度非常重要。湿度对农产品运输的影响相对较小，但是，长距离运输或是运输时间较长时，必须考虑湿度因素。农产品出库后温度较低，有些包装物如纸箱较易吸湿变形，伤及产品。采用防水纸箱或包装内内衬塑料薄膜，可有效防止农产品失水，同时也可防止纸箱吸潮。

对有些水果采用气调集装箱运输，但是成本很高。对于较耐二氧化碳的水果，可采用塑料薄膜袋包装运输，也能达到较好的效果。但是，对于二氧化碳敏感的水果，应注意包装的通风。

3. 仓　储

仓储包括仓库自建与租赁决策、仓库位置、结构、规模、形式决策等。

4. 装卸、搬运

装卸、搬运，包括装卸作业方式、作业装卸机械类型的决策等。

5. 存库控制

存库控制指合理的存库量，既能满足顾客订单的需求，又能降低库存费用。包括存放点、存放量、进货周期、进货数量的决策。

存货管理的目标，企业在生产和销售预算确定情况下，存货量的大小取决于采购量。存货管理的基本目标是以尽可能小的成本使企业存货维持正常的经营活动。

存货管理内容一般包括在某一时点上公司的订单量（或生产量）应该是多少；在什么存货水平上公司应该订货或生产；什么样的库存项目需要公司加强管理；公司存货成本变动能够进行套期保值等四个方面。

第一种，ABC控制法。

ABC控制是意大利经济学家巴雷特于19世纪首创的，以后不断发展和完善，现已广泛用于存货管理、生产管理及成本管理。运用ABC法控制存货资金，一般分为以下几个步骤：第一步，计算每一种存货在一定时间内（一般为一年）的资金占用额；第二步，计算每一种存货资金占用额占全部资金占用额的百分比，并按大小排序，编成表格；第三步，根据事先测定好的标准，把最重要的存货划为 A 类，把一般存货划为 B 类，把最不重要的存货划为 C 类；第四步，对 A 类存货进行重点规划和控制，对 B 类存货进行次重点管理，对 C 类存货只进行一般管理。

第二种，经济批量管理。

经济批量是一定时期存货储存成本和订货成本总和最低的采购批量。订货成本是指为订购材料、商品而发生的成本。订货成本与订货次数有关，而与订货数量的大小无关。企业要想降低订货成本，需要大批量采购，以减少订货次数。储存成本是指在物质储存过程中发生的仓储费、搬运费、保险费等。一定时期内的储存成本总额，等于该时期内平均存货量与单位储存成本之积。

在实际工作中，由于企业对各种存货的需用量经常发生变动，交货日期由于某些原因也可能会延误。所以，企业在确定出每一存货的经济批量后，还可以根据实际情况留有一定的保险设备，以防止供应延误、库存短缺造成的损失。

6. 配　送

配送指在经济合理范围内，根据用户要求，对物品进行拣选、加工、包装、分割、组配等作业，并按时送达指定地点的物流活动。

配送是物流中一种特殊综合的活动形式，既包含了商流活动和物流活动，又包含了物流中若干功能要素的一种形式。多品种、少批量、多批次、多用户的配送物品，能够有效地通过配送实现终端的资源配置。

配送一般包括送货→验收→储存→保管→装卸→分拣→包装→加工→运输配送。

农产品配送合理化，物流配送目标包含以下三个方面：

第一，减少浪费，降低成本。当没有接到订单请求时，根据预测决策系统的预测值保存少量库存；当接到订单要求，开始备货，并根据库存状况迅速补货，减少农产品变质浪费的可能性，降低成本；选取合理的运输路径，降低运输成本。

第二，在准确的时间，按准确的数量送到准确的地点。配送系统借助强大的网络功能，可以对客户的需求做出迅速地反应。另外，现代通讯和自动化技术的运用，为配送活动减少了时间，提高了准确度。

第三，真正实现以客户为中心的服务理念。由于农产品配送是第三方物流服务的一种，具有第三方物流规模化运输的特点，可以将各地的订单汇集起来，通过配载、拼箱，实现农产品的多频次、少批量配送服务，满足客户个性化需求。

借鉴国外经验，农产品配送合理化的方法，大致有以下几个方面：

第一，推行一定程度的专业化配送。通过采用专业设备、设施及操作程序，取得较好的配送效果并降低配送过分综合化的复杂程度及难度，从而追求配送合理化。

第二，推行加工配送。通过加工和配送结合，充分利用本来应有的中转，而不增加新的中转，求得配送合理化。同时，加工借助于配送，加工目的更明确和用户联系更紧密，更避免了盲目性。

第三，推行共同配送。通过共同配送，可以以最近的路程、最低的配送成本完成配送，从而追求合理化。

第四，实行送取结合。配送企业与用户建立稳定、密切的协作关系。配送企业不仅成了用户的供应代理人，而且成为用户储存据点，甚至成为产品代销人，在配送时，将用户所需的物资送到，再将该用户生产的产品用同一车运回，这种产品也成了配送中心的配送产品之一，或者作为代存代储，免去了成产企业库存包袱。这种送取结合，使运力充分利用，也使配送企业功能有更大的发挥，从而达到合理化。

第五，推行准时配送系统。准时配送是配送合理化的重要内容。配送做到了准时，用户才有把握，可以放心地实施低库存或零库存，可以有效地安排接货的人力、物力，以追求最高效率的工作。另外，保证供应能力，也取决于准时供应。

第六，推行及时配送。及时配送是最终解决用户企业担心断供之忧，大幅度提高供应保证能力的重要手段；及时配送是配送企业快速反应能力的具体化；及时配送成本较高，但它是整个配送合理化的重要保证手段。此外，用户实现零库存，及时配送也是重要保证手段。

7．流通加工

为了促进销售。提高效率，在保证使用价值不发生改变的前提下，对农产品进行加工。其加工内容包括装袋、定量化小包装、拴牌子、贴标签、挑选、组装等。

8．订单处理

订单处理是指从接收订单、记录、整理、汇集订单和准备发运商品，再到收到顾客对产品反馈的意见为止的全部过程。订单处理程序包括以下三个主要步骤：

第一，下达指标。接到订单过后首先要进行审核，如产品名称、规格、包装、数量、价格、交货时间、运输条件、付款方式、所需单证等，审核无误、确定能满足订单要求，就可以接收订单，合同即为成立，买卖成交。

第二，备货整装。如用库货履行合同，则应通知存货管理部门按单配货，如必须另行加工生产，须通知有关部门安排生产，入库后，统一配货。与此同时还要通知运输部门安排运输工具、运输线路、运量、预定载位、安排运输日程。待货配齐后，要进行运输包装整理、加刷标记，衡量检验、安排发货。

第三，制单发运。发运前首先要填制发票、办理货物的运输凭证及其他有关证件，出口货物还需办理申请手续、保险、核对货物与合同是否符合，外商用信用证付款的，要仔细审核信用证是否与合同相符。各项单证审核无误后，货物即可发运，并通知接货人。最后收集顾客对货物的反应。

三、农产品物流发展趋势

随着企业销售范围的扩大，商业销售方式和消费者购买方式的转变，以及信息技术的发展，农产品物流将呈现良好的发展趋势。

第一，系统化管理。

把物流的各个基本职能从生产领域、商品流通领域中独立出来，形成实体分配系统，对商品包装、装卸、保管、订单、处理、送货等统一由实体分配系统管理，组成“物流中心”“配送中心”等管理机构，实施专业配送或第三方物流。

第二，装备管理高速发展。

形成以信息技术为核心，运输技术、配送技术、装卸搬运技术、自动化仓储技术、库存控制技术、包装技术等专业技术为支撑的现代化物流装备技术格局，其发展趋势表现为信息化、自动化、智能化和集成化。其中，高新技术在物流运输业的应用与发展过程中表现尤为突出。

第三，电子快递。

企业通过互联网加强了企业内部、企业与供应商、企业与消费者、企业与政府部门的联系沟通、相互协调、相互合作。消费者可以直接在网上获取有关产品或服务的信息，实现网上购物。这种网上的“直通方式”使企业能迅速、准确、全面地了解需求信息，实现基于客户订货的生产模式和物流服务。

在物流活动中努力减少环境污染并关注废料处理的绿色物流将成为亮点。低温冷藏保鲜在农产品物流中普遍采用。

第四节　连锁营销和供应链管理

一、农产品连锁营销

连锁营销是指经营同类商品或服务的若干个门店，通过一定的联结纽带，按照一定的规则，组合成一个联合体，在整体规划下进行专业分工，并在此基础上实施集约化管理和标准化运作，最终使复杂的商业活动简单化，以提高经营效益、谋取规模效益的一种经营方式。

连锁经营的主要特征是总部负责采购、配送，店铺负责销售，并通过企业形象的标准化，经营活动的专业化，管理方式的规范化及管理手段的现代化，使复杂的商业活动在职能分工的基础上，实现相对简单化，从而实现规模效益。

连锁经营的特点可以概括为六个统一，即统一采购、统一配送、统一标识、统一营销策略、统一价格、统一核算。连锁经营是当今世界商品流通和服务业中最具活力的经营方式，在我国也已经显示出了巨大的发展潜力。这种经营形式也是我国农产品企业未来几年重点发展的实体营销形式。

（一）连锁经营的类型

连锁经营可以是联合体中某个企业拥有其他企业的产权或部分产权，也可以是一种特约代营关系，还可以是某个企业有相当的实力，其他企业愿意合作。这样，连锁经营可以分为三种主要类型：直营连锁、特许连锁和自由连锁。

1．直营连锁

直营连锁也称公司连锁。它是由归属于同一资本系统的若干生产、分销机构组合而成。这些机构的所有权都属于同一主体，并受其统一管理。这种连锁形式没有加盟店的存在。

直营连锁业可分为两种形式：一种是由大生产企业拥有和统一管理的若干个生产企业和连锁分店，实行一体化经营；另一种是由商业大公司拥有并统一管理的经销系统，它不仅同时具有批发和零售功能，还控制着生产企业，实行生产、流通一体化。这种连锁形式在我国的农业企业中还不多见，是我国农业企业应该给予重视的一种经营形式。

2．特许连锁

特许连锁也称加盟连锁、合同连锁，是盟主和众多加盟店之间的一种契约性的联合。通常主导企业把自己开发的产品、服务和营销系统包括商号、品牌、商誉等的经销、使用权以合同形式转让给加盟店，让其在规定的区域内使用，并按合同规定缴纳一定特许使用费，承担一定的义务。特许连锁组织成员之间纵向、横向都是独立的，但在经营管理上必须按合同规定接受转让方的制约，制约程度则因特许连锁的具体方式不同而各有差异。

特许连锁是近年来发展最快的、最令人感兴趣的营销渠道形式。随着市场经济的发展，已有越来越多的农业企业为控制和占领市场，积极采取加盟连锁形式，通过出售特许权和特约经营方式实现产销一体化。加盟连锁成功的关键是经营技术的传承。

3. 自由连锁

自由连锁又称自愿连锁，是以自愿为原则组成的独立的零售集团。自愿连锁可以由某一批发企业发起，若干零售店参加，从事大规模购买和统一销售，也可以由若干零售企业自己组织起来，成立一个采购中心集中采购，并联合开展销售活动。参加联营的中、小零售商都保持自己的独立性和经营特色，总店与成员店之间是协商和服务的关系，总店主要负责统一进货和配送。

自愿连锁是中小零售企业与大零售商相抗衡的有效手段。自愿连锁在日本被广泛运用。这种形式易于在竞争中获得优势。

三种连锁经营模式的共同点有两个方面：一是三种连锁模式都有一个总部作为统一的组织机构进行管理；二是在商品采购、储存、定位、促销、门店结构及管理系统方面均不同程度地要求标准化、规模化操作。

（二）开展连锁经营的条件

开展连锁经营要注意把握好四个条件：

第一，企业要有相当的经济实力。连锁经营依靠规模盈利，没有大量的资金投入，开设的连锁门店数量达不到一定规模，经营总额和效益很难上去。

第二，要有先进的管理模式、管理手段和过硬的管理队伍。连锁经营实行集中配送、分散销售，在人、财、物、信息管理等方面，对企业都提出了很高的要求，必须要有全新的管理模式和现代化的管理手段，特别是要有一支懂经营、会管理的高级管理人才队伍。

第三，要有一定知名度、信誉度的企业品牌。连锁经营，在相当程度上是品牌经营，即靠品牌吸引供货商提高质优、价廉的商品，没有品牌，难以做大做强连锁经营。

第四，定位选址要慎重。每一个连锁店的开设，在定位、地址的选择，目标市场和消费者群体的锁定方面，要慎重决策，要充分考虑原有商业网点布局及其经营特点，消费者的消费水平和购买习惯等因素，权衡利弊，充分论证，避免盲目投资。

农产品连锁经营要根据各种农产品生产与消费的特点，循序渐进，逐步扩大经营范围。一般说，经过工艺加工的农产品最适宜连锁经营，如各种果蔬饮料、罐头食品等；经过分级、包装、保鲜处理的新鲜农产品，如水果、观赏植物、茄果类和根茎类蔬菜等，也比较适合连锁经营。叶菜等产品搞连锁经营的难度相对大一些，必须结合实际，合理规划和布局。

（三）连锁经营管理

连锁经营活动有众多企业参与，而且企业成员地域分布分散，为了使庞大而分散的连锁经营体系内部的各类机构能步调一致、有效地运转，需要运用现代化的管理理念和手段，即经营管理模式制度化、规范化和信息化管理。

1. 经营管理制度化

一定要建立一套完整且各门店都遵循的规章办法。这些规章办法至少应包含营销业务管理、人力资源管理、物品进销存管理、财务会计管理、行政管理、总则等。就管理原则而言，制度化可以减少 80% 的管理问题。

充分重视现金流管理。连锁业与一般业态不同，在预期销货收入中绝大部分为现金流入，而不是赊账未到期票据，而且其流出部分的资金支出又比一般业态频繁，因此比一般业态更要充分重视现金流管理。

2. 物品进销存管理

连锁企业要有效掌控总部及各店物品进货销的实际状况，并且有效地供给各店以利其销售。为此需要做好两点：一是日报统计，各连锁店每天均应提供进销存变动表，一则了解进存状况，再则有助于补货。这是各连锁店的基本职责。二是总部有汇总统计，以利于充分了解各店的商品变动，并有效地调拨商品，以免发生商品滞销现象。大部分农产品具有易腐烂的特点，物品进销存管理就显得尤为重要。

3. 信息化管理

面对分布在各地的连锁分店，总部必须使所有销售前台和后台支持机构实时地共享信息。总部管理机构必须对连锁店实施“零距离”管理，实现对所有业务环节的实时监控，并利用计算机管理系统对这些方面所涉及信息予以实时记录和深度分析。

二、农产品供应链管理

所谓供应链，是指围绕核心企业，通过对信息、物流、资金流的控制，从采购原材料开始制成中间产品及最终产品，最后由销售网络把产品送到消费者手中，这一过程涉及的供应商、生产商、分销商、零售商，直至最终用户组成的一个供应网络。这是一个范围更广的虚拟企业结构模式，它包含所有加盟的结点企业，不仅是一条连接从供应商到用户的物料链、信息链、资金链，而且是一条给相关企业带来收益的增值链。

（一）供应链的构成

供应链由所有加盟的结点企业组成。一般来说，供应链是一个核心企业，核心企业可以是产品制造企业，也可以是大型零售企业，或者是运输公司和服务公司。供应链核心企业的需求驱动了其他结点企业的运作，结点企业之间需求满足的实现，最终体现在核心企业满足它的市场需求。

供应链上有几条基本流在流动，即物流、信息流、资金流和商流。这些流相互联系，相互影响，形成了一个完整的运营管理系统。

1．物　流

任何一个供应链上都存在物的流动，无论其核心企业是制造业还是服务或是其他行业。物料从供应方开始，沿着需求相关的各个环节向需方移动，包括包装、库存、运输、装卸、搬运等活动。如核心企业是生产型企业，它根据市场需求开发产品，购进原料，加工制造出成品出售给客户，同时提供售后服务。

2．信息流

信息流是指整个供应链上错综交叉的信息流动，它是虚拟形态，包括了供应链上的供应信息和管理信息。从广义的角度来看，信息流总是伴随着物流、资金流以各种形式作出反应。从信息流的形式和传递方式来看，基于信息网络技术的企业管理信息系统起到了锦上添花的作用。

3．资金流

供应链上各企业的每一项业务活动都会消耗或产生一定资源，所以必然会导致企业资金发生变化。当结点企业消耗资源、生产产品时，结点企业资金发生流出，当结点企业提供产品或服务给客户后，资金会流回结点企业，并产生利润。因此，在供应链上存在资金的流动，并且资金的流动与商流相反，在大部分情况下也与物流方向相反。

4．商　流

商流是指物品在流通中发生形态变化的过程，即由货币形态转化为商品形态，以及由商品形态转化为货币形态的过程。随着买卖关系的发生，商品所有权发生转移。商流的概念是考虑如何从终端向上拉动，引导经销商如何操作产品、协助经销商建立分销渠道，作为厂商的桥梁，便于两者间的沟通顺畅，控制经销商操作行为。

5．价值流

价值流是指从原材料转变为成品并赋予其价值的全部活动，包括从供应商处购买的原材料到达企业，企业对其进行加工后转变为成品再交付客户的全过程。企业内以及企业与供应商、客户之间的信息沟通形成的信息流也是价值流的一部分。一个完整的价值流包括增值和非增值活动，如供应链成员间的沟通，物料的运输，生产计划的制定和安排以及从原材料到产品的物质转换过程等。

6．业务流

业务流是对功能的业务逻辑进行深入研究，其提供的漏洞大多是与业务实现息息相关的供应链环节，只是更多地关注操作流程，每一步操作顺序倒来倒去的，就常常出现了致命的漏洞，这些漏洞也正是客户和市场人员最在乎的。

（二）供应链管理目标

供应链管理（SCM），是人们认识和掌握了供应链环节内在规律和相互联系的基础上，利用管理的计划、组织、指挥、协调、控制和激励职能，对产品生产和流通过程中的各个环节所涉及的物流、信息流、资金流、价值流以及业务流进行合理地控制，以期达到最佳组合，发挥最大效率，迅速以最小的成本为客户提供最大的附加值。

供应链管理的目标归纳起来有七个方面：持续不断地提高企业在市场中的先行地位；不断对供应链中的资源及各种活动进行集成；根据市场需求的扩大，不断地满足客户的需求；根据市场的不断变化，缩短产品从生产到消费者手中的时间；根据市场的不确定性，缩短供应与需求的距离；根据物流在整个供应链中的重要性，企业要消除各种损耗，从而降低物流成本；成本和物流费用，使物、货在供应链中的库存下降。

提高整个供应链中所有活动的运作效率，降低供应链的总成本，给予经营者更大的权利适应市场的变化，作出及时反应，从而做到人尽其才、物尽其用、货畅其流。

（三）农产品电商冷链物流的几种形式

1. 顺丰优选

顺丰优选完全自建物流体系，常温已经铺盖全国。24 小时内，将南方荔枝送到北京、北方内蒙古的羊肉送到海南，这些都是由自建的冷链物流快速实现的。

2. 阿里巴巴

阿里巴巴，确切地说是菜鸟的冷链物流，是一种整合模式，已经整合类似“众萃物流＋快行线”这两个优秀的冷链物流企业，它们从“干支线＋末端宅配”相融合，成功将八万单车厘子从美国农场送到中国家庭，把阿拉斯加海产送到全国四十多个城市，这种整合式的“二段式配送”农产品，探索出新的平台化、网络化模式，将成为冷链物流的新趋势。

3. 京　东

京东启动的末端配送服务站模式。据悉未来京东将尝试从田间直达餐桌的“ABC”（AgriculturaltoBusinesstoCustomer）模式，其中的 B 环节将覆盖全部采购、仓储、配送、营销售后环节。有消息称京东自营生鲜配送站已经试运行，这种模式刚好迎合 O2O 的末端“最后一公里”的购物体验。但京东的冷链仓储、干线、支线配送等方面还有待整合，只能拭目以待。

案　例

橄榄油网络互动营销

说起营销，故事营销是农产品销售很重要的环节。食品企业如何利用电商等新渠道开展更有效地营销与传播，借助于社会化营销将会成为趋势。

橄榄油将成为下一个开发的市场。在互联网的大浪潮下，如何快速抓住时机，利用互联网思维来重塑行业，实现转型升级，是橄榄油企业必须深入思考的一个问题。伴随着信息化浪潮的到来，今天的营销与传播在“多媒体技术”

与"网络"冲击下发生极大的变迁。随着上网人数与网上交易量的快速增长，互联网正在逐渐成为地球村的"集贸市场"。网络营销虽然方兴未艾，但凭借独特的销售优势，包括搜索引擎营销、论坛BBS营销、社交网络营销、微博营销等多种形式在内的网络营销成为营销领域的"新宠"，冲击着传统的营销和传播模式。营销顾问机构认为，当今社会环境的各类企业只有冷静客观分析网络营销的特点，从容应对即将到来的网络营销大流，方可成为网络营销时代的"弄潮儿"，在众多品牌中勇立潮头。

从橄榄油实战案例看，网络互动营销渐成新宠。

从传播角度来说，与报纸、广播、电视等传统媒体相比，网络传播在商家与客户之间建立了迅速快捷的绿色通道。对于传播者，也就是商家，网络营销有巨大的成本优势和精准性。采用网络营销模式大大降低了广告成本，缩短了交付周期。

在传统媒介下，厂商广泛采用的传播方式及其特点：

投放的小册子或者宣传单——厂商需要支付前期的广告策划和广告书写费用、要付出印刷成本和发放人员工资等。

报纸、杂志等纸质媒介投放广告——向报社和杂志社支付广告费，受众面仅限于有阅读习惯的受众，受众面窄；广告传播的范围与报纸、杂志的发行量直接挂钩；广告内容受到版面限制。

在电台、电视台投放广告——虽然影响范围比较广，但是广告片的制作费用不菲，不能随时更换广告的内容，灵活性较差。同时，电台与电视台的传播具有瞬间性，在短短几十秒的广告时间内客户无法有效地取得与厂商联系与接洽的方式。

在网络传播模式下，厂商只需要支付建立网站的技术资金即可以在公司网站上灵活地向用户展示产品说明、图片甚至多媒体信息，发布大量有利于企业形象、顾客服务以及促进销售的企业新闻、产品信息、各种促销信息、招标信息、合作信息，甚至人员招聘信息等，从而让客户更深入地了解公司的产品情况及服务，公司的网站就像一个随时在更新的产品宣传杂志，即便每天在更新广告，公司也不需要付出广告制作费和印刷费。之外，企业也可以在淘宝网、当当网、京东商城、凡客等多个网络平台开店，这两种渠道都能大大节省厂商的广告费用，降低企业营销成本，同时高度增加与消费者的互动。

广告界有一句名言：我知道有一半的广告费都浪费了，但是我不知道是哪一半。经典的语句在向我们传达一个信息：在传统媒体的广告中，受众成为信息的被动接受者。但是，往往看到商家发布广告的受者，并不是商家的潜在目标客户，广告难以准确地定位厂商的目标消费群，使得投放的广告效果大打折扣。另一方面，客户的反馈和意见不能及时传达到厂商那里，双方不能有效地达成合作默契，从而增加了接洽和谈判的机会，提高了交易成本。

受众只要轻轻点击手中的鼠标，即可搜寻到他们想要找到的信息并迅速与厂商取得联系，完成交易过程，可谓从最大限度上满足消费需求和欲望，实现便利交易效果；厂商的广告费用减少，广告效果得到提高，可谓降低成本；厂商可以有效地获得用户的反馈信息，获得第一手市场资料，可谓有效沟通。网络传播使得现代传播从大众到分众，最终走向一对一传播，从单向走向完全意义上的双向、互动沟通，使得商家与消费者极易取得双赢、共赢的成果。

互联网在中国的城市人群中渗透率越来越高。据有关数据显示，在城市居民里有 70% 以上的市民经常浏览互联网。网民教育程度及收入程度普遍较高，75% 的网民拥有大专以上学历，多从事工程技术、营销管理及在政府部门工作，是企业的核心力量，极具商业价值和购买力，为各大企业提供了极具潜力的商机。同时，伴随着互联网的高速发展，将有越来越多的人群加入到网民的队伍中来，网络广告将日益彰显出其强大的力量。

问题与讨论

1. 橄榄油网络互动营销的前景如何？
2. 橄榄油电商的物流、连锁、配送服务如何配套？
3. 橄榄油在线营销的推广具体形式有哪些？
4. 如何开发橄榄油网络互动营销渠道？
5. 网络传播与传统媒介传播相比较，有什么优势可开发？

复习思考题

1. 什么是电子商务？电子商务有什么特点？
2. 简述电子商务的一般结构。
3. 电子商务按应用服务领域不同可分为哪几类？
4. 电子商务典型的安全手段有哪些？简述常用的加密技术。
5. 电子商务运行一般需要哪些条件？

6. 什么是手机营销？手机营销的形式有哪些？移动互联网营销的特点是什么？

7. 正确认识微营销与微商。

8. 什么是大数据？大数据有什么特点？

9. 什么是大数据营销？大数据营销有什么特点？

10. “互联网＋农业”时代怎样认识大数据营销？

11. 关注大数据营销与智慧农业的未来。

12. 中粮网电子商务平台取得成功的原因有哪些？

13. 什么叫物流？现代物流有哪些特征？

14. 农产品物流管理涉及哪些内容？农产品运输合理化有哪些要求？

15. 什么是配送？配送包含哪些内容？如何使农产品的配送合理化？

16. 简述连锁经营的含义和特征。开展连锁经营应具备哪些条件？

17. 如何对连锁经营活动实施管理？

18. 关注认识互联网的农产品冷链形式。

人最大的问题是要解放思想，跟人家谈判，真诚感动别人可能更好；做销售需要的是真正扎扎实实、实实在在地从基层做起。

——董明珠

模块四　农产品营销策略

第六章　农产品产品策略

农产品是人们不可或缺的食品资源、药用资源和生产原料，其广泛的社会用途和日益增长的需求量，决定了农产品有着巨大的发展潜力。因此，了解农产品的商品学特性，熟悉农产品品质对营销的影响，掌握为企业农产品设计品牌的技能，对于规避企业经营风险，搞好农产品营销，增强竞争能力具有重要意义。

第一节　农产品品质与营销

随着农产品市场竞争日趋激烈，有些农产品，在市场上已经接近或处于饱和状态，市场价格差距正在缩小。讲究营养保健的现代消费者，已由追求数量满足转变为追求高质量，对农产品质量提出了越来越多、越来越高的要求，竞争也由过去的以价格竞争为主转变为以质量竞争为主。因此，提高农产品质量，向用户提供可信赖的优质产品已经成为农产品生产、流通企业提高市场竞争力最重要的因素。

一、农产品品质

（一）农产品品质的含义

农产品品质的客观特性是由种植生产者和消费者要求的来体现。所以，对农产品品质的综合认识，决定于从生产者、经营者到消费者不同观点指导下对农产品各项客观特性的综合评价。从营销的角度认识农产品的品质，就是食品的优质程度，包括感官品质、营养成分、卫生品质、加工品质等方面。

1．感官品质

凡是可以通过人的视觉、嗅觉、触觉和味觉进行综合评价的品质特性被称作感官品质，如颜色、大小、形状、光泽度、透明度、质地等，用舌头感觉到的酸甜苦辣咸和鼻子嗅到的气味、香味等。

2．营养品质

农产品中含有的水分，干物质含量，各种维生素、矿物质以及蛋白质、氨基酸、碳水化合物等被称作营养品质。这些营养成分的含量高低、营养成分的比例都是营养品质特性。不同品种的产品组织中含有不同种类和数量的营养要素。

3．卫生品质

卫生品质是指直接关系人体健康的品质指标的总和，主要包括产品表面的清洁程度、产品组织中的重金属含量、农药残留量，及其他限制性物质如硝酸盐等。

无公害果品和蔬菜是指不含有某些规定不准含有的有毒物质，以及将有些不可避免的有害物质控制在允许范围以内的果品蔬菜。卫生品质达到安全、优质、卫生标准。安全是指食用后绝对不造成健康危害；优质是指感官品质好，营养成分含量高，符合食品营养要求；卫生是指三个“不超标”，即农药残留不超标，硝酸盐、亚硝酸盐含量不超标，有害物质不超标。

4．加工品质

加工品质主要从果蔬加工、粮食加工、大豆加工三个方面来看。

（1）果蔬加工。

果蔬加工要考虑果蔬缺损度、成熟度、易腐性、凝胶性、柔嫩性、纤维性、粉粒性、汁液性、耐贮性、抗病性等特性，尤其缺损度对果蔬加工产品品质影响很大。

缺损度主要指产品的外观损伤、畸形程度。农产品的缺损大多是由于采收、整理、运输、储藏等操作过程中的机械损伤所致，感染病害、被虫子咬伤所出现的病斑和虫口也都属于品质不佳的范畴。由于遗传或异常环境条件、外来化学物质作用等因素，也会使产品中出现部分缺陷。缺损度是影响果品、蔬菜品质的重要因素。

（2）粮食加工。

粮食加工要考虑粮食种子的后熟作用、陈化、淀粉的糊化与老化、面筋及蛋白质的热变性等特点。

后熟作用是指成熟种子离开母体后，需要经过一系列的生理生化变化后才能完成生理成熟而具备发芽能力的一个生理过程。后熟还意味着未成熟胚的完熟和发芽准备的完成，这是指各种酶活性的增加、生长促进物质的形成、生长抑制物质的消失以及储藏物质转变成为胚发育可利用状态的过程。

陈化粮食中含有酸性物质，除脂肪酸外，还有磷酸、酸性磷酸盐、乙酸、氨基酸等。正常的粮食中酸性物质含量很少，随着储藏时间的增长，酸性物质升高，进而影响粮食的品质。研究表明，在粮食劣变的过程中，脂肪的水解比蛋白质和碳水化合物都要快，而脂肪酸的增加速度比其他酸类或总酸值快，并且在变质初期，脂肪酸值即显著增高，此时，粮食已不能作为口粮食用了。

储存时间、温度、水分和氧气是影响大米陈化的主要因素。另外，大米品种、加工精度、糠粉含量以及虫霉危害也与大米陈化有密切关系。具体地说，大米陈化速度与储存时间成正比，储存时间越长，陈化越重；水分大，温度高，加工精度差，糠粉多，大米陈化速度就快。不同类型的大米中糯米陈化最快，粳米次之，籼米较慢。因此，为保持大米的新鲜品质与食用可口性，应尽量减少储存时间，保持阴凉干燥。

淀粉的糊化与老化，淀粉在常温下不溶于水，但当水温至 53 °C 以上时，淀粉的物理性能发生明显变化。淀粉在高温下溶胀、分裂形成均匀糊状溶液的特性，称为淀粉的糊化。含淀粉的粮食经加工成熟，是将淀粉糊化，而糊化了的淀粉在室温或低于室温的条件下慢慢冷却，经过一段时间，变得不透明，甚至凝结沉淀，这种现象称为淀粉的老化，俗称“淀粉的返生”。

面筋及蛋白质的热变性。变性是在热、酸、碱、重金属盐、紫外线等作用下，蛋白质会发生性质上的改变而凝结起来。这种凝结是不可逆的，不能再使它们恢复成原来的蛋白质，蛋白质的这种变化叫做变性。蛋白质变性之后，紫外吸收、化学活性以及黏度都会上升，变得容易水解，但溶解度会下降。

大豆具有热变性、冷变性、溶解性、吸水性、乳化性、凝胶性等，人们利用这些热性进行食品的加工。在大豆中含有一定量的油质，会使口感润滑、细腻、有香气，否则会感到粗糙涩口。

（二）农产品品质对营销的影响

第一，农产品品质是参与国际市场竞争的基础。

在全球消费者对农产品质量和产品安全日益关注的今天，农业生产机构在产品质量和质量管理制度的推进上，与发达国家存在的差距已成为中国农产品在世界农产品市场竞争力的瓶颈。特别是中国加入世界贸易组织后，尽管国际贸易间的“关税壁垒”越来越淡化，但国际贸易保护措施发生了较大的变化，转而采用技术性更强的手段，这就是贸易技术壁垒。在目前的国际贸易中，贸易技术壁垒已占非关税贸易壁垒的30%。在国际食品贸易中，设置贸易技术壁垒，常以产品安全性风险以及安全性管理为条件。

第二，农产品品质是满足消费需求，取得商业利益的前提。

农产品多数是鲜活商品，时令水果、新鲜蔬菜、鲜花盆景等，这些农产品无论是在销售中还是在消费中，评价其品质就是看新鲜度，越新鲜越受市场欢迎，越新鲜经济价值越高。但是这些特点也决定了农产品具有品质鲜嫩、含水率高、易腐易失鲜的弱点，因此，农产品在生产、包装、运输、储存、销售全过程各个环节都要把产品品质作为重要指标。否则，一旦失去了鲜字，便影响使用价值，失去消费者，降低利润，失掉市场，损失利益。

农产品的消费需求具有普遍性、大量性和连续性特点。因此，提高农产品的品质，是营销影响的最重要因素。

（三）提高农产品品质的措施

向市场提供优质的农产品，必须从生产源头抓起，产、运、销三个环节紧密联系，缺一不可。生产者要选育优良的品种。好的品种有三个标准，一是满足生产者对产品品质的需要；二是农产品在销售中要选择灵活的流通方式、流畅的流通渠道、便捷的交通工具和科学的运输路线，农产品的这一营销特点是农产品的生产特点、产品的物理化学特性和消费形式特点共同决定的；三是要根据农产品的特性选择存放的地点和空间，采收后农产品的温度和湿度控制在最有利于保鲜、储存范围内。

二、农产品开发

农产品开发包括新开发的农产品、改进与改型的农产品、农产品新品牌与新的产品线、产品线延伸与新定位产品等。其中新开发的农产品、改进与改型的农产品属科技意义上的农产品开发，也就是狭义的农产品开发。农产品和自然事物一样，有着出生、成长、成熟以至衰亡的生命周期。因此，企业不能只顾经营现有的产品，还必须防患于未然，采取适当步骤和措施开发新产品。它是企业提高竞争力的重要因素，也是企业市场营销活动的主要任务。

（一）产品生命周期

产品生命周期理论是美国哈佛大学教授费农 1966 年在其《产品周期中的国际投资与国际贸易》一文中首次提出的。费农认为：产品生命是指产品在市场上的营销生命，产品和人的生命一样，要经历形成、成长、成熟、衰退这样的周期。

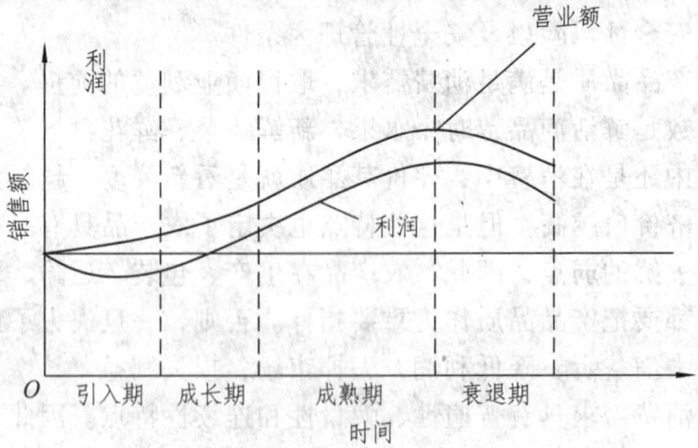

图 6.1 产品生命周期图

产品生命周期（Product Life Cycle，PLC），是指产品的市场寿命。一种产品进入市场后，它的销售量和利润都会随时间推移而改变，呈现一个由少到多，再由多到少的过程，就如同人的生命一样，由诞生、成长到成熟，最终走向衰亡，这就是产品的生命周期现象。所谓产品生命周期，是指产品从进入市场开始，直到最终退出市场为止所经历的市场生命循环过程。产品只有经过研究开发、试销，然后进入市场，它的市场生命周期才算开始。产品退出市场，则标志着生命周期的结束。

生命周期的实质是主要矛盾斗争产生的过程，在产品的生命周期中主要矛盾一个是顾客的需求，另一个则是实现需求和期望的能力。

典型的产品生命周期一般可分为四个阶段，即引入期、成长期、成熟期和衰退期。

1．引入期

引入期也称导入期。新产品投入市场，便进入导入期。此时，顾客对产品还不了解，只有少数追求新奇的顾客可能购买，销售量很低。为了扩展销路，需要大量的促销费用，对产品进行宣传。在这一阶段，由于技术方面的原因，产品不能大批量生产，因而成本高，销售额增长缓慢，企业不但得不到利润，反而可能亏损。产品也有待进一步完善。

2．成长期

成长期顾客对产品已经熟悉，大量的新顾客开始购买，市场逐步扩大。产品大批量生产，生产成本相对降低，企业的销售额迅速上升，利润也迅速增长。竞争者看到有利可图，将纷纷进入市场参与竞争，使同类产品供给量增加，价格随之下降，企业利润增长速度逐步减慢，最后达到生命周期利润的最高点。

3．成熟期

市场需求趋向饱和，潜在的顾客已经很少，销售额增长缓慢直至转而下降，标志着产品进入了成熟期。在这一阶段，竞争逐渐加剧，产品售价降低，促销费用增加，企业利润下降。

4．衰退期

随着科学技术的发展，新产品或新的代用品出现，将使顾客的消费习惯发生改变，转向其他产品，从而使原来产品的销售额和利润额迅速下降。于是，产品又进入了衰退期。

（二）农产品生命周期营销策略

典型的产品生命周期的四个阶段呈现出不同的市场特征，企业的营销策略也就以各阶段的特征为基点来制定和实施。

1．进入期的营销策略

进入期的特征是产品销量少，促销费用高，制造成本高，销售利润很低甚至为负值。根据这一阶段的特点，企业应努力做到投入市场的产品要有针对性；进入市场的时机要合适；设法把销售力量直接投向最有可能的购买者，使市场尽快接受该产品，以缩短介绍期，更快地进入成长期。

在产品的进入期，一般可以由产品、分销、价格、促销四个基本要素组合成各种不同的市场营销策略。将价格高低与促销费用高低结合起来考虑，有四种策略。

快速撇脂策略，即以高价格、高促销费用推出新产品。实行高价策略可在每单位销售额中获取最大利润，尽快收回投资；高促销费用能够快速建立知名度，占领市场。实施这一策略须具备的条件是：产品有较大的需求潜力；目标顾客求新心理强，急于购买新产品；企业面临潜在竞争者的威胁，需要及早树立品牌形象。一般而言，在产品进入阶段，只要新产品比替代的产品有明显的优势，市场对其价格就不会那么计较。

缓慢撇脂策略，即以高价格、低促销费用推出新产品，目的是以尽可能低的费用开支求得更多的利润。实施这一策略的条件是：市场规模较小；产品已有一定的知名度；目标顾客愿意支付高价；潜在竞争的威胁不大。

快速渗透策略，即以低价格、高促销费用推出新产品。目的在于先发制人，以最快的速度打入市场，取得尽可能大的市场占有率，然后再随着销量和产量的扩大，使单位成本降低，取得规模效益。实施这一策略的条件是：该产品市场容量相当大；潜在消费者对产品不了解，且对价格十分敏感；潜在竞争较为激烈；产品的单位制造成本可随生产规模和销售量的扩大迅速降低。

缓慢渗透策略，即以低价格、低促销费用推出新产品。低价可扩大销售，低促销费用可降低营销成本，增加利润。这种策略的适用条件是：市场容量很大；市场上该产品的知名度较高；市场对价格十分敏感；存在某些潜在的竞争者，但威胁不大。

2．成长期市场营销策略

新产品经过市场进入期以后，消费者对该产品已经熟悉，消费习惯也已形成，销售量迅速增长，这种新产品就进入了成长期。进入成长期以后，老顾客重复购买，并且带来了新的顾客，销售量激增，企业利润迅速增长，在这一阶段利润达到高峰。随着销售量的增大，企业生产规模也逐步扩大，产品成本逐步降低，新的竞争者会投入竞争。随着竞争的加剧，新的产品特性开始出现，产品市场开始细分，分销渠道增加。企业为维持市场的继续成长，需要保持或稍微增加促销费用，但由于销量增加，平均促销费用有所下降。针对成长期的特点，企业为维持其市场增长率，延长获取最大利润的时间，可以采取下面几种策略：

第一，改善产品品质。如增加新的功能，改变产品款式，发展新的型号，开发新的用途等。对产品进行改进，可以提高产品的竞争能力，满足顾客更广泛的需求，吸引更多的顾客。

第二，寻找新的细分市场。通过市场细分，找到新的尚未满足的细分市场，根据其需要组织生产，迅速进入这一新的市场。

第三，改变广告宣传的重点。把广告宣传的重心从介绍产品转到建立产品形象上来，树立产品名牌，维系老顾客，吸引新顾客。

第四，适时降价。在适当的时机，可以采取降价策略，以激发那些对价格比较敏感的消费者产生购买动机和采取购买行动。

3．成熟期市场营销策略

进入成熟期以后，产品的销售量增长缓慢，逐步达到最高峰，然后缓慢下降；产品的销售利润也从成长期的最高点开始下降；市场竞争非常激烈，各种品牌、各种款式的同类产品不断出现。

对成熟期的产品，宜采取主动出击的策略，使成熟期延长，或使产品生命周期出现再循环。为此，可以采取以下三种策略：

第一，市场调整。这种策略不是调整产品本身，而是发现产品的新用途、寻求新的用户或改变推销方式等，以使产品销售量得以扩大。

第二，产品调整。这种策略是通过产品自身的调整来满足顾客的不同需要，吸引有不同需求的顾客。整体产品概念的任何一层次的调整都可视为产品再推出。

第三，市场营销组合调整。即通过对产品、定价、渠道、促销四个市场营销组合因素加以综合调整，刺激销售量的回升。常用的方法包括降价、提高促销水平、扩展分销渠道和提高服务质量等。

4．衰退期市场营销策略

衰退期的主要特点是：产品销售量急剧下降；企业从这种产品中获得的利润很低甚至为零；大量的竞争者退出市场；消费者的消费习惯已发生改变等。面对处于衰退期的产品，企业需要认真地进行研究分析，决定采取什么策略，在什么时间退出市场。通常有以下几种策略可供选择：

第一，继续策略。继续沿用过去的策略，仍按照原来的细分市场，使用相同的分销渠道、定价及促销方式，直到这种产品完全退出市场为止。

第二，集中策略。把企业能力和资源集中在最有利的细分市场和分销渠道上，从中获取利润。这样有利于缩短产品退出市场的时间，同时又能为企业创造更多的利润。

第三，收缩策略。抛弃无希望的顾客群体，大幅度降低促销水平，尽量减少促销费用，以增加利润。这样可能导致产品在市场上的衰退加速，但也能从忠实于这种产品的顾客中得到利润。

第四，放弃策略。对于衰退比较迅速的产品，应该当机立断，放弃经营。可以采取完全放弃的形式，如把产品完全转移出去或立即停止生产，也可采取逐步放弃的方式，使其所占用的资源逐步转向其他产品。

（三）农产品开发类型及依据

农产品开发是指对原有农产品的改良、换代以及创新，旨在满足市场需求变化，提高农产品竞争力。

农产品开发主要有以下几种类型：

第一，创新农产品，指新物种发现后成功市场化的农产品。如我国成功地开发了沙棘资源，新西兰成功开发利用了野生猕猴桃资源，或许未来在人类对基因技术完全掌握后，能人工创新物种，从而产生全新农产品。

第二，改良农产品，对原有农产品的改进和换代。通过育种等手段可改变农作物性状，进而改变农产品品质，如新疆彩棉、高油大豆（转基因大豆）；苹果品种换代为红富士，再换代为宫崎短枝等。

第三，仿制农产品，引种、引进、利用他人创新或改良的农产品。如我国从国外引进的樱桃番茄、五彩甜椒等。

农产品开发过程一般包括新产品构想的形成、新产品构想的筛选、概念产品的形成与检验、经营分析、制出样品、市场试销、正式生产投放市场。新产品开发成功以后，还需要成功进入市场，这意味着新产品被消费者采用并不断扩散开来。

农产品开发是从营销观念出发所采取的行动，必须要适应社会经济发展需要，试销对路的产品。没有市场的产品，对企业而言再新也没有意义。因此，新产品要有自己的特色来适应和满足消费者需求的新变化。

农产品开发是产品策略的重要组成部分。农产品开发在一定程度上拓展了农产品基本效用与利益，更大程度上则是对有形农产品的更新与改进，以吸引顾客、拓展目标市场为最终目的。

农产品开发首先要考虑到目标顾客群及其购买行为特征。不同顾客群对农产品有不同的要求。以鲜奶制品为例，城市消费者重视营养、方便、口味和新鲜，农村消费者则重视价格，而中间商则强调经营鲜奶制品的赢利率。其次，农产品开发必须能够满足消费者对产品功能的要求。如鲜奶制品有补充营养、增强体力、方便小食等功能，新产品开发时应充分考虑消费者所追求的产品主要功能。再次，农产品开发必须考虑到目标市场环境因素。如必须符合政府颁布的产品质量标准、动植物检疫标准，不违背目标市场的社会文化传统和风俗习惯等。最后，农产品开发必须从产品的整体概念出发，搞好核心产品、有形产品和附加产品等层次的开发。

（四）农产品开发途径

1. 良种开发

良种主要是指优良的植物种子、种苗、种禽和种畜。良种开发就是培育优良的动植物品种，是农产品开发的基础途径，一般通过生物品种选育、遗传杂交和转基因工程等方式进行。

2．栽培、养殖开发

相同的动植物品种，其栽培、养殖方式不同，产品的品质特性也会不同。如无土栽培的蔬菜，其品质、口味和安全性都较一般栽培的蔬菜要好；用精饲料喂养的畜禽产品，其品质也高于一般产品。特别是绿色无公害农产品的开发，更是主要通过栽培、养殖开发方式获得。

3．精加工开发

随着人们生活水平的不断提高，生活中需要更精制、更方便、营养更全面、多种口味、多种风格的农产品，这些必须通过对农产品的精深加工才能达到。农产品精深加工的方式很多，如水果，可以干制、榨汁；制作罐头、果脯等。

4．外观、包装和品牌的开发

按照产品的整体概念，改变产品的外观、设计产品的新包装、创建一个新品牌都属于新产品的开发。如通过在生产期粘贴字模，使苹果上长有“喜”“Lover”，迎合了消费者在喜庆场合的需要；真空包装的北京烤鸭，远销全国各地等。特别是创立农产品品牌，已成为农产品营销的重要手段。许多农产品如新疆葡萄干、四川榨菜、西湖龙井、泰国香米等，因其品牌知名度高而畅销全国及至世界。创建农产品品牌，需要在市场定位的基础上，通过对农产品质量和特色的有效控制树立产品的品牌形象。

5．副产品开发

农副产品开发是指将农业生产和农产品加工中产生的废物废料进行综合利用，开发成适销的农产品。如将玉米秸秆氨化或青储，加工成饲料等。

（1）错季节性。

季节性差价蕴藏巨大商机，主要形式有设施化种养、农产品提前或延后上市、储藏保鲜拉长农副产品销期、开发适应不同季节生产的农副产品品种，通过多品种错季节上市。

（2）嫩乳型。

近年来，出现了崇尚鲜乳的风潮，农产品开发也必须适应新的变化趋势，适销发展一些适合鲜食的青玉米、嫩花生、青毛豆、乳鸽、乳猪、仔鸡等鲜嫩农产品。

（3）低成本。

增强农产品的市场竞争力，必须依靠新品种、新技术、新工艺、新机械来降低成本，或实行农产品的规模化、集约化生产来支持价格竞争。

（4）高品质。

随着人们对农产品营养要求的不断提高，农产品品质的进一步提高已迫在眉睫，优质优价已经成为新的消费动向，优质农产品的市场前景非常看好。

（5）多品种。

根据市场需求，引进并推名、优、稀、特品种，以新品种来引导新需求，开拓新市场，同时生产适销对路产品，以满足多层次、多方位的消费需求，提高综合经济效益。

（6）工艺化。

蔬果不仅要营养丰富，鲜活好吃，品质优，产量高，还要具有一定观赏功能，以满足消费者求新求异的审美心理，工艺化、造型化的农产品前景更为广阔。

（五）农产品开发的主要策略

1. 农产品趋向开发策略

依据市场需求的发展趋向，制定农产品的开发策略，朝微型化、简易化、多功能化、多型化、健美化、标准化方向发展。

2. 农产品要素开发策略

根据农产品的构成要素，制定农产品的开发策略。

新品种的开发，通过组织培养、基因工程、胚胎移植等生物工程技术；利用遗传、变异等系统选育技术；采用物理、化学等农产品加工技术，以开发新的农产品。

新品质的开发，通过生物工程技术和系统选育技术等，以开发新品质的农产品，如高蛋白小麦、含碘鸡蛋、低糖葡萄等。

新特色的开发，通过生物工程技术、系统选育技术和加工技术等，开发出香、脆、甜、苦、辣、酸等特色味道，以及各种形状的新特色的农产品。

新包装的开发，根据消费者对包装的各种偏爱，设计、制作农产品新包装。

新品牌、新商标的开发，对原来没有品牌、商标的农产品，开发、设计、申领品牌、商标；对已有品牌、商标的农产品，按照消费者的偏爱和市场竞争需要，重新设计、开发农产品的新品牌、新商标。

新服务的开发，随着各种新品种、新品质、新特色等农产品的开发，必将出现许多新的服务项目。策划、设计、开发新的服务项目，满足市场消费需求，并创造增值的经营机会。

生命周期的开发，根据市场供求变化和竞争需要，分析自身农产品在现有市场的占有率和竞争能力，研究并制定农产品各生命周期阶段的开发策略，提前进入或退出市场；增加或减少向市场的投放；保留现有市场或转向开辟新的外埠市场等。

加工开发，用物理、化学等加工手段，将初级农产品加工成精细、高质量的农产品。

3．新产品的开发策略

农产品任何部分的创新和改进，都属于新产品的范围。

农产品新产品有四种类型：

全新型农产品，是指应用科学技术新发明、新创造的成果而研制成功的产品。如保健食品、杂交水稻等。

换代型新农产品，是在原有产品的基础上，部分采用新技术而研制成功的农产品，它比老产品具有更多的使用价值。如更新换代的水稻、小麦、玉米等。

改进型新农产品，是通过采用先进技术，对原有产品进行改良，使其性能、质量有所提高的农产品。如净菜、果汁、分类畜禽肉等的农产品。

仿制型新农产品，是指模仿竞争者的产品，制造出比其性能、质量更优的仿制型新产品。如通过引种、驯化、选育而形成的农产品新品种等。

新产品的开发有以下策略：

奇特策略，新产品的造型、色彩、包装等奇特；新产品具有特殊用途。

合并策略，把一些同类农产品的优点加以合并，开发出集同类农产品之长的新产品。

节便策略，要求开发出的新农产品，能节约能源、结构简单、使用方便。

差异策略，开发的新农产品，与同类农产品相比，其性能、包装等有显著差别。

形象策略，开发的新农产品，具有一定外表形象，能满足消费者追求商品形象需求。

专门化策略，开发的新产品，使之具有专门的功能和使用价值，以提高市场占有率。

快速策略，新产品开发速度快，能“捷足先登”“先入为主”，引起消费者偏爱。

优质服务策略，新产品开发后有售后服务，使消费者获得新产品及其新服务。

第二节　农产品定价策略

企业营销活动是否能够成功，在一定程度上取决于价格决策的合理性。对多数农产品而言，价格通常是影响销售的关键因素。价格是商品价值的货币表现，价格会在价值基础上上下波动，企业的价格决策人员以企业利润，战胜竞争对手，扩大市场占有率为至关重要的因素，所以确定合理的定价目标，作出正确的价格决策是非常必要的。

一、农产品定价的影响因素

科学合理地确定农产品的营销价格，要从实现企业战略目标出发，在选择合适的定价目标，运用科学、灵活的定价策略的同时，综合企业内部和外部影响因素，合理制定农产品价格。

1. 市场需求状况

如果说农产品的营销成本决定价格的下限，市场和需求则影响着价格的上限。农产品定价，除了产品成本这个基础因素之外，还要充分考虑影响产品价格的另一个重要而最没有把握的因素——市场状况，它决定着产品价格的最高临界点。市场状况主要包括市场商品供应状况、商品需求状况、市场竞争等。

（1）农产品市场供求状况。

商品价格与市场供应成反比，与需求呈正比关系。在其他因素不变的情况下，商品供应量随价格上升而增加，随价格的下降而减少；而商品需求量随价格上升而减少，随价格下降而增加。当商品供不应求时，商品价格就会上涨；当商品供过于求时，商品价格就会下跌。供求影响价格，价格调节供求。这是价格的运动形式，是商品价值规律、供求规律的必然反映。因此，农产品企业定价必须认真考虑价值规律的客观要求，根据市场供求状况，及时制定或调整农产品价格，以实现供给与需求的相对平衡。

（2）农产品市场竞争状况。

价格竞争是营销竞争的重要内容和手段。现实的和潜在的竞争对手的多少，及竞争的强度对农产品定价的影响很大。竞争越激烈，对价格的影响就越大，农产品企业应把定价策略作为与竞争者互相竞争的一个特别重要的因素来考虑。一般来说，如产品在竞争中处于优势，可以适当采取高价策略；反之，则应采取低价策略。同时，企业还要用动态的观点，随时关注竞争对手的价格调整措施，并及时作出反应。

2. 消费者心理因素

消费者的价格心理直接影响购买行为和消费行为，农产品定价必须考虑消费者的心理因素。

（1）预期心理。

消费者预期心理是反映消费者对未来一段时间内市场商品供求及价格变化趋势的一种预测。当预测商品有涨价趋势，消费者会争相购买；相反，消费者会持币待购。

（2）认知价值和其他消费心理。

认知价值指消费者心理上对商品价值的一种估计和认同，他以消费者的商品知识、后天学习和积累的购物经验以及对市场行情的了解为基础，也取决于消费者个人的兴趣与爱好。消费者在购买商品时常常把商品的价格与内心形成的认知价值相比较，将一种商品的价值同另一种商品的认知价值相比较以后，当确认价格合理，物有所值时才会作出购买决策，产生购买行为。同时，消费者还存在求新、求异、求名、求便等消费心理，这些心理又影响对产品的认知价值。因此，企业定价时，必须把握消费者认知价值和其他心理，据此制定价格，促进销售。

3．国家有关政策法规因素

价格关系到国家、企业和个人三者之间的利益，与人民生活和国家的安定息息相关。因此，国家在自觉应用价值规律的基础上，通过制定物价工作方针和各项政策、法规，对价格进行管理、调控或干预，利用税收、金融、海关等杠杆间接地控制价格。因而，国家的有关方针政策对市场价格的形成有重要的影响。

4．需求价格弹性

需求价格弹性简称需求弹性，是指因价格变动而引起的需求的相应变动率。它反映需求变动对价格变动的敏感程度。常用需求弹性系数 E 来表示。

$$E=\text{需求变动的百分比}/\text{价格变动的百分比}$$

当 $E=1$ 时，反映农产品价格上升或下降会引起需求量等比例地增加或减少，因此，价格变化对销售收入影响不大。定价时，可选择实现与预期赢利率为定价目标或选择通行的市场价格，同时将其他市场营销措施作为提高赢利的重要手段。当 $E<1$ 时，反映需求量的相应变化小于价格变化，价格变化仅引起需求量较小的变化。这类农产品低价并不能增加销售，较高的价格往往会增加利润。当 $E>1$ 时，反映需求量的变化幅度大于价格变化幅度，这类农产品定价时采取低价、薄利多销往往会刺激购买量，增加盈利。

农产品定价，除了受以上几项因素影响外，还受产销时空差异、木国货币价值和货币流通量、国际市场竞争和国际市场价格变动等因素的影响。农业企业在制定价格时，必须综合地、充分地研究影响价格的多种因素，拟定出最合理的农产品价格。

二、农产品定价方法

（一）定价程序

所谓定价程序是根据企业的营销目标，确定合适的定价目标，综合考虑各种定价因素，选择合适的定价方法，具体确定农产品价格的过程。

一般来说，企业定价程序可分为以下几个步骤：

1．选择定价目标

农业企业的定价目标不是一成不变的，在不同时期、不同条件下有不同的定价目标，企业应权衡利弊兼顾多种因素，慎重地选择和确定定价目标。

农业企业根据各自营销能力，计算成本费用。产品价格高于成本，企业才能赢利，因此企业定价必须估算成本。

按成本与销售量的关系，总成本可分为变动成本和固定成本两种。总成本等于全部变动成本和固定成本之和。变动成本是指在一定范围内随产品销量变化而成正比例变化的成本。固定成本是指在一定范围内不随销量变化而变化的成本。

2．进行目标市场调研

无论是国内目标市场还是国际目标市场，都会因政治的、经济的、文化的、价值观念的、宗教信仰的不同而形成不同的消费观念和消费习惯，这些对农产品定价不无关系。同时，国家法律、政策也是影响价格的重要因素。

3．测定产品的需求弹性

营销价格与商品供求关系十分密切，应通过需求弹性实现正确定价的目的。

4．选择定价方法和定价策略

在分析测定以上因素后，就要选择适当的定价方法和定价策略以实现企业的定价目标。

5．确定产品最后价格

最后价格是产品的市场销售价格。需要说明的是，某种农产品投放市场以后，价格不是一成不变的，价格会因客观情况的变化而调整。

（二）农产品定价方法

1．成本导向定价法

该方法是以产品成本为基础制定农产品价格的方法。成本导向定价法的思路是：定价时，在销量已定的情况下，首先要考虑收回企业在生产经营中的全部成本，然后再考虑取得一定的利润。其中常用的有成本加成定价法和售价加成定价法。

（1）成本加成定价法。

成本加成定价法是指单位农产品成本加上预期的利润所制定的价格。其计算公式为：

$$单位产品价格 = 单位产品总成本 \times (1 + 加成率)$$

一般来说，名特农产品其加成比例可以高一点，大众农产品加成比例应该低一些。

这种方法的优点在于能满足利润要求，容易计算，可以保证农产品经营企业获得正常的利润率；缺点是没有考虑市场上需求一方能否接受，可能出现因商品售价高而影响销售量。

（2）售价加成定价法。

此方法以售价为基础，加成率为预测利润占售价的百分比，其具体公式为：

$$单位商品售价 = 单位商品总成本/(1 - 加成率)$$

此方法的优点在于企业更容易计算商品销售的毛利率，而对消费者来说，在售价相同情况下，用这种方法计算出来的加成率较低，也就容易被接受。

2．目标收益定价法

目标收益定价法是企业首先确定一个预期收益目标，在收益目标基础上制定产品价格。收益定价法常用的有收支平衡定价法和投资收益率定价法。

（1）收支平衡定价法。

收支平衡定价法是根据企业的生产（销售）数量，并能保证取得一定利润的前提下制定价格的方法。该方法是根据盈亏平衡点公式计算出平衡点的价格，这是企业经营产品不亏损的最低价格，即保本价格。不同预期的销售量，对应着不同的收支平衡价格。企业可以根据这一标准，结合预期的产品赢利，选择适当的定价。

（2）投资收益率定价法。

投资收益率定价法是先按照企业的投资总额确定一个资金利润率，然后按照资金利润率计算目标利润额，再根据总成本和计划销售量、目标利润算出产品的价格。这种方法有利于保证实现既定的资金利润率，但是这种方法一般是市场占有率较高的企业才可以采用，因为是先保证企业一定的收益，然后才确定销价，所以产品价格有时会偏高。

目标收益定价法与成本导向定价法的主要区别在于：第一，前者是根据预计的销售倒推出成本，后者却不管销售量如何，先确定成本；第二，前者的收益率是企业按照需要和可能自行制定的，后者是按照行业的习惯标准制定的。

3．需求导向定价法

需求导向定价法，是以市场为导向，以消费者对农产品价值的理解和认知程度为依据的定价方法。同一种商品对不同市场和不同类型的消费者制定不同的价格。常用的方法有理解价值定价法和区别需求定价法。

（1）理解价值定价法。

该方法是根据消费者对农产品的心理价值尺度来确定价格的。消费者的这种价值尺度实际上是消费者对商品质量、用途以及服务质量的评估。理解价值定价法是一种先估计和测定商品在顾客心中的价值水平，再以其为依据制定出商品价格的方法。

这种方法的具体做法是：首先将某种农产品商品投放市场，然后通过市场调查，了解掌握消费者对商品价值的理解，以此作为定价标准。如果在这个定价水平下，企业所获得的利润同其经营目标相符合，就可以经营此农产品商品；如果在这个定价水平下利润很低，甚至会亏损，企业就应该考虑放弃经营。这种方法的关键和难点是如何分析和测定产品的理解价值水平。

（2）区别需求定价法。

区别需求定价法又叫差别定价法，就是指某一种农产品，在特定的条件下，可以按照不同的价格出售。差别定价法的主要形式有以顾客群的差异为基础的差别定价、以等级差异为基础的差别定价、以地域差异为基础的差别定价、以时间差异为基础的差别定价、以购买数量为基础的差别定价等。

4．竞争导向定价法

竞争导向定价法是一种以竞争者的价格为基础，根据竞争双方的力量等情况，企业制定比竞争者的价格或高或低或相同的价格，以达到增加利润，扩大销售量或提高市场占有率的定价方法。竞争导向定价常用的方法有以下几种：

（1）随行就市定价法。

随行就市定价法是指农业企业使自己的产品价格跟上同行业同类产品的平均水平。在竞争激烈而产品需求弹性较小或者供需基本平衡的市场上，这是一种比较稳妥的定价方法。这样做，既减少了风险，又获得了平均利润。不耐储存的农产品可以采用此定价法。

（2）追随领导企业定价法。

有些拥有较丰富后备资源的农业企业，为了应付或者避免竞争，或者为了稳定市场以利于长期经营，采用以同行业中影响最大的企业的价格为标准，来制定本企业的产品价格。这是农业企业经常采用的定价方法。

（3）边际贡献定价法。

边际贡献定价法也称边际成本定价法，仅计算变动成本，不计算固定成本，在变动成本的基础上加上预期的边际贡献。边际贡献是指企业增加一个产品的销售，所获得的收入减去边际成本，即单位产品的变动成本的数额。边际贡献定价法实际上是一种可变成本加成定价法，它暂时不考虑固定成本的分摊，只考虑可变成本，算出贡献利润，即商品价格与可变成本之差后，再把分摊的固定成本扣除，得出企业的净利润。特别是在企业的生产能力尚有多余的情况下，只要有边际贡献率，就意味着有利可图。当农产品的营销市场发生变化，企业的商品按照原价出售有困难，或者企业为了竞争的需要，压低价格以利于竞争时，企业可以采取这种方法来确定产品的价格。其基本公式为：

单位产品的价格＝单位产品的变动成本＋边际贡献

5．拍卖定价法

拍卖定价法是市场经济中常用的一种定价法，一般是指拍卖行受出售行委托在特定场所公开叫卖，引导买方报价，利用买方竞争求购的心理，从中选择最高价格的一种定价方法。利用多家买方竞争，比一对一交易获得更合适的卖家或卖得更快捷。荷兰、日本、德国等发达国家的农产品拍卖定价已成为一种常用形式。

三、农产品定价策略

农业企业的定价策略就是把产品定价与市场竞争、企业市场营销组合的其他因素巧妙地结合起来，定出最有利于本企业的产品价格，以实现企业目标。农业企业的定价策略是市场营销组合中最活跃的因素，带有强烈的竞争性和综合性。使企业营销产品的价格既能使消费者乐于接受，又能使企业获得长期的最大效益，取得竞争优势。

（一）高价、低价与温和定价策略

1．高价策略

高价策略也叫撇脂定价法，是以获得最大利润为目标，将价格定得较高的一种定价策略。采用这种定价法的前提是该农产品供应紧张，或是刚刚引进，或是培育的新品种、奇特品种，其价格可高出其价值的几倍或几十倍。

2．低价策略

低价策略也叫渗透定价法，是以追求市场占有率为目标，将价格定得较低，薄利多销，让产品迅速占领市场的策略。这种方法适用于需求弹性较大的农产品，价格低了，人们购买的就多，价格高了，购买量就显著下降。一般在购买力较低的目标市场或是在已存在竞争者的市场上销售高档、名贵的农产品时考虑采取此价格策略较为合适。

3．温和定价策略

温和定价策略又叫适宜定价法，是参照竞争对手价格和充分考虑市场购买力情况来定价，价格高低适当，企业既能获得利润回报，购买者也较易接受。这种定价策略适宜于普通农产品。

（二）折扣折让价格策略

折扣折让价格策略通过农产品按原价的几成降价销售或购买量超过一定数量后附赠一定量的商品来吸引顾客。但是，这种折扣折让价销售必须建立在诚信的基础上，而不是先提价，再打折，欺骗消费者。

（三）心理定价策略

心理定价策略是针对消费者的不同消费心理，制定相应的商品价格，以满足不同类型消费者需求的策略。心理定价策略一般包括尾数定价、整数定价、声望定价、招徕定价和最小单位定价等形式。

尾数定价，心理学家的研究表明，价格尾数的微小差别，能够明显影响消费者的购买行为。一般认为，5 元以下的商品，末位数为 9 最受欢迎；5 元以上的商品末位数为 95 效果最佳；百元以上的商品，末位数为 98、99 最为畅销。尾数定价法给消费者一种经过精确计算的、最低价格的心理感觉，有时也可以给消费者一种原价打了折扣、商品便宜的感觉。

整数定价与尾数定价相反，针对的是消费者求名、求方便的心理，将商品价格有意定为整数，由于同类产品，生产者众多，花色品种各异，在许多交易中，消费者往往只能将价格作为判别产品质量的依据。同时，在众多尾数定价的商品中，整数能给人一种方便、简洁的印象。

声望定价是整数定价的进一步发展。消费者一般都有求名的心理，根据这种心理行为，企业给有声望的商品制定比市场同类商品价高的价格，即为声望定价策略。它能有效地消除购买心理障碍，使顾客对商品或零售商形成信任感和安全感，顾客也从中得到荣誉感。

招徕定价又称特价商品定价，是一种有意将少数商品降价以招徕吸引顾客的定价方式。商品的价格低于市场价格，一般都能吸引消费者的注意，这是适应消费者求廉心理的策略。

最小单位定价是指企业把同种商品按不同的数量包装，按最小包装单位量制定基数价格，销售时，参考最小包装单位的基数价格与所购数量收取款项。一般情况下，包装越小，实际的单位数量商品的价格越高，包装越大，实际单位数量商品的价格越低。

心理定价方法多用在商品零售环节，而且一般是用在价格较贵的农产品上。

（四）随行就市价格策略

农产品采用这种定价法的较多，主要是根据生产季节、货源供应情况及产品质量等随行就市定价。生产旺季，产品大批量上市，价格就低一些；淡季由于生产量减少，价格就高一些。有时一天中的价格也不一样。

复习思考题

1. 农产品品质包含哪些内容？
2. 农产品品质是如何影响营销的？
3. 应采取哪些方法提高农产品品质？
4. 农产品开发有哪些内容？
5. 你对农产品开发有什么思路？
6. 怎样认识影响农产品定价的因素？
7. 企业经营者如何选择定价目标？
8. 农产品定价的方法有哪些？
9. 农产品定价有哪些策略？

第七章 农产品品牌策略

第一节 农产品包装策略

我国农业的生产管理水平还比较落后，加工粗糙，包装简陋，生产后的保鲜、储运等采收后商品化处理水产较低，影响了我国农产品的质量和档次。目前，发达国家已普遍采用农产品规范配套的流通方式，产后的商品化处理几乎达到 100%。而我国农产品储藏保鲜能力占总产量的比例很小。我国绝大多数农产品从植株上采摘下来就进入市场，致使农产品销售不仅失去大量增值的机会，也削弱了与发达国家农产品产销业的竞争力。

一、农产品包装

（一）农产品加工及包装概念

农产品加工是把农产品按其用途分别制成成品或半成品的生产过程。

针对原料的加工程度而言可分为初加工和深加工。加工程度浅、层次少、产品与原料相比，理化性质、营养程度的变化小的加工过程可称为初加工。加工程度深、层次多，经过若干道加工工序，原料的理化特性发生较大变化，营养成分分割很细，并按需要进行重新搭配的加工过程称为深加工。深加工是在应用现代生物学、物理学、化学、营养学、卫生学等知识以及新的技术成果不断改进农产品加工的工艺。

传统的包装概念认为，商品的包装即为“商品的包扎”“包含着商品的容器”或“盛装与包扎商品的操作劳动”等。现代的包装概念认为，包装是为在流通中保护产品，方便储运，促进销售，按一定的技术方法，而采用的容器、材料及辅助物等的总体名称。

农产品包装是对即将进入或已经进入流通领域的农产品或农产品加工品采用一定的容器或材料加以保护和装饰。农产品包装是农产品商品流通的重要条件。在流通过程中，粮食、肉类、蛋类、水果、茶叶、蜂蜜等农产品，不加包装则无法运输、储存、保管和销售，送达消费者手中，也不便于包装机械的运用，实现农产品包装的工厂化、自动化。

（二）农产品初加工及包装的作用

根据市场营销要求，农产品包装是特定品种、数量、规格、用途等农产品的包装，每个包装单位的大小、重量、材料、方式等，应按照目标顾客需求、包装原则、包装技术要求进行，以保护农产品，减少损耗，便于运输，节省劳力，保持农产品卫生，便于消费者识别和选购，美化商品，扩大销售，提高农产品市场营销效率。

1．保证农产品数量完整、质量安全

农产品有了完善的包装，就能保护其使用价值，也便于运输。农产品大都有易腐、易碎、易蒸发、易变形的物理特性，通过初加工和产品包装保护商品，保证农产品在生产流通过程中不会散乱、变质，使用价值不受影响。这是初加工和包装的基本作用。

2．易于识别商品，便于购销

通过包装的不同造型、不同色彩，使一种商品区别于另一种商品，一个企业区别于另一个企业。包装是产品的外壳，是消费者和营销人员较先熟知的部分。产品包装是无声的推销员，消费者购买商品时首先接触到的是包装，设计独特、造型美观的包装，可以给消费者留下深刻的印象，产品包装上注明了产品数量、品牌及产地，有利于消费者对产品的回忆和再认知，增加重复购买。

3．提高农产品的附加值

农产品的使用价值除作为生产原料之外，主要就是使用价值和观赏价值，包装是商品的外衣，精美的包装会大大增加商品的售价。过去相当长的时间里，我国出口商品存在着一等商品、二等包装、三等价格的现象，而国外一些产品是低档产品加上高档包装，便卖高档价格。

4．提高农产品档次，增加效益

农产品通过初加工进行分类挑选，按不同的品质质量分出若干档次，分档定价。当同类商品有档次高低之分时，可以将低档商品价格定得较低，高档商品价格定得较高，加大高低档价格差异，按照常规购买习惯，消费者往往以质量较差的商品价格作参照物，相比之下更愿意接受价格高、质量好的商品，通过高低档商品价差增加企业效益。

二、农产品包装分类

（一）包装方法

包装是增加农产品竞争力的重要手段之一，因此要求包装应符合科学、经济、牢固、美观、适销的基本原则。包装常用的分类方法有：

第一，按包装在流通中的作用分为销售包装、运输包装、防护性技术包装。

销售包装，与商品装配成一体，随同商品一起出售的包装方式，通常称为内包装。

运输包装，是商品最外层的包装，起保护商品的作用，不一定同商品一起出售。

防护性技术包装是为了起到隔离防护作用的包装。

第二，按包装的耐压程度分为硬质包装和软质包装。

第三，按包装材料分为纸质包装、木制品包装、塑料制品包装、玻璃制品包装、陶瓷制品包装、复合材料包装、天然材料包装等。

（二）包装要求

农产品的类别、品种、特性、形状复杂，对包装的环境、材料、包装成本等要求也不尽相同，这里只能阐述农产品包装的一般要求。

第一，应根据不同的产品特点合理选择包装材料。不同的产品，其自然属性和形态不同，包装应针对这些特点，采用不同的包装材料。

第二，包装结构、大小要便于产品储运，便于销售，切实保护产品，特别是某些形状不规则的产品，应注意堆码。根据安全需要，合理设计包装尺寸、形状，形成立体结构。有的产品分解包装，能节省仓容。

第三，包装设计要反映企业产品特点。注意消费者追求新颖、美观、方便、实用、高贵的心理，使包装与商品价值相一致。切忌过分包装，以免消费者负担过重，影响产品销售。

第四，尊重民族、风俗习惯。不同国家和地区的消费者对文字、图案、颜色有不同的要求，在设计包装时要注意这方面问题。

第五，提倡绿色包装，保护生态环境。世界上有关增强环保意识，提倡绿色营销的呼声日益高涨，包装物与环境保护直接相关，为此，农产品营销企业一方面应使用环保包装材料；另一方面，应探讨可回收包装物的使用。

（三）农产品包装的标识

包装标识是指在包装上印刷、粘贴、书写的文字、数字、图形以及特定记号和说明事项等，它是为了便于识别商品、便于运输、收货等流通环节而特殊设计的外包装标识。农产品经营者熟悉并合理利用商品包装标识，有利于更快更安全地进行经营活动。

三、农产品包装策略

农产品包装是整体产品的重要组成部分，绝大多数产品都要经过包装后生产过程才算完成。在现代市场营销中，对商品包装的要求越来越高，早已不再拘泥于过去的那种保护商品、方便携带的功能。心理学研究表明：在人类接受的信息中，由视觉器官获得的占 83%，听觉占 11%，嗅觉占 3.5%，触觉占 1.5%，味觉占 1%。因此，通过包装设计，激发顾客的购买欲望，提高农产品市场竞争力，是农产品营销者必须高度重视的问题。现在发达国家的农产品是一流的产品，一流的包装，一流的价格。而我国的农产品则是一流的产品，三流的包装，三流的价格。新加坡、美国农产品包装是印制精美的标准包装箱，而我国农产品包装则是蛇皮袋、麻袋之类的原始包装，造成价格差距很大。

包装设计的一项重要任务就是更好地符合消费者的生理与心理需要，通过更人性化的包装设计让人们生活更舒适、更富有色彩。因此，在农产品的包装上，选择不同的包装策略将得到不同的包装效果。

（一）农产品包装策略

成功的农产品包装策略对于顺利完成流通过程、实现经营目标与营销策略有同等重要作用，常用的包装策略有：

1．类似包装

类似包装是指某一企业经营的农产品都用相同或相似的包装，各种产品的包装物上都采用相同的外形图案、近似的色彩、共同的特征。这种策略可使消费者识别产品出处，扩大企业声势，促进销售，节省包装设计费用，与企业的品牌策略配合使用会收到良好的效果。

2．分量式包装

分量式包装对于一些称重的农产品，根据消费者在不同时间、地点、使用量等情况，采用重量大小不同的包装，给消费者购买提供方便。也有一些价格较贵的产品实行小包装给消费者以便宜感，也给偏好分批量购买的消费者提供更多的购买机会，同时又可以兼顾不同购买力消费者的购买。

3. 等级式包装

等级式包装是为了区别不同农产品的不同质量，按其质量等级采用相应包装，这是一种常用的包装形式，其目的在于区分产品档次，满足不同需求层次消费者的需要。

4. 透明式包装

透明式包装在包装上留有“窗口”或用透明材料包装，据抽样调查显示，95% 以上的消费者买箱装水果时都要开箱查看，如果在包装时采用部分透明材料，既可增加美感提高购买者欲望，又可增加信用度，可谓两全其美。

5. 密封式包装

密封式包装将产品密封包裹起来，常用于防潮、防晒、防尘等易损、易变质的农产品，其目的在于确保商品质量。

6. 名贵式包装

名贵式包装专门用于包装名贵产品，其包装设计精良，具有一定的艺术价值，常见于名贵的果酒等，其目的在于给消费者一种高贵、典雅的感觉。

7. 礼品式包装

礼品式包装装饰华丽，富有欢乐感，包装物上常冠以福、禄、寿、喜、如意等字样或问候语，其目的在于增添节日气氛，满足人们交往、礼仪的需要，借物寓情，以情达意。

8. 特殊式包装

特殊式包装，即异于同类产品的包装策略，追求包装的独特风格，其目的在于使消费者有新奇感，使消费者形成较为深刻的印象，易于本企业产品与同类产品区分；同时，可以起到一定预防仿制和假冒的作用。

（二）农产品包装策略侧重点

1. 突出农产品形象的包装策略

突出农产品形象，是指在包装上通过多种表现方式突出该农产品是什么、有什么功能、内部成分、结构如何等形象要素的表现方式。这一策略着重于展示农产品的直观形象。随着购买过程中自主选择空间的不断增大，新产品不断涌现，厂商很难将所有产品的全部信息都详细地向消费者作介绍，这种包装策略通过在包装上再现产品品质、功能、色彩、美感等，有助于商品充分地传达信息，给选购者直观印象，真实可信，以产品本身的魅力吸引消费者，缩短选择的过程。

2．突出农产品用途和使用方法的包装策略

突出商品农产品用途和用法的策略是通过包装的文字、图形及其组合告诉消费者，该农产品是什么样的产品，有什么特别之处，在哪种场合使用，如何使用最佳，使用后的效果是什么。这种包装让人一看就懂，一用就会，并有知识性和趣味性，比较受消费者欢迎。

3．展示企业整体形象的包装策略

企业形象对产品营销具有四两拨千斤的作用，很多企业从产品经营之初就注重企业形象的展示与美誉度的积淀。运用这种包装策略的企业文化积淀比较深厚。有的企业挖掘企业文化透彻，并且能与开发的农产品有机地融合起来宣传，达到了既展示企业文化、介绍其产品，给消费者留下深刻印象的目的，又有利于促销。

4．突出农产品特殊要素的包装策略

任何一种农产品都有一定的特殊背景，如历史、地理背景，宗教信仰，人文习俗背景，神话传说或自然景观背景等，包装设计中恰如其分地运用这些特殊要素，能有效地区别同类产品，同时使消费者将产品与背景进行有效链接，迅速建立概念。这种包装策略运作得好，给人以联想的感觉，有利于增强人们购买欲望，扩大销路。

（三）农产品包装上的问题及解决方案

产品包装上的商标、产品名称、产地、各种认证标志、生产企业名称、供货商名称，以及美化或说明产品功能的图形、文字等，都是产品装潢上的必备内容，也是产品外在形象的重要组成部分，而产品的商标，包括商标的名称、文字、图形、色彩等应当是构成产品形象的主要内容。

从市场实际来看，农产品的包装、装潢上存在一系列问题，应采取相应的措施来解决问题。

1．产品装潢要突出商标

（1）克服重装潢、轻商标倾向。

商标是包装装潢中的主角，在产品包装、装潢上，应当突出商标的名称和图形，商标名称与产品名称应紧密结合起来，防止商标与产品名称脱离。另外，

在产品装潢上应当突出商标和企业的司徽，而不宜突出介绍、美化产品的图形和文字。例如，罐头等包装食品的装潢，可以将介绍商品的内容与商标放在同一视野里，设计成正方形或葫芦形，在正方形或葫芦形的上半部分印制商标的图形、文字等，下半部印制商品的形象。就像给罐头开一个“天窗”，使消费者一眼就能看清罐头的内容物。在葫芦形或正方形的下方或上方印上产品名称，某牌某产品，如果是图形商标，这样的做法尤其重要。

（2）注意产品形象的大体统一。

有的企业经营产品多，产业链长，而且在产品上使用的商标多，那么使用同一商标不同品种的装潢形象包括商标放置的位置、大小比例、色泽、风格等应当相同或相似。例如，同一牌子不同品种类的罐头，按其内容物或性质的不同，装潢的色泽可略有不同。这里所谓的类，是指肉类、禽类、鱼类、果菜类等，起码可以分成荤、素两大类，分别以蓝、浅蓝、深蓝等加以区别，但色彩的差别不能太大，主色调基本一致，以保持这个牌子商品装潢风格和形象的相对一致性，以保证在商场里的群体效应。

（3）应当刻意突出产品商标。

任何时候、任何场合都应当在包装装潢上突出产品的商标，特别是要突出商标可以呼叫的部分——商标的名称。

对于包装较小的产品，更应当注意突出商标的位置，增加商标在包装主要展示面上的比例。例如，在一个有效展示面积在 400 平方厘米以下的产品上，商标所占的面积应当不低于 10%，并要占据主要位置。

2．注意发挥群体优势

（1）群体优势。

群体优势指企业在某一领域里所经营的产品范围越广、产品线越长，越能让消费者在市场上看出某一产品群体背后的大企业气势，越能在消费者心目中产生信赖感，从而在销售上发挥有利因素，这称为群体优势。

农副产品的生产者，有的是农户，有的是集体经济组织，还有相当一部分是农业战线上的龙头企业。龙头企业产品宣传时，同一产品重复使用的效果比单一使用的效果好。品种较多，产品线较长，自然就存在出自同一企业的产品形象或包装、装潢风格相对统一的情况，可使消费者在购买时容易认出某企业的产品。这是市场对企业产品包装、装潢的客观需要，也可以说是一般规律。

（2）群体优势的消费心理基础。

从消费者心理角度讲，人们在选购商品时，总是怕买到假货、次品等，选购商品时总是小心翼翼，生怕上当吃亏。而一个企业在某一领域内经营的产品范围越广，品种越多，形成一个出自某企业的“产品群体”，消费者一看便知是出自同一企业的产品。

这种产品的群体，在客观上给消费者一种暗示，那是一家有背景、有实力的大企业，购买时会产生一种安全感，顾客自然会信任这个企业的产品，在销售上先入为主的具有一定优势。在市场实践中，我国企业中注意上述规律并运用这种规律的并不多，农产品商标拥有者中，注意到这一点的可能更少。

（3）症结所在。

症结是指出自同一企业产品，除了企业名称相同外，几乎找不到相似的地方，甚至连商标都不一样，根本不像出自同一企业的产品，因而很难发挥产品的群体优势。这是当前市场上比较普遍存在的现象，研究如何克服这种问题，对农产品销售业务有相当重要的参考作用。

企业产品形象各异的情况，可以用一母生九子面目各不相同来形容，就没有群体优势而言。产品形象的大致统一或与企业总体形象相联系，是基于这样一种理念：商标或产品的信誉，归根到底是企业的信誉；企业总部的形象应当在产品上体现出来，让人们一看便知这是某企业的产品，使凝聚在企业总部形象载体上的信誉、知名度等为产品的销售服务。

第二节　农产品品牌策略

创驰名品牌是解决农产品卖难和提高农民收入的根本途径。营销专家Larry Light曾经说过：“未来的营销是品牌的战争——品牌互争短长的战争。商界和投资者将认清品牌才是企业最宝贵的资产。拥有市场比拥有工厂重要得多，唯一拥有市场的途径就是拥有具有市场优势的品牌。”

品牌建设是衡量企业经营水平的重要尺度，也是衡量整个产业发展水平的一个重要指标。对于农产品经营而言，品牌建设尤为重要。目前，大宗农产品实行的是无品牌决策，即便有品牌也只是如“安徽大米”“东北大米”等产地品牌，农业生产经营的品牌意识不强。我国很多农产品实行的是无品牌经营，只有产地名称。

一、品牌概念

品牌是一个集合概念，包含品牌名称、品牌标志、商标等概念在内。它们代表一个或一组生产者或销售者的产品或服务，并与其他竞争者的产品或服务区别开来。一个品牌代表一个产品的制造者或销售者。消费者把品牌看作是产品的重要组成部分。品牌名称指品牌中可以用语言称呼的部分。品牌标志指品牌中可以被识别但不能用语言称呼的部分。商标是个法律名词，指已获得专用权并受法律保护的一个品牌或品牌的一部分，也可以说是品牌标志。商标往往在商品的包装或标签上。商标容易记忆。商标按其是否在政府有关部门注册登记分为注册商标和非注册商标。注册商标受国家法律保护，产品商标一经注册，其他企业就不得在同类产品上再使用此商标。

对于农产品经营而言，品牌建设尤为重要，品牌具有以下基本功能：

第一，品牌可以增加产品的价值，是高定价的基础。

品牌，特别是名牌的出现，使用户形成了一定程度的忠诚度、信任度、追随度。由此，不仅使企业在与对手竞争中拥有了后盾基础，同时可以利用品牌资本运营的能力，通过一定的形式，如特许经营、合同管理等形式实现价格垄断。驰名品牌给企业带来高额利润。

第二，品牌是取得产品竞争优势的基础，驰名品牌具有巨大的竞争力。

树品牌、创名牌是企业在市场竞争条件下逐渐形成的共识，人们希望通过品牌对产品、企业加以区别，通过品牌扩展市场。品牌的创立、名牌的形成正好能帮助企业实现上述目的，使品牌成为企业有力的竞争武器。

第三，品牌表明企业产品特征，是吸引新消费者、巩固老消费者的有力途径。

消费者或用户购买某种产品时，会在众多的产品中进行比较，通过对品牌产品的使用，围绕品牌形成的消费体验，进而储存在记忆中，并形成一种消费情感，为将来的消费决策提供一定的依据。而且消费者或用户通过使用对商品产生好感，通过不断宣传，形成品牌忠诚，使消费者或用户重复购买。

二、农产品品牌设计

农产品品牌战略的实施是一项长期的系统工程，只有建立科学、合理的农产品品牌体系，进行系统、科学的品牌管理，才能创立在市场上有持久影响的农产品品牌。农产品生产经营者要充分认识品牌标志对于增加收益和参与竞争的重要作用，要有创立具有特色农产品品牌和经营品牌的积极性和主动性。通过品牌标志，实施打响一件特色农产品品牌，带动一方产业，富裕一方百姓的特色农产品品牌富农工程，增强企业、农民群众的农产品品牌标志意识，引导他们运用特色农产品品牌发展生产、开拓市场，从而取得良好成效。优秀的农产品品牌标志则应该拥有一个有着独一无二的造型、色彩、图案和字体的标志，它是代表地位、特征和精神内涵的符号形象，让消费者强烈地感受到本土农产品品牌的亲和力和感染力。

品牌标志设计是商标设计的一种，商标设计属于实用工艺美术的范畴，商标设计的要求是从商标适应商品的性质、作用等特点出发，在某些方面所应达到的具体要求。商标既要起到标志商品、扩大宣传的效果，又要适应不同产品的质量特性。

商标设计应遵循以下原则：

1．商标应符合法律的规定

农产品的商标设计要遵守国内外有关法律、法规，既要遵守《中华人民共和国商标法》，又要符合有关的国际公约、条约。

2．商标要具有显著特性

商标设计既要注意突出产品特点，又要符合企业的形象要求。商标反映产品特征主要是指商品含义、商标标记要与产品相符。符合企业的形象主要是指商标要能反映企业文化、企业精神及企业追求的目标。商标设计不能与他人的商标相似、雷同。

3．商标要有艺术性、宣传性

商标不仅要宣传产品，而且要美观大方，符合公众审美心理需求，符合人们的思维习惯，达到形象性与艺术性的高度统一。体现在表现形式上，要讲究技巧，注重形象提炼，图形构思，色彩利用上要表现出艺术美。

4．商标要符合民俗、宗教信仰

商标设计应尊重所在国或地区的风俗习惯，避免引起不良反应。不能使用有歧义的商标。

商标是企业和产品的脸面，是反映企业整个形象的关键视觉要素。商标在商品流通中是“无声的推销员”，其有力的推销作用是其他形式不能替代的。

在当今时代，品牌标志成为市场竞争的首要因素，品牌标志有利于树立企业形象，让消费者识别产品；品牌标志有利于保护企业的利益，一经注册后品牌标志就会受到法律的保护。

特色农产品品牌标志要素挖掘是为设计开发工作作进一步的准备，依据对特色农产品调查结果的分析，提炼出标志的结构类型、色彩取向，列出标志所要体现的精神和特点，挖掘有特色的图形元素，使设计工作有的放矢，而不是对文字图形的无目的组合。用不同的表现方式，将设计要素融人标志设计中，特色农产品品牌标志必须达到含义深刻、特征明显、造型大气、结构稳重、色彩搭配适合特色农产品，避免流于俗套。经过对品牌标志的标准制图、大小修正、黑白应用、线条应用等不同表现形式的修正，使特色农产品品牌标志使用更加规范，同时标志的特点、结构在不同环境下使用时也不会丧失，达到统一、有序、规范地传播。如“乡里人家”米业品牌标志由老农、稻穗、阳光、田园组成。一位笑容满面的土家族老农扛着一捆沉甸甸的稻穗奔走在布满阳光的田园中，一种丰收的喜悦油然而生。以木刻的形式表现，象征着企业重品质，重诚信经营的公司理念。椭圆的外形方便标志的应用。整个标志氛围轻松，寓意深远，使“乡里人家”的品牌主题完美地得以诠释。

农产品品牌标志设计不同于绘画创作，应以高度提炼、概括的形象，表明事物的特征，并以图形符号的形式向人们传情达意，使人们在瞬间能对它作出识别判断。标志必须特征鲜明，令人一眼即可识别，并过目不忘。设计时应找到农产品的特点，将简洁独特的视觉形象赋予农产品品牌，方便消费者的记忆。世界知名品牌如麦当劳、可口可乐等标志，都是以一种简洁、美观、易记的形象，展现在消费者面前。如黑龙江哈哈木兰食品有限公司是上海奉贤区与木兰县合作组建的股份制南北米业产销合作联社，在木兰县建立了水稻生产基地，实行商标、品种、技术、肥料、加工的统一，大米由上海的超市包销。2006年邀请尚唐标志设计公司确立新的产品品牌形象，标志采用非常直观的形象，用产品名称变形而成，字体用柔美的线条结合于一体，体现了产品精良加工的特点，绿色代表健康与生命，体现了产品的优等质量、卫生环保，是大众信得过的健康食品。

三、创建农产品品牌法则

1．抢占公共资源

创建农产品品牌战略的第一步，就是发现、发掘和抢占公共资源，包括产地资源和品类资源，将其“据为己有”。即将产地和品类资源“企业化”，出于产地，高于产地，占据品类，打造自己的品牌，做产地和品类的代表。

这些资源对于创建农产品品牌来说是最重要的战略资源，这是与工业品品牌最大的不同。

2．以快制胜，做领先品牌

做品牌，就要抢做领先品牌。如果不是领先者，就要寻找能领先的行业或者品类市场。一个行业一个品类只能有一个领先者，领先者的资源越来越少，企业家应该有责任感和紧迫感。做领先者，就是要以品牌占位，以传播称王。

3．用文化塑造提升品牌

饮食承载着文化，文化影响着饮食。农产品从田间地头来到厨房餐桌，要想卖得多、卖得贵、卖得持久，就一定要借助文化的力量，使品牌增值。因此，挖掘、打造、提炼和传播与食品相关的文化价值成为创建品牌的必需。与农产品相关的文化资源包括消费者认知、消费习惯和饮食习俗，如食品概念、饮食习俗、口味方法等。

4．内在品质差异化、外在化

一是从种养方式和品种改良入手，在产品制造上不同。特别的品种有的会带有独特的外在差异性，这是地域特产备受消费者追捧的原因之一。营销者要善于将这些产品独特的差异性与品牌相连，使之成为自己品牌的特征，像标签一样成为消费者辨识这个品牌的依据。同样是猕猴桃，新西兰从中国引种后，对原先口味偏酸的绿色果肉猕猴桃进行了改良，推出了口味偏甜的黄色果肉的全新品种——黄金奇异果。新西兰佳沛国际奇异果占全球市场份额的28%，远远超过奇异果故乡中国的出口量。

二是挖掘提炼产品和品牌差异化价值并加以彰显传播。农产品市场是一个高度同质化的市场，这就是产品高度均质问题。如果产品本身现成的差异化不足，那需要下功夫挖掘，在产品和品牌价值上制造出不同。盛产大桃的北京平谷，挖掘桃子本身吉祥长寿的含义，通过并不复杂的技术让桃子长成寿星的模样，一个卖到100元的高价。

5．外在形象品质化、差异化

人靠衣装，佛靠金装。要设法让产品和品牌在外在形象上表现出差异，用外在形象彰显和提升内在价值，即内在品质外在化，外在形象品质化、差异化，这就是品牌和产品形象的塑造。形象塑造主要手段有：创意建立品牌识别符号；选准品牌代言人，做正确的广告；好包装彰显价值和差异；利用新型产业模式创造差异，利用终端设计塑造形象等。

6．创建领先、独特的标准，引领行业

创建领先、独特的标准分两种，一种标准是国标体系，另一种标准是消费者评判标准。在品类或者行业中，创建领先、独特的品类或者行业标准，引领行业，甚至引导国家标准的形成，取得先手，让竞争对手成为跟进者、模仿者，或者为消费者树立一个评判产品的主观标准，从而在消费者购买决策时提供依据，这是在农产品抢市场、做龙头、做品牌的有效法则。

从某种意义上说，知识产权比知识本身更重要，技术标准比技术本身更重要，拥有消费者心中标准比实际标准更重要。拥有标准，就有话语权，就有主动权，也拥有更强的竞争力。

7．杂交创新

许多涉农企业都是第一次踏入高度竞争的现代市场，做品牌更是第一次，它们有的营销观念陈旧，有的完全从零做起，没有成熟的模式和经验，因此特别需要杂交创新。

杂交创新就是指大胆借鉴、叠加、互补和融合其他行业的优秀思想、资源、技术、模式和方法，从而催生出全新的产业、品类、产品，或者营销思路，获得竞争优势，实现突破。杂交创新有以下两大类型：

第一个类型，不同行业间的互动、借鉴与合作。比如獐子岛海参借高端酒水渠道双赢；淳牌有机鱼与酒店合作，实行独创的专卖政策。

第二个类型，将不同行业间的营销要素整合进来，为我所用，改良产品或者其他营销要素，使它产生变异，创造出几何倍增效应，从而产生巨大的营销能量。如雅克 V9 和果维康 VC 含片，食品功能化与功能食品化。杂交变异后的产品与原来大不一样了，显现出更为强劲的优势。

8．深加工，让产品彻底与众不同

农产品市场是个天生高度同质化市场，常见的产品其产品价值和附加值都低，越是生鲜食品，同质化越严重。常规的想法是这样的产品放到市场里唯一可以拼的只有价格了，结果谁也卖不出好价钱。对产品进行深加工，改变产品原始形态，大幅度提升产品的附加价值，使原来相同的产品变得彻底与众不同。

农产品做品牌的难度与加工深度成反比，即随着加工程度越来越深，做品牌的难度逐渐降低，反之亦然。冷鲜肉做品牌的难度很大，可是把鲜肉深加工做成火腿肠，做品牌就相对容易得多；同样，新鲜的蔬菜水果做品牌的难度很大，经过深加工后，蔬菜水果罐头、果蔬片做品牌就相对容易一些。事实确实如此，火腿肠的品牌早于冷鲜肉，蔬菜水果罐头品牌更是很早就出现了。

深加工是产品差异化、增值化的魔术师。深加工可以大大增加农产品食用的方便、卫生程度，易储存和运输，这些增值在消费者的需求上找到了落脚点。比如 1 公斤鲜辣椒价格约为 1.2 元；晒制成干辣椒后，收购价格约为每公斤 5 元；把 1 公斤干辣椒制成辣椒酱，市场价格最高也不过 10 元左右。当同样的辣椒，换成深加工方法，得到的是令人振奋的新答案：1 公斤干辣椒中可以提取辣椒红色素 40 克、辣椒精 10 克、辣椒籽油 60 克，还可以提取辣椒碱，剩余的椒粕和籽粕等下脚料作饲料卖。这样一来，1 公斤干辣椒能增值 35 元，是干辣椒价值的整整 7 倍。

四、品牌策略

随着农业产业化经营的开展，很多龙头企业开始意识到品牌的重要性，越来越多的农业产业化经营系统开始有意识地应用品牌策略，以促进农业产业化经营的发展。事实上农业产业化的过程就是一个依靠品牌优势，逐步建立农业产业规模优势，最终使农业产业得到进步和完善的过程。没有农产品品牌的创立和扩张，没有驰名农产品品牌的优势，就不可能有农业产业化经营的健康发展，也就不能彻底解决农产品卖难问题，以及农业增产与农民不增收的矛盾。

农业企业要通过创立好的品牌、培育好的品牌、扩张品牌和保护已有品牌来奠定本企业产品品牌优势，塑造驰名品牌，积累品牌资产，达到提升企业实力，扩大市场份额的目的。品牌资产的构成要素包括营销企业知名品牌、消费者对品牌认知度、品牌忠诚度与品牌联想及其他资产。

（一）品牌策略

1．品牌保护策略

品牌保护是防止他人盗用本企业品牌商标的侵权行为以及避免企业的声誉受损所采取的措施。可采用以下措施：

（1）及时注册商标。

品牌标记或商标经注册后可得到法律保护，有效地防止竞争者抢注、使用、销售本企业的商标。出口农业产品应在目标国家及时注册商标。注册商标在有效期满后应及时申请续展注册。

（2）关联注册。

关联注册指在非同类农产品中注册同一商标。农业企业以生产经营某类产品或其中某个品种为主，附带经营其他类产品或品种的情况下，可采取这一措施。

（3）使用防伪标志。

采用不同形式的防伪标识，对保护商标专用权可起到积极作用。

2．品牌使用策略

（1）多品牌策略。

这是企业内部品牌之间关联程度的决策，可分为两种品牌策略。

第一种是类品牌，是指企业将自己的一大类农产品选用同一个品牌，或以一名为基础，把它与各种文字、标记结合起来，用于同一类的各种产品上。主要使用品牌把不同产品的特性、档次、目标顾客的差异区隔开来，使某一产品的失败不至于影响其他产品。

第二种是多品牌。多品牌化使企业将自己经营的各类产品各自选用不同品牌。这种品牌化做法可以避免产品间不良影响相互殃及，品牌文化可以更适应目标市场要求等。多品牌缺点是成本费用高，商标设计及品牌命名费用、注册及续展费用、促销费用等都会增加。

（2）单一品牌策略。

指一个品牌只用于一类或一种农产品的策略。单一品牌的优点是节省品牌宣传促销费用，顾客可以快速了解企业、了解产品；缺点是产品间会有一荣俱荣，一损俱损的后果。这种情况下，经营者更应该特别注重产品质量。

（3）无品牌策略。

为了降低价格、扩大销量，节省成本费用，有些农产品仍不使用品牌，某些出口商品也采用无品牌中性包装形式，其目的是为了适应外国市场的特殊情况，为转口销售、避免某些进口国的限制等。

（4）生产者品牌策略。

指各环节的经营者均使用由生产者确定的品牌。使用这一品牌的优点是产品和企业联系紧密，在了解品牌的同时了解企业。缺点是品牌和企业彼此牵连，互相影响。

（5）借用他人的品牌策略。

指定品牌主要用于出口农产品时，在不影响国家和民族利益的基础上，企业按进口方的要求在自己的产品上使用进口方指定的品牌名称、商标。

通过支付费用的形式，取得他人的品牌使用权。这种策略有利于与国际市场竞争，扩大出口。

（6）使用中间商的品牌策略。

也可称为销售者品牌。利用中间商社会声誉好，企业规模大，销售量大的优势条件，使用中间商的标志、商号、店名做品牌商标，可节省推销费用，取得价格竞争的主动权，加快产品进入和占领市场的速度。缺点是，中间商往往会提出在一个细分市场上独家销售的要求。近 20 年来，某些西方国家出现了销售者品牌迅速发展的趋势。

（7）双重品牌策略。

产品同时使用生产者品牌和销售者品牌，在生产企业和流通企业强强联合的情况下，这种策略有利于巩固和提高双方企业市场占有率，击败竞争对手。

中外合资企业为了保护本企业多年来的声誉及预防被外国品牌牵制，往往采取这种策略，但我国农业企业生产规模较小，较少采用双重品牌策略。

采用哪一种品牌策略要根据企业自身的实际情况来选择。单一品牌的管理操作简单，对消费者易形成聚集点，但单一品牌无法同时满足所有目标市场的消费群体。多品牌能有效地做好消费群的划分和市场定位，针对不同的消费者有不同的差异优势。多品牌管理困难，资金投入大，每个品牌都要推广、维护。借用他人品牌有较好的服务和一定的销售规模。

3．创名牌策略

（1）名牌。

何谓名牌，目前尚无统一的、公认的定义，但经济界普遍认为，名牌的基本内涵应包括具有极高的知名度和美誉度；产品竞争力强劲，市场占有率高；工艺精湛，内美外秀；质量稳定可靠，服务优良；消费者对它有信任感、安全感和荣誉感。名牌有地区性名牌、国家名牌和世界名牌。名牌本身就是财富，具有极高的经济价值。无论是名牌企业还是名牌产品，一旦成为名牌必然具有很强的市场吸引力，不仅吸引消费者购买，而且吸引着投资者、吸引着人才。因此，创名牌就成为众多企业追求的目标和发展战略。

（2）国家名牌的评价指标。

国家质检总局 2001 年 12 月 29 日以 12 号总局令的形式发布了《中国名牌产品管理办法》，第三章“申请条件”中规定：“市场评价主要评价申报产品的市场占有水平、用户满意水平和出口创汇水平；质量评价主要评价申报产品的实物质量水平和申报企业的质量管理体系；效益评价主要对申报企业实现利税、工业成本费用利润水平和总资产贡献水平等多方面进行评价；发展评价主要评价申报企业的技术开发水平和企业规模水平，评价指标向拥有自主知识产权和核心技术的产品适当倾斜。”

中国名牌产品证书的有效期为三年。在有效期内，企业可以在获得中国名牌产品称号的产品及其包装、装潢、说明书、广告宣传以及有关材料中使用统一规定的中国名牌产品标志，并注明有效期。中国名牌产品在有效期内，免予各级政府部门的质量监督检查。对符合出口免检有关规定的，依法优先予以免检。

（二）品牌管理

品牌管理是通过创立一个好的品牌，培育品牌、扩张品牌和保护品牌，奠定农产品品牌优势，塑造驰名品牌，积累品牌资产。品牌资产的构成要素包括品牌知名度、品牌认知度、品牌忠诚度与品牌联想及其他资产。品牌管理过程实质是一个就品牌资产的各个方面的内容进行有步骤的规划和创新的过程，其根本目的是塑造高资产的品牌。品牌资产主要体现在：品牌是高价格的基础，驰名品牌会给企业带来高额利润；品牌是产品竞争优势的基础，驰名品牌具有强大的竞争力；品牌是吸引新消费者，留住老消费者的有力武器；品牌能够提高企业营销计划的执行效率；品牌是促进产品扩张，促进贸易的有力杠杆。

1．强化品牌意识，关注标志设计

确定合理的特色农产品品牌定位。选择具有本地优势的、符合市场发展趋势的、可以获得比较利益的农产品进行批量生产。结合消费者对农产品的需求差异。认真研究农产品市场，进行广泛、深入的市场调研，并积极推进农产品地理标志注册及农产品品牌标志设计工作，对农业产业、旅游产业发展意义重大。

2．重视特色农产品品牌标志设计

要设计风格鲜明、视觉冲击强烈的品牌标志图案，并及时进行注册保护。对于区域性的有特色的农产品，生产经营者可以设计以区域品牌名称加上特定的农产品品牌这一母子品牌标志设计策略，既共享区域品牌，又利于自身品牌的发展。

3．加强特色农产品品牌标志宣传推广工作

拓宽宣传渠道和途径，有意识地利用媒体广告、公关宣传等全方位塑造品牌形象，尤其要注意利用当地新闻媒体积极宣传和报道。即要体现特色农产品品牌发展方向和市场定位，体现特色农产品销售中心独特的文化、理念、品质和风格，语言简洁，寓意深刻。

4．品牌标志、地理标志注册的重要性

农产品品牌标志、地理标志不仅仅是地区标志，也是农产品赢得市场竞争的有力保障。因此，积极推进农产品品牌标志、地理标志注册工作，对农业产业、旅游产业发展具有的意义重大。我国地理标志驰名商标、著名商标还比较少，缺乏行业领军品牌，商标知名度不高，影响了一批优质农产品的销售。农户和相关企业品牌意识薄弱，主动注册商标积极性不高，缺少培育和争创知名品牌的紧迫感。

农产品品牌管理与创新应注意以下几个问题：

第一，要有一个好的品牌名称和醒目易识的品牌标志，应该体现在几个方面：要与农产品特性相符，具有产品联想功能，如珍珠米、金牛畜牧；要具有独特性；能够清楚地传达产品品牌寓意，易读、醒目、易记，给人印象深刻；尽量少用笼统的产地品牌。

第二，提高商标意识，提高品牌质量，注重品牌保护。龙头企业一方面应对自己的品牌进行商标注册，求得法律保护；另一方面应加强内部管理，提高产品信誉，提高产品质量，珍惜和维护品牌信誉。

第三，加强品牌推广和扩展，树立品牌形象，提高品牌知名度和认知度。龙头企业在宣传推广品牌的过程中，要特别注重品牌形象的一致性，树立品牌的独特性，形成强势品牌，提高品牌资产。

复习思考题

1. 什么是农产品加工？什么是农产品包装？
2. 农产品包装有哪些类型？
3. 农产品包装有哪些策略？农产品包装策略有哪些侧重点？
4. 农产品包装上有哪些问题？你有什么解决问题的方案？
5. 举例生活中所熟悉的农产品商标和包装进行分析和评价。
6. 什么是品牌？品牌有哪些策略？
7. 农产品品牌设计有什么法则？
8. 举例农产品某品牌的市场表现，说明其品牌价值。
9. 如何创立品牌？

第八章　农产品营销管理

第一节　农产品绿色营销

一、农产品绿色营销

农产品质量指农产品适合一定的用途，满足人们需要所具备的特点和特性的总和，即农产品的适用性。它包括产品的内在特性，如产品的结构、物理性能、化学成分、可靠性、精度、纯度等；也包括产品的外在特性，如形状、外观、色泽、气味、包装等；还有经济特性，如成本、价格等，以及其他方面的特性，如交货期、污染公害等。

农产品的不同特性，区别了各种产品的不同用途，满足了人们的不同需要。可把各种产品的不同特性概括为：适用性、可靠性、安全性、寿命、经济性等。

农产品质量标准，为保证农产品的质量达到一定的技术水平而制定的一系列技术规定。

1. 不存在危及人身、财产安全的不合理的危险，有保障人体健康和人身、财产安全的国家标准、行业标准的，应当符合该标准；

2. 具备产品应当具备的使用性能，但是对产品存在使用性能的瑕疵作出说明的除外；

3. 符合在产品或者其包装上注明采用的产品标准，符合以产品说明、实物样品等方式表明的质量状况。

（一）农产品绿色营销的发展现状

农产品实现绿色营销，是实现可持续发展的生态农业的必然选择，成为企业参与农产品国际竞争的新武器，也是 21 世纪我国农产品进入国际市场的有效通行证。因此，在了解农产品绿色营销的国际国内环境的基础上，应积极把握我国农产品绿色营销的政策和措施。

1．绿色营销的组织和法制基础

目前，世界上已签署的与环保有关的法律、国际性公约、协议多达 180 多项。许多国家都建立了环境标志制度，制定了绿色食品标准。在国际贸易中未取得环境标志和绿色标准的农产品已受到数量和价格方面的限制。同时，国际上各种环保组织也纷纷建立。最早的绿色组织始于美国，1972 年在法国成立了“有机农业运动国际联盟”，现有 75 个国家加盟。1993 年又成立了以环保为中心的“国际绿十字会”。这一切，既对我国农产品国际贸易构成相当大的挑战，又对我国农产品绿色营销起了一定的推动作用，对我国传统的农产品生产和经营创造了新的机会。

2．绿色营销的市场观念和供求基础

人们越来越清楚地意识到环境保护的重要性，致使人们的思维方式、消费心理和消费行为发生变化，一股绿色消费热逐渐成为国际消费新趋势。消费者在作出购买决定时，越来越多地考虑环保的因素。绝大多数消费者都对绿色食品感兴趣，绿色产品标志已是取得消费者信任和市场竞争优势的主要条件。为满足人们对绿色食品不断增长的需求，欧美国家纷纷进行农业转型，实行“低投入持续型”新农业政策，在农产品生产中减少农药、化肥的使用，为农产品绿色营销提供了生产供应基础。

3．农产品绿色营销的国内市场环境

为满足国际国内双重营销需要，农业系统实施了生态农业计划，并率先实施了“绿色食品”工程，提出开发绿色食品，规范绿色食品的定义，制定了评定标准。至此，农产品绿色营销的国内市场环境基本具备良好的条件。

绿色营销是指企业在整个营销过程中充分体现环保意识和社会意识，向消费者提供科学的、无污染的、有利于节约资源使用和符合良好社会道德准则的商品和服务，并采用无污染或少污染的生产和销售方式，引导并满足消费者有利于环境保护及身心健康的需求。其主要目标是通过营销实现生态环境和社会环境的保护及改善，保护和节约自然资源，实行养护式经营，确保消费者使用产品的安全、卫生和方便，以提高人们的生活质量，优化人类的生存空间。

绿色营销不是一种诱导顾客消费的手段，也不是企业塑造公众形象的美容法，它是一个导向持续发展、永续经营的过程，其最终目的是在化解环境危机的过程中获得商业机会，在实现企业利润和消费者满意的同时，达成人与自然的和谐相处，共存共荣。

（二）绿色营销的特点

1．综合性

绿色营销综合了市场营销、生态营销、社会营销和大市场营销观念的内容。市场营销观念的重点是满足消费的需求，“一切为了顾客需求”是企业制定一切工作的最高准则；生态营销观念要求企业把市场要求和自身资源条件有机结合，发展也要与周围自然的、社会的、经济的环境相协调；社会营销要求企业不仅要根据自身资源条件满足消费者需求，还要符合消费者及整个社会需要及长远需要，倡导符合社会长远利益，促进人类社会自身发展；大市场营销是传统的市场营销四要素，即产品、价格、渠道、促销的基础上加上权力与公共关系，使企业能成功地进入特定市场，在策略上必须协调地使用经济、心理、政治和公共关系等手段，以取得外国或地方有关方面的合作和支持。绿色营销观念是多种营销观念的综合，它要求企业在满足顾客需要和保护生态环境的前提下取得利润，把三方利益协调起来，实现可持续发展。

2．统一性

绿色营销强调社会效益与企业经济效益统一在一起。企业在制定产品策略的实施战略决策时，既要考虑产品的经济效益，同时又必须考虑社会公众的长远利益与身心健康，这样，产品才能在大市场中站住脚。人类要寻求可持续发展，就必须约束自己，尊重自然规律，实现经济、自然环境和生活质量三者之间的相互促进与协调。社会公众绿色意识的觉醒，使人们在购买产品时不仅考虑对自己身心健康的影响，也考虑对地球生态环境的影响，谴责破坏生态环境的企业，拒绝接受有害于环境的产品、服务和消费方式，只有国家、企业和消费者三者同时牢牢树立绿色意识并付诸实施，绿色营销才能蓬勃发展。

3．无差别性

绿色标准和标志呈现世界无差别性。绿色产品的标准尽管世界各国不尽相同，但都是要求产品质量、产品生产及使用消费、处置等方面符合环境保护要求，对生态环境和人体健康无损害。

4．双向性

绿色营销不仅要求企业树立绿色观念、生产绿色产品、开发绿色产业，同时也要求广大消费者购买绿色产品，对有害产品进行自觉抵制，树立绿色观念。绿色营销也是降低资源消费，提高经济效益的重要途径。国际商会和联合国环境规划署联合在巴黎召开的可持续发展商务宪章委员会提出的第一条基本原则就明确指出，要把可持续发展和保护环境作为企业发展的首要目标，只有绿色企业才有竞争力。

实施绿色营销战略，需要贯彻 5R 管理原则，即研究（Research）：重视研究企业对环境污染的对策；减少（Reduce）：减少或消除有害废弃物的排放；循环（Recycle）：对废旧物进行回收处理和再利用；再开发（Rediscover）：变普通产品为绿色产品；保护 Reserve：积极参与社区的环保活动，树立环保意识。

二、农产品绿色营销实施

（一）设计绿色产品

产品策略是市场营销的首要策略，企业实施绿色营销，必须以绿色产品为载体，为社会和消费者提供满足绿色需求的绿色产品。

所谓绿色产品是指对社会、对环境改善有利的产品，或称无公害产品。这种绿色产品与传统同类产品相比，具有下列特征：

第一，产品的核心功能既要能满足消费者的传统需要，符合相应的技术和质量标准，更要满足对社会、自然环境和人类身心健康有利的绿色需求，符合有关环保和安全卫生的标准。

第二，产品的实体部分应减少资源的消耗，尽可能利用再生资源。产品实体中不应添加有害环境和人体健康的原料、辅料。在产品制造过程中应消除或减少三废对环境的污染。

第三，产品的包装应减少对资源的消耗，包装和产品报废后的残物应尽可能成为新的资源。

第四，产品生产和销售的着眼点，不在于引导消费者大量消费而大量生产，而是指导消费者正确消费而适量生产，建立全新的生产美学观念。

（二）制定绿色产品的价格

价格是市场的敏感因素，定价是市场营销的重要策略，实施绿色营销不能不考虑绿色产品价格的制定。一般来说，绿色产品在市场的投入期，生产成本会高于同类传统产品，因为绿色产品成本中应计入产品环保的成本，主要包括：在产品开发中，因增加或改善环保功能而支付的研制经费；在产品制造中，因研制对环境和人体无污染、无伤害而增加的工艺成本；使用新的绿色原料、辅料而可能增加的资源成本；由于实施绿色营销而可能增加的管理成本、销售费用等。

然而，产品价格的上升会是暂时的，随着科学技术的发展和各种环保措施的完善，绿色产品的制造成本会逐步下降，趋向稳定。企业制定绿色产品价格，一方面应考虑上述因素；另一方面应注意，随着人们环保意识的增强，消费者经济收入的增加，消费者对商品可接受的价格观念会逐步与消费观念相协调。所以，企业营销绿色产品不仅能使企业盈利，更能在同行竞争中取得优势。

（三）绿色营销的渠道策略

绿色营销渠道是绿色产品从生产者转移到消费者所经过的通道。企业实施绿色营销必须建立稳定的绿色营销渠道，策略上努力做好拓展渠道工作。

第一，启发和引导中间商的绿色意识。建立与中间商恰当的利益关系，不断发现和选择热心的营销伙伴，逐步建立稳定的营销网络。

第二，注重营销渠道有关环节的工作。为了真正实施绿色营销，从绿色交通工具的选择，绿色仓库的建立，到绿色装卸、运输、储存、管理办法的制定与实施，认真做好绿色营销渠道的一系列基础工作。

第三，建立短渠道、宽渠道。尽可能建立短渠道、宽渠道，减少渠道资源消耗，降低渠道费用。

（四）搞好绿色营销的促销活动

树立绿色营销观念，绿色营销观念是在绿色营销环境条件下企业生产经营的指导思想。传统营销观念认为，企业在市场经济条件下生产经营，应当时刻关注与研究的中心问题是消费者需求、企业自身条件和竞争者状况三个方面，并且认为满足消费需求、改善企业条件、创造比竞争者更有利的优势，便能取得市场营销的成效。而绿色营销观念却在传统营销观念的基础上增添了新的思想内容。

与传统的社会营销观念相比，绿色营销观念注重的社会利益，更明确定位于节能与环保，立足于可持续发展，放眼于社会经济的长远利益与全球利益。

绿色促销是通过绿色促销媒体，传递绿色信息，指导绿色消费，启发引导消费者的绿色需求，最终促成购买行为。绿色促销的主要手段有以下几方面：

1．绿色广告

通过广告对产品的绿色功能定位，引导消费者理解并接受广告诉求。在绿色产品的市场投入期和成长期，通过量大、面广的绿色广告，营造市场营销的绿色氛围，激发消费者的购买欲望。

2．绿色推广

通过绿色营销人员的绿色推销和营业推广，从销售现场到推销实地，直接向消费者宣传、推广产品绿色信息，讲解、示范产品的绿色功能，回答消费者绿色咨询，宣讲绿色营销的各种环境现状和发展趋势，激励消费者的消费欲望。同时，通过试用、馈赠、竞赛、优惠等策略，引起消费兴趣，促成购买行为。

3．绿色公关

通过企业的公关人员参与一系列公关活动，如发表文章、演讲、影视资料的播放、社交联谊、环保公益活动的参与、赞助等，广泛与社会公众进行接触，增强公众的绿色意识，树立企业的绿色形象，为绿色营销建立广泛的社会基础，促进绿色营销业的发展。

4．绿色需求

营销的基本理论告诉人们，营销就是以不断满足顾客需求为目的，并从不同层次的需求上满足消费者的消费趋势，也就是马斯洛需求分析。当人们已经不在为基本的需求而奔波的时候，人们开始追求生存质量和生活质量。生存质量的追求表现在更加注重生态环保；生活质量的追求表现在倾向于消费无公害产品、绿色产品。由于这些产品本身所包含的特性和特点，使人们在消费过程中得到品质的满足和品位的提升，绿色需求是人类追求高品质及高品位的必然。

绿色需求是人类社会发展的产物。人类的工业文明仅仅经历了一百多年的历史，就已经让地球付出了沉重的代价，同时也是人类应该承受的代价。随着资源短缺、环境的进一步恶化、淡水的枯竭、大气层的破坏、地球变暖等生态及环保问题的加剧，人们开始将生态观念、健康、安全、环保观念，根深蒂固地扎根于人们的思维理念中，继而形成习惯，也就是绿色习惯，从而由绿色习惯催生出绿色需求。

绿色需求是新型消费观念的产物。新的消费观念讲究满足基本消费的同时，开始考虑基本消费所带来的附加值。如人们在购买汽车时已经在考虑排放标准，无氟冰箱已经进入千家万户，人们开始关注服装对人体的健康等方面的安全保护，这些都是新兴消费观念对于传统需求的冲击。事实上，随着人们对于生态环保观念的认知加强，也促使人们改变原有的消费观念，许多人已经自愿拒绝非绿色产品，这些人主动站在绿色消费立场上，心甘情愿地为人类社会的可持续发展买单，具有高度的前瞻性。

绿色需求法制化和广泛的社会宣传。为了更好地推行绿色消费，培育绿色需求，一些国家特别是发达国家已经制定和颁布了相关法规来规范和推行绿色需求，实现绿色消费。乌拉圭回合的《贸易壁垒协议》中规定：“不得阻碍任何国家采取措施来保护人类、动物或植物的生命健康、保护环境。”这实际上就为国际间进出口的产品绿色化提供了法制基础。

绿色营销之绿色研发、绿色生产、绿色产品，这是创造绿色消费载体的过程。企业进行绿色营销的前提是企业要拥有绿色经营管理理念，只有在这种先进理念的指导下，才可能真正实现绿色营销，引导绿色消费，创造绿色效益。传统企业的各种流程都是比较封闭的，只有营销和服务过程是公开进行的。而绿色营销要求企业从绿色研发、绿色生产到绿色营销都是公开的，必须显现出其绿色化的特征，并在理念上进行本质改变。如研发工作的基本前提是产品要绿色。目前，许多企业已经在此方面进行了诸多工作，并取得了诸多成果。像绿色电视、环保节能冰箱、环保节能汽车、绿色食品、绿色健康内衣等，都已经有声有色地进入了人们的生活。许多企业更是建设了绿色研发实验室，拥有一批专业素质极高的绿色工程师，这对人类社会的绿色进程无疑是一巨大推动。

尽管绿色产品的成效还不是很高，但值得高兴的是，无论企业还是个体消费者都开始关注产品绿化问题。这对于绿色潮流的兴起有着相当重要的意义。

三、农产品绿色消费五大误区

绿色生活是新世纪的时尚，它体现着一个人的文明与素养。每个人都应当选择有利于环境保护的生活方式，也就是绿色消费来实现这种绿色生活。但是，究竟什么是绿色消费？这个问题并非每个人都清楚。绿色消费最大的误区就在于，很多人认为绿色消费就是消费绿色，这使得人们的绿色消费正在走向一个相反的方向。

（一）绿色消费并非消费绿色

很多消费者一听到绿色消费这个词的时候，很容易把它与天然联系起来，以为绿色消费就是吃天然食品、穿天然原料的服装、用天然材料装饰的房间、到原始森林旅游等。这样就形成了一个误区，绿色消费变成了消费绿色。有的人非绿色食品不吃，但珍稀动物也照吃不误；非绿色产品不用，但是塑料袋却随手乱丢；家居装修时非绿色建材不用，装修起来却热衷于相互攀比，追求奢侈豪华。所谓的绿色消费行为，只是从自身的利益和健康出发，而并不去考虑对环境的保护，违背了绿色消费的初衷。

真正意义上的绿色消费，是指在消费活动中，不仅要保证现在这一代人的消费需求、安全和健康，还要满足子孙后代的消费需求、安全和健康，保护好生态并具有可持续性发展。其基本要求是在消费过程中注重对垃圾的处置，不造成环境污染，消费者要转变消费观念，在追求舒适生活的同时，注重环保，节约资源，实现可持续消费。

（二）绿色不意味着天然

绿色的含义，是给人们的健康提供更多更好的保护，舒适度有更大的提高，对环境影响有更多的改善。绿色消费不是消费绿色，而是保护绿色，即消费行为中要考虑到对环境的影响并且尽量减少负面影响。如果沿着天然就是绿色的路走下去，结果将是非常可怕的。如羊绒衫的大肆流行，掀起了山羊养殖热，而山羊对植被的破坏力惊人，会给生态造成巨大的破坏，绿色消费必须是以保护绿色为出发点。

（三）绿色消费反对攀比和炫耀

随着生产力的发展和社会的进步，人的消费动机日益呈现出多元化的趋势。这本不是坏事。但是，在日常生活中，不少人热衷于相互攀比，追求奢侈豪华，以示炫耀。人们的很多消费不是出于自己的生存需要，而是想超过别人，炫耀自己的社会地位和经济实力。人们竞相追逐新鲜的、奇特的、高档的、名牌的商品，由此容易形成浮华的世风，刺激人们超前消费和过度消费。

（四）绿色消费反对危害人和环境

绿色消费主张食用绿色食品，不吃珍稀动植物制成品，少吃快餐，少喝酒，不吸烟。消费绿色食品有利于人体健康，可以促进有机农业的发展，减少化肥和农药的使用。保护珍稀动植物有利于维护物种的多样性，多样性意味着稳定性，稳定性意味着可持续发展。快餐食品大多含高热量、高脂肪、高蛋白质，长期食用将使人体内过多蓄积脂肪而发胖，降低胰岛素敏感性，增加患糖尿病的危险。吸烟和酗酒除了危害人体健康，还影响空气质量和粮食供应。

（五）绿色消费尤其反对过度消费

过度消费不仅增加了资源索取和环境的污染载荷，而且助长了人们的消费和享乐主义。工业化国家比较普遍地存在着过度消费。它们拥有的人口占仅世界人口的1/4，而二氧化碳的排放量却占全球总排放量的75%；全球消费的破坏臭氧层的受控物质中，工业化国家的消费量占86%；全球现有的有害废弃物也主要来自工业化国家，其产量占世界总量的90%。我国民间流行的婚丧大操大办、大吃大喝等现象也属于过度消费。这些行为既浪费资源，又没有给人们带来一种满意的生活，对人对己对环境都是弊大于利，应该加以抑制。

与过度消费相比，节俭消费会减少资源索取和环境的污染载荷，有利于环境保护。如果人们主动地放弃多余的物质消费，对充实精神生活、提高精神境界也是很有好处的。在我国，节俭是大多数人的日常行为规范。在国外，节俭消费也是源远流长，即使在过度消费盛行的工业化国家，节俭消费也没有被消费主义的狂潮所淹没。在环境问题日益严重的现代社会，实行节俭消费尤其必要。

四、农产品绿色营销与伦理

农产品绿色营销正是适应当今绿色时代所需的营销方式，所以也是大有发展前景的。绿色是市场的主流，做好环保、健康，促进绿色营销。

（一）农产品绿色营销的策略选择

1. 农产品绿色价格

制定绿色价格是指企业在制定价格时要树立“污染者付费”“环境有偿使用”“能源节约使用”等观念，把企业用于环境方面的支出计入成本，成为绿色价格构成的一部分。绿色价格意味着环境资源的开发利用不是免费的，产品的价格需要反映环境资源的价格。由于绿色产品在环保方面加大了投入，成本高于普通产品成本。以绿色食品为例，芬兰政府允许其价格比一般食品价格高出 30% 以上，日本允许高出 20% 左右。

2. 绿色价格的构成

绿色价格构成包括生产成本、流通费用、国家税金、绿色成本及企业利润五个方面。绿色成本的支出主要有：绿色资源的开发和运用所付出的代价；为保证清洁生产所增加的成本；开发和运用绿色包装所增加的成本；废弃物的回收、处理所增加的成本等。

（二）绿色农产品的销售渠道

农产品绿色促销的“绿色”就是绿色沟通。通过绿色沟通，进行绿色消费引导和消费刺激，以期和消费者建立联系，取得相互理解和信任，以引起消费者对绿色产品的需求及购买行为。绿色促销手段很多，但由于绿色农产品的特殊性，其营销中应以某种促销手段为主，其他手段为辅，不可面面俱到。

1. 绿色广告

当前最受欢迎且效果明显的是广告，其中效果最好的是电视广告。特别是公益广告和扶贫广告，对销售边远地区的绿色农产品可以起到积极作用。媒体所表达的内容以及形式要有利于宣传环境保护、维护生态平衡，像散发宣传单或在风景名胜处树立巨大的广告牌这类方式就不宜采用。

2．公共宣传

充分运用公共策略和技巧，开展有效的绿色公关。参与各种展览会、商品交易会或利用地方戏表演推销和扩大绿色农产品销售范围；利用体育比赛进行广告、兴办慈善事业、资助希望工程等扩大绿色农产品的影响；运用知识营销举办农产品栽培技术、绿色营销训练班传播绿色营销知识；举办新闻发布会、开发生态旅游和田园旅游，也是绿色农产品促销的可行办法。

农产品绿色营销将是21世纪市场营销的主流，要区分绿色营销与传统市场营销的不同，树立绿色营销观念、搜集绿色信息、制定绿色计划、开辟绿色渠道、开展绿色促销、引导绿色消费，使农产品绿色营销不断地发展和创新。

（三）农产品绿色营销伦理

农产品营销观念把“顾客至上”作为企业经济活动的实践原则，它要求企业的经济活动必须以满足消费者的需求为中心。现代市场营销观念要求商品包装必须充分反映市场营销伦理道德思想的要求，要构建“尊重人”“诚实信用”“勤俭节约”和“绿色发展”等商品营销道德规范。

营销伦理涉及企业高层管理者、营销经理和其他营销人员的道德问题，因为他们的道德水准将影响企业的营销行为。营销伦理影响企业各个方面的活动，包括营销策略的制定、目标市场的选择、产品策略、价格策略、分销策略以及促销策略中的人员推销、广告、营业推广等的制定和运用。

市场竞争的结果就是优胜劣汰，这就要求企业提高整体素质，包括提高营销伦理水平，运用现代营销思想来开展营销工作。但目前有相当数量的企业为了追求眼前利益，它们不去增加科技投入，提高生产率，降低成本；不去加强全面管理，提高产品质量，增强竞争力，而是在营销过程中采取各种卑劣的手段，投机钻营，造成营销伦理的严重丧失。究其本质，这些企业缺少法律、道德意识，是严重的利己主义思想在支配着营销活动。

1．我国企业营销伦理失范

具体来说，我国企业营销伦理失范主要表现在以下几个方面：

（1）市场调研的伦理失范。

个人隐私保护问题是市场营销伦理中的一个重要方面。通过市场调研，营销商可以获得大量有关消费者的个人信息、数据。由于相当数量的企业缺乏必要的用户隐私保护政策和措施，用户提供的个人身份、联系方式、健康状况、信用和财产状况等信息很容易被窃取和侵犯，甚至个别企业把这些个人信息或有偿或无偿对外扩散，这些信息的扩散往往对消费者隐私的构成侵害。此外，企业进行直接市场营销调研时，为充分调动公众参与的积极性，通常会有一定的馈赠承诺，但有些承诺并没有得到兑现。

（2）定价策略的伦理失范。

消费者要求企业公平合理的定价，但部分企业采用价格歧视、掠夺性定价、垄断价格等定价策略，攫取不正当的高额利润。价格歧视是企业对同一种产品索取两种或两种以上的价格，它是企业对其出售的产品进行差别化定价，但这种价格的差异并非是由产品和服务成本的差别造成的，而是由信息不对称决定的。部分企业甚至故意向消费者宣传虚高的出厂价或批发价，同经销商建立价格共谋，共同欺骗消费者。

（3）产品策略的伦理失范。

产品质量低劣、计划性的产品淘汰、品牌冒充、包装信息不真实、产品认证虚假等问题，一直是产品策略方面存在的首要伦理问题。消费者购买商品时追求货真价实，而一些企业对产品的真实信息存在着故意夸大或隐藏，如使农民颗粒不收的假种子，还有通过假“年份酒”牟取暴利的葡萄酒。在追求市场份额和销售量时，部分企业盲目地计划性淘汰产品，即故意把产品在实际需要升级换代前就过时，而未考虑消费者是否真正需要这种产品或能否承担由此而造成的购买费用的增加。在产品包装方面，某些企业故意用非正常尺寸的包装来吸引消费者的眼球，造成价格比较的困难，如用凹底瓶来装饮料给消费者造成错觉。在品牌冒充方面，相当数量的企业故意在品牌上造成细微差别以使消费者混淆，如市场上出现的“NOKLA”“NOKTA”和“NCKIA”，都冒充著名品牌“NOKIA”。

（4）分销策略的伦理失范。

分销策略中的伦理失范主要涉及两个方面：一是生产商与中间商之间的问题。生产商与中间商未能完全履行相关经营合同，或生产商供货不及时或供货不足，或对渠道成员进行的过分压榨，或中间商返款不及时。二是经销商与消费者之间的问题。一方面，消费者要求经销商遵循商业伦理；另一方面，过多的空口承诺、误导信息、价格同盟以及产销双方相互推诿责任，仍然在坑害消费者。

（5）促销策略的伦理失范。

由于信息不对称，企业促销时往往夸大产品的特色或性能，引诱或操纵消费者购买已滞销的廉价货或进行事先内定的抽奖，采用贿赂、送礼、回扣、宴请、娱乐等不正当的行为进行促销，采用有偿新闻等不正当的公共宣传手段。

2. 加强社会监督，约束企业的行为

企业作为社会的成员，其行为也处于社会的监督之下。对企业的监督应是一个全方位的监督，可以从法律监督、环境监督和自我监督三个方面来考虑。

（1）法律监督。

法律手段作为国家的一种强制性手段，具有至高无上的权威。以法律监督为手段促进道德建设。

第一，增强道德的规范性。道德具有明显的社会效力，不能只是抽象的原则，必须使其变为具体明确的行为准则，而法律条文的制定，将一些道德要求条文化、制度化，做到有章可循。通过法律形式对企业行为加以具体的限制，也可使其行为规范化。

第二，提高道德的权威性。道德只是对人们行为，包括企业行为的一种软约束，而将一些道德观念上升为法律，依靠国家强制力来执行，可以使其获得社会的普遍认同，提高权威性，成为全体社会成员公认不违的原则。

第三，强化道德的监督性。道德以扬善为基本特征，但惩恶也是不可缺少的一个方面。法律监督以强制为特征，是更严厉的治恶手段，以此来监督企业的行为，对各种非道德行为必定会起到震慑作用。法律监督手段可以强制性地为企业行为确定价值取向，有助于迅速扭转企业行为失范的状态。

（2）环境监督。

环境监督是检验企业是否履行道德义务必不可少的一种手段。如果道德环境过于宽松，没有约束力，会有损道德行为的施行，严格的环境监督则能够防患于未然，时时监督企业，加速道德风气的改善。

环境监督包括三种方式：

第一，传播监督，即大众传播媒体对企业善行的褒扬和恶行的谴责。这种监督无疑会产生巨大的社会舆论效力，使善行者受到社会的尊重，恶行者受到鄙视，从而提醒企业时时检查自己的行为。

第二，人际监督。在道德环境空间增大，变动增加的情况下，企业的人际关系流动性与陌生性也相应增加，此时更须加强人际监督。企业的竞争者、合作者、服务对象的范围越来越广，企业行为更加社会化，通过彼此的监督，才可以使各企业的行为进一步符合道德规范，这样有利于企业间扩大交往，维护社会生活的正常秩序。

（3）组织监督。

通过建立一定的组织如官方的、行业的、民间的，对企业行为进行全方位的监督，使企业的非道德行为无处藏身，从而能有效促进企业日常行为的改善。

道德最终要靠具体的行为个体来完成，如果个体的道德行为是在监督和强迫之下完成的，就算不上真正的道德行为。“道德的基础是人类精神的自律。”每个道德主体需要将社会的道德要求内化为道德义务，用健全的道德性来指导其社会行为，从而达到随心所欲而不逾矩的境界，其中道德认识的提高、道德情感的培养、道德意志的磨炼、道德修养的积累都是非常重要的，而自我监督是贯穿于其中的不可缺少的环节。企业只有在自我不断的对照、反省、提示、监督下，道德境界才可能不断提高，成为一个有高度道德觉悟的个体。

企业讲利，既符合市场经济原则，也是发展国民经济之需。如果一个国家大部分企业都亏损，那么，整个国民经济就会陷入困境。因此，企业言利、求利是正当、符合道德的。然而问题的关键不在是否言利与求利，而在于如何求利。如果把企业求利看作是企业活动的最终目的，那么在利益实现的过程中，企业所采取的方式、方法和途径就是实现目的的手段。企业求利，必须坚持目的与手段在道德上的统一性，即善的目的。善的目的必须要用善的手段来实现，对利益的获取必须取之有道，以义取利。这是企业生产经营活动中应该遵循的一条重要道德原则。

一些企业为了当前的蝇头小利，不顾国家法律、法规，不讲社会公德，损人利己，唯利是图，这种行为最终必定会损害企业自己的发展前程。作为企业管理者，如果没有长远眼光，只顾眼前利益，利欲熏心，不顾企业长远利益，实质上是对企业生存和发展的极度不负责，这种得不偿失的企业短期行为，是每个企业在生产经营活动中应该杜绝的。企业在经营管理中，必须正确处理自身的行为与责任的关系，企业只有明确了自身行为及其行为责任的关系，才能认识到哪些事该做，哪些事可以做，哪些事不能做，从而极大提高企业尊德守法经营的自觉性。同时，加强企业自身行为责任的认识，还有利于企业培养产品的质量意识。对于那些制造假冒伪劣产品的企业，那些采用违法乱纪手段进行经营活动的企业，加大打击力度，追究其行为责任，应依法严惩。加强企业伦理道德建设就是要从企业的行为责任意识入手，才能最终达到实效。

第二节　农产品促销与促销组合

一、促销与促销组合

促销即促进销售，是指企业通过人员和非人员的方式把企业的产品及所能提供的服务信息传递给顾客，激发顾客的购买欲望，影响和促成顾客购买行为的全部活动的总称。促销是企业市场营销组合的重要组成部分，它可以帮助促销者树立良好的形象。

促销组合指企业特定时期根据促销的需要，对广告、人员推销、营业推广等各种促销方式进行适当选择和综合运用，这些结合在一起共同促进某一产品销售的方法就构成了该项产品的促销组合。

农产品促销的作用是促进消费者了解、信赖并购买本企业产品，21世纪是数字时代，是信息时代，“酒香不怕巷子深”的传统营销观念在这个时代已经不适用了，无论是精美的商品，还是优良的服务，都必须通过宣传促销才能让消费者了解，才能达到增加销售的目的。一个良好的促销计划对实现营销目标非常重要。促销具体有以下几个方面的作用：

1．传播信息，搜集市场情报

我国广袤独特的地域特点，造就了许多特色鲜明的农产品，同时也形成了产、销、消之间的时空矛盾，生产者有好的产品因消息闭塞而找不到销路，中间商和消费者又苦于不知道哪里有卖而不能实现各自的愿望。传播待售农产品的特点、价格、什么地点可以买到等信息，使顾客感兴趣并逐渐产生购买动机、引发购买欲望直至产生购买行为。同时，通过促销不仅可以增进顾客对生产单位和农产品的了解，而且通过观察、询问以及消费者的反应，还可以得知农产品及其服务的竞争力等情况。农业生产者通过信息反馈改进工作，市农产品适销对路，扩大市场。

2．增加农产品需求，协调供应

一般商品需求都是有弹性的，需求即可以诱发、创造，也可以抑制、减少。有效的促销活动不仅可以诱导激发需求，而且在一定条件下可以创造需求。由于消费者需求动机的多样性和复杂性，通过促销活动可以诱导和激发消费者对某一农产品种类和品种产生兴趣，从而达到合理安排供货和余缺调剂的目的。

3．树立农产品品牌和公司形象，稳定销售

促销活动的一个重要内容是树立和表现不同农产品种类和品种的个性，传递农产品质量和提供优质服务的信息，树立农产品在消费者心中的信誉，引起消费者对农产品的偏爱；同时，树立良好的公司形象，突出自身的经营特色和农产品特点，以及购买本企业产品可以给中间商或消费者带来的特殊利益，扩大知名度，坚定重复购买产品的信心。

4．开发新市场

据研究资料显示，消费者市场的商品一年内约有20%～25%的顾客会因种种不可控制的因素而有所变动，为了公司的进一步 发展，就要不断地发掘新顾客，而促销工作正是打开新市场的重要手段。

二、农产品促销技巧

从促销形式上看，可以将农产品促销分为人员推销、广告、营业推广、公共关系四种形式。

1. 人员推销

人员推销是指通过销售人员深入中间商或消费者进行直接的宣传介绍活动，使其采取购买行为的促销方式。人员推销是人类最古老的促销手段。远在小商品经济时代，商人的沿街叫卖、上门送货等就属于人员推销。在商品经济高度发展的现代社会，人员推销这种古老的形式更焕发了青春，成为现代社会最重要的一种促销形式。

同非人员推销相比，人员推销的最大特点是具有直接性。人员推销是一种推销员与消费者面对面的双向沟通的活动，它是一种非常有效的产品促销方法。

人员推销是促销组合中的一个重要组成部分，我国大量存在的农产品经纪人的行为是农产品人员推销的主要形式之一。

农产品的人员推销包括集体组织的产地人员推销和农业企业专职营销员的推销活动。产地人员推销农产品主要是当地政府有关部门组织的农产品推销活动。在一些农产品集中进行商品化生产的产地，如蔬菜产地、瓜果产地等，由于生产量大和销售季节集中，一到收获季节，产地就会出现局部的供大于求，导致价格下降、出现卖难问题。产地政府和农民合作经济组织对此都十分重视，为了帮助农民解决卖难问题，每当农产品快要上市的季节，产地就会组织人员到各地去，通过熟人、老客户等关系开展推销业务。他们主要前往大中城市的农产品批发市场，通过与市场上常年从事批发业务的经销公司或经销大户签订供货合同，为产地的农产品扩大销路。产地组织的人员推销多带有政府对农业的营销支持行为，当地政府部门组织和抽调人员参与推销，并有一定的资金投入。

这种产地人员推销多发生在产地形成的初期，是一种临时采取的促销措施。随着产地规模的扩大和知名度的提高，产地农产品集货市场随之建立，产地自发形成的营销商队伍也将会不断发展壮大，而且会吸引大量外地的农产品经销商前来购货。这时人员推销的作用就会减弱，逐渐被其他的促销方式所取代。

农业企业专职营销人员推销与产地人员推销不同。企业人员的推销包括两个方面：其一是联系经销商，通过建立自己的经销商网络，形成稳定的销售渠道；其二是向人流大的商场和超市等派出助销信息员，专门向顾客介绍自己企业的产品，引导消费者了解和选择购买本企业的产品。同时，企业的助销信息员还肩负着观察顾客购买行为和听取顾客意见的任务，有利于企业及时了解消费者的需求变化和市场竞争情况，不断调整自己的营销策略。

2．广　告

广告是指由广告主采取付费方式，委托广告经营部门通过传播媒体，以现代科学技术和现代化设备为手段，以策划为主体、创意为中心，对受传者进行的以有关企业目标、经营方式、产品或服务项目为主要内容的宣传活动，旨在使受传者心目中牢固树立企业形象、品牌形象及产品形象，从而达到刺激、扩大市场需求，开拓潜在市场、扩大市场份额与产品销售，进而指导消费者、培养受传者新的生活方式的目的。

广告促销具有覆盖范围广；传播迅速；形式多样；人均成本低；短时间内造势效果好；单向沟通；信息量有限；传播效果受到内外因素影响；总成本高等特点。

我国许多农产品的营销者仍然遵循着旧观念，固守市场，导致市场范围越来越小，竞争力越来越弱，占有率越来越低。随着市场营销环境的变化，广告已成为促销的主角，肩负着创名牌和增效益两大特殊使命。但综观国内各类广告媒体，除在地方媒体上出现寥寥无几的农产品广告外，全国性媒体上还很少有农产品广告。极小的广告范围是很难使中国的农产品走向国内外市场的。因此，应结合农产品个性特征挖掘其独有魅力，做好广告宣传。

农产品的广告促销，由于农业生产的比较利益低，农产品又是人们的生活必需品，需求弹性小，所以过去很少有农民给自己的产品做广告。当农产品市场供大于求后，农业生产者之间、产地之间就形成了相互竞争的市场格局，谁不向外传递信息，不搞促销宣传，谁的产品就不会有人知道、就卖不出去。现在，越来越多的农业经营者开始注意到了广告的作用，也开始利用广告手段来促销自己的产品。农产品广告最多的是供求广告，主要以调节余缺为目的，卖方寻找客户，买方寻找货源。供求广告的内容包括商品名称、数量、价格、交货地点和联系方式等。由于供求广告的内容简短，广告费用低，在各地被普遍采用，客户很容易根据广告提供的信息与买方达成交易，取得预期的效果。供求类广告属于信息告知，要求广告信息在一定时间内可保存，客户可查询，而且受众多是生产者、加工者、经销商或购物团体等，因此，可多选择与农产品相关的行业类报纸、杂志等作为广告媒介。

随着我国农村计算机信息网络的普及，网上做广告已经成为广大农业经营者发布产品信息的主要方式。网络广告具有成本低、易检索查询、可在网上直接洽谈协商等优点，对农产品经营者来说，是一个实用性强、效果好、很有发展前景的广告媒介。

3．营业推广

营业推广又称为销售促进，是指为刺激需求而采取的能够迅速激励购买行为的促销方式。

与其他的促销方式不同，营业推广多用于一定时期、一定任务的短期特别推销。一般来说，人员推销、公共关系、广告等促销方式都带有持续性和常规性，而营业推广则常常是上述促销方式的一种辅助手段，用于特定时期和特定商品的销售。

营业推广主要是一种战术性的营销手段，而非策略性的营销手段。作为一种短期的促销方式，营业推广一般具有以下特征：

（1）刺激购买见效快。

由于营业推广是通过特殊活动给顾客提供了一个特殊的购买机会，使购买者感觉到此机会是购买产品的绝对良机，此时的购买决策最为果断，因此促销见效快。

（2）营业推广的应用范围有一定局限性。

营业推广只适用于一定时期、一定产品，推广的形式也要慎重选择。不同的农产品要选用不同的营业推广方式。方式选择不当不但起不到促销作用，还会给购买者造成误会，导致对本企业及企业产品产生负面影响。

（3）强烈呈现。

营业推广的许多方法往往是把销售的产品在消费者的选择机遇前强烈地呈现出来，似乎告诉消费者这是一次永不再来的机会，购买该产品可以带来额外的好处。通过这种强烈的刺激，迅速消除顾客疑虑、观望的心理，打破顾客的购买惰性，使其迅速购买。

（4）产品贬低。

由于营业推广的很多方法都呈现强烈的吸引氛围，有些做法难免显出企业急于出售产品的意图，如果使用不当，就可能使消费者怀疑产品的品质，甚至产生逆反心理。

根据农产品的特点，农产品的营业推广适合采用特价、价格折扣与优惠券、免费品尝、展销会、加量不加价等方式。如生鲜超市常对某一种蔬菜进行特价限量购买，以树立一种物美价廉的形象，带动其他商品销售。

营业推广是为了刺激中间商或消费者购买农产品而利用某些活动或采用特殊手段进行的非营业性的经营行为。根据营业推广的对象不同，营业推广为面向中间商的营业推广和面向消费者的推广两种。营业推广的几种具体形式。

（1）折价、差价销售。

折价、差价可以根据购买数量、购买时间、是否现金结算、运费承担、责任等，在商品原价格基础上打一个折扣，但不是残次商品的削价处理。

（2）附赠品销售。

这是指以较低的代价或免费向购买者提供某一物品，以刺激购买者购买某一特定产品的行为。

（3）其他形式。

如召开产品推介会，举办农产品专门的接、会等。

4．公共关系

公共关系指一个组织为了改善与社会公众之间的关系，通过双向信息沟通，增进公众对组织的认识、理解与支持，树立良好的组织形象，为自身事业的发展创造最佳社会环境而开展的一系列活动。公共关系是企业促销策略之一，与其他促销策略相比，公共关系具有如下特点：

（1）广泛性。

公关客体是与社会组织密切相关的各种社会公众、企业、政府和社会团体。

（2）主动性。

在市场经济条件下，公关主体要生存、求发展，就必须积极主动地参与竞争。

（3）长期性。

公关活动的目标是在社会公众心目中树立良好的企业形象，使社会公众难以忘怀，对社会公众的影响是长期的。

（4）双向性。

社会组织通过一系列公关活动，吸引了大量的社会公众参与，可以将社会组织的信息传递出去，同时还能广泛收集所需要的大量信息，实现信息沟通的双向性。

由于农产品的促销活动一般由政府和当地新闻媒体一起发动，所以依靠公共关系进行产品促销往往能够取得较好的效果。

农产品展销会，参加各种农产品展销会是农业生产者和企业促销农产品的好机会。这些展销活动多数是由产地或行业组织在政府支持下举办的。活动之前通过发通知、做广告等进行广泛宣传，活动的组织机构还向有关部门和企业发出参会邀请。展销会一般都有开幕式、领导剪彩等仪式，期间邀请各种媒体参与采访报道，声势浩大，参加者踊跃，是促成大批量订货的好机会。有些展销会在农产品产地举办，邀请众多客商前来并安排现场参观和座谈交流，不但产品促销效果好，而且树立了良好的产地形象，扩大了产地的知名度。如农业部举办全国优质农产品展销周活动就是要向中外客商展示全国各地的优质特色农产品、绿色食品和有机食品，进一步促进农产品贸易流通，丰富农产品市场供应，促进农产品销售。

三、促销组合策略

企业在制定促销策略时，应综合考虑从不同农产品的特点、营销目标、企业内部条件、外部市场环境、消费者需求等因素进行选择和组合。常用的促销组合策略有三种：

1．推式策略

推式策略是指利用人员推销活动，采取主动、直接的方式，由企业推销人员通过一定的渠道，把商品推销给购买者。实行“推”式策略的企业，主要是运用人员推销和营业推广手段把商品推向市场。实行“推“式策略要求推销人员针对不同的农商品、不同的推销对象，采取不同的方式方法。推式策略的主要方式是人员销售。推式策略有推销周期短，耗费人力大的特点。

2．拉式策略

拉式策略是非人员销售，是采取间接的方式，通过宣传把产品信息介绍给目标市场的中间商或消费者，使之对本企业的农商品产生购买欲望的一种促销策略。拉式策略的主要促销方式是广告和营业推广。实行拉式策略的企业，要做好促销预算，因为要选择传播速度快，覆盖面大的媒体广告费用较高，营业推广有时也会减少一定的利润。

3．推拉结合策略

在通常情况下，企业也可以把上述两种策略结合起来运用。在中间商进行促销的同时，通过广告刺激市场需求，即在推式促销的同时进行拉式促销，用双向的促销努力把农产品推向市场，推向消费者。

不同的农产品有不同的用途，满足不同消费者的各种需求，需要采取不同的促销组合策略。促销策略和四促销形式各具特点、各有所用，相辅相成，但任何一种促销方式都有其固有的优点和缺陷。

四、农产品营销创新

所谓营销创新是指企业或企业经营系统在经营思想与营销理念、营销战略与策略、营销方式与营销手段等方面的不断变革与重新组合。营销创新是组织创新成果得以巩固的重要保证，是技术创新成果得以推广和市场实现的根本前提，是管理创新和生产创新的先导。在买方市场的条件下，没有不断的营销创新就没有企业综合创新能力的提高，也就谈不上企业活力的提高。

创新是指企业家对生产要素的重新组合，按照著名经济学家熊彼特的定义，创新包括引进新产品、引进新技术、开辟新市场、控制原材料的供应来源、实现企业的新组织等几种形式。由此可见，企业的创新是一种综合创新，不仅包括狭义的技术创新，而且包括与之相伴而生的组织创新、生产创新、管理创新和营销创新。不断追求创新是企业家的天职，是企业活力的源泉。

（一）渠道创新

到目前为止，我国的农副产品存在大量管理缺失，导致生产销售渠道受到很多限制，甚至在品牌定位方面，都存在问题。主要问题有：农产品滞销、生产和销售脱节、市场定位不准、缺乏政府引导，区域性高端农副产品资源整合缓慢等等，都制约了高端农产品的市场扩容和消费认可。现在农产品基本上延续旧的销售办法，以农贸市场为主要源头，向交易集中的菜市场延伸，超市与社区菜市场结合的销售思路，农民种菜，商贩收购，集市销售的模式，有些是自已种自已销售，也有通过合作组织集中采购销售等存在，所以农产品的销售本质上思路仍然以政府主导的大市场为主，不断提出要建设大的贸易市场，建设规模型农产品交易市场，这样的销售方式将在很长时间占据主导。

纵观目前国内有机的模式，主要有三种方式：

其一，通过卖场货柜销售方式。

比如北京的“有机农庄”品牌几乎已经在国内一线城市的主流卖场铺货，但是成本过高，而且消费者很难产生信任。就需要把农产品的优、劣完整体现在消费者面前，通过对产品的观、闻、品、验等手段，让消费者明白什么样的产品符合自已的需求，这样将大大拉近消费者的感官识别，从而建立牢固的产品信任感，促进产品的就地就时消费。体验策略运用的产品非常重要，货真价实是体验的关键。

其二，专门做生产直供蔬菜方式。

不直接面向终端，通过社区支持农业的形式建立会员制，配合宅配的方式。这类市场面对特定的消费对象，特别是安全营养的农产品，因此很多家庭需要有这样的配送渠道，有品质保证的配送渠道。这样的享受，可以体会配送带来高效便捷的销售服务，做好消费家庭的数据库销售目标，建立庞大稳定的销售体系，成就现代消费观念在农产品销售上的突破，也是新的尝试。配送不仅仅是将所需要的农产品送到消费家庭，而是要建立一个消费管道，这个管道包括先进的电子商务、电话、店面等互相配合，协调运行。

其三，定点供给方式。

定点供给方式主要进行单位合作，其优势很明显。比如单位配送与单位效益挂钩，机关食堂与单位食堂合作，有效提高产品的使用效果。通过对农产品的包装与贴牌，把简单的一种农产品包装成消费时尚的礼品包装，特别是水产、水果、粮油、蛋类等等，进行小范围的团购，包括机关食堂、各办事机构、单位等，利用好国家节日特别多的特点，开展节庆农产品礼品销售，或者把农产品在各地可以与当地的社区便利店有效结合起来，比如水站、洗衣店、小卖部、茶楼、社区会所等等，通过对接，把农产品的信息发布出去，这样大大加快产品的直接销售。

（二）品牌创新

一是从种养方式和品种改良入手，在产品上制造不同；二是挖掘提炼产品和品牌差异化价值并加以彰显传播 。

农产品市场是一个天生高度同质化的市场，这就是前面说的“高度均质”问题。如果产品本身现成的差异化不足，那么需要下功夫挖掘，在产品和品牌价值上制造出不同。

品牌和产品形象的塑造。主要有以下手段：创意建立品牌识别符号；选准品牌代言人，做正确的广告 ；好包装彰显价值和差异；利用新型产业模式创造差异；利用终端设计塑造形象；创建领先或者独特的标准，引领行业 。

（三）营销模式创新

早有德鲁克先生继承奥地利经济学派的观点，认为企业只有两项职能，就是营销和创新。营销创新，战略创新是根本、价值创新是核心、产品创新是基础、渠道创新是条件、成本创新是要诀、模式创新是关键。

营销模式包括客户价值主张、组织资源、战略定位和策略组合。营销要素的创新将不断丰富企业的营销模式，营销模式的创新又将在更高的竞争层次上驱动营销要素的创新。

面对越来越细分的顾客市场，在市场营销的广泛领域，传统的营销要素已经无法满足顾客的多样化需求，新的营销要素正在起着不可忽视的重要作用。企业竞争模式、顾客价值主张、生活方式变革、品牌文化创新、声誉形象塑造这些当代市场经营的重要手段，正以其鲜明的要素特征进入营销领域，并发挥着独特的市场魅力。

第三节 农产品营销与控制

营销活动要通过生产经营企业设置的营销机构或组织进行。目前农产品营销组织的主要类型有产品经纪人、职能型营销组织及政府主导型的营销组织。依据生产规模、产品状况、产品类型、企业类型及营销理念等设置相应的营销组织并开展营销活动。

一、农产品营销准备管理

（一）农产品市场营销的组织形式

市场营销组织是指农业生产基地或农业企业在其内部设置的、进行营销活动所需要的职务、职能部门以及责权利的划分等。组织设置有两种模式，即传统模式和市场营销模式。传统模式是在传统的营销观念指导下，以企业的产品为中心，以市场为终点，以推销产品为目的。这种模式下生产基地或企业种植某个品种后，在收获季节直接进行推销。而现代模式是以顾客需求为中心，把顾客放在整个过程的起点和终点。这种模式下生产基地或企业先从顾客或市场上搜集信息，决策种植什么品种、什么时间种植，然后进行销售，这种模式使产品更符合市场需要。市场营销组织形式受市场环境、国家经济体制、农产品生产方式、营销理念、产品的特点和农产品生产和发展阶段等因素影响。农产品营销组织形式主要有以下几种：

1．农产品经纪人

农产品大多数由分散的农户进行生产，由于农产品品种多、数量大、分散生产，生产规模较小，小生产和大市场的矛盾越来越突出，卖难和买难时常困扰生产者，有些农产品生产者就从单纯的生产中分化出来，专门或兼业从事农产品的收购、储运、加工、销售和销售代理、信息传递和服务中介等活动，将分散农户生产的农产品集中起来运输到消费地进行销售，成为沟通生产与消费的桥梁，这就形成了农产品经纪人这个队伍。

2．职能型营销组织

典型的农业企业在经营活动中一般是按照生产经营的工作职能设计公司的内部组织结构。优点是结构简单，管理方便，层次少，分工明确，适用于农产品种类不多，企业规模较小，对产品的专门知识要求不高，或地区经营差别不大的企业。

3．政府主导型营销组织

21世纪初，在我国农业产业结构调整中形成了一批围绕某一农产品生产的大型基地，政府为做好产品的营销，成立了以一种产品管理为主的办公室和专业市场，负责本区域内某种农产品的销售联系等业务。

影响农产品市场营销组织设置的因素较多，农产品生产基地或企业的规模、市场状况、产品的特点、农业企业类型和产品类型、企业的经营理念和思想五个因素影响较大。总之，市场营销组织的规划与设计，要根据农产品生产基地、企业的内外条件，在正确理念的指导下，总结以往经验的基础上进行，形成和生产基地、企业相适应的组织形式，以实现经营战略目标。

（二）农产品营销的准备管理

国家对农产品安全的规定和人们对此类问题的重视，加之经营者为了降低经营风险等因素，农产品在进入市场销售前，生产经营者必须做好营销前的准备工作，这些工作主要包括签订购销合同、产品的商品化处理、条码处理、产品质量认证与获得市场准入等环节。只有充分做好营销前的准备工作，才能实现产品的顺畅销售。

1．农产品购销合同的签订

农产品的消费多为以家庭为单位的消费，农产品的生产大多数是以农户为单位的生产，联系生产与消费的主要环节是销售。农户农产品的销售一般是现货现款方式，但随着商业业态的变化，农产品零售商、农产品经纪人更多的是与基地、农户或农业企业签订购销合同。购销合同是保护生产者和经营者的合法权益，明确责任和义务，协调产、供、销活动的书面法律文本。农产品购销合同除即时结清外，必须以书面形式进行签订。签订农产品购销合同时，当事人双方依照合同法、农产品购销合同法等法律法规，在自愿的基础上，经过充分协商，达成一致意见后，签订双方共同履行的合同。

农产品购销合同的主要内容包括五个方面：一是标的，即供需双方权利和义务共同指向的农产品；二是数量和质量，是标的的外在表现，必须确切写明；三是价款及收付形式，是标的价值反映，包括产品价、运费、手续费等；四是履行合同的期限、地点和方式；五是违约责任，是合同的核心部分。

农产品购销合同中的主要条款是可以细化的。

（1）产品名称、品种、数量、金额、交售时间。

（2）质量标准、用途。

（3）验收办法及时间、地点。

（4）检验及检疫的单位、地点、方法、标准及费用负担。

（5）交货地点及运输方式和费用负担。

（6）重量超欠幅度、损耗及计算方法。

（7）包装标准、包装物的供应与回收和费用负担。

（8）结算方式及期限。

（9）给付定金的数额及时间。

（10）如需提供担保，另立合同担保书，作为本合同书的附件。

（11）违约责任。

（12）解决合同纠纷的方式。

（13）其他约定事项。

2. 签订合同的步骤

要约是当事人一方向另一方表示签订合同的意向，并提出肯定性条款的具体建议，可用口头或书面形式，另一当事人可在规定时间内表示承诺，要约可进行多次，即当事人双方可反复协商和谈判。

承诺是受要约人对要约提出的合同条款表示完全同意，接受要约并签订合同的行为。

完成上述两个步骤后，就可以签订双方认同的购销合同了。

3. 签订合同的注意事项

（1）产品的名称必须明确。

（2）产品的数量和计量单位要清楚、准确。

（3）产品的品种、等级和质量有国家标准的，合同应按标准执行。

（4）产品的包装应按国家标准或专业标准执行。

（5）产品价格由双方协商一致决定。

（6）协商交货方式。

（7）交货时间和地点明确。

（8）要明确规定产品的验收地点、方法，同时要规定货款的结算方式和时间。

（9）要明确规定违约责任。

（10）当事人协商同意的其他条款要一并写入合同中，并且签订的合同一式三份，双方各执一份，法律公证一份。

4．农产品购销活动中的保险

国内销售的农产品、出口的农产品面临的风险具有事发突然、涉及面广、损失巨大等特点，商业保险公司都不承保，目前只有中国出口信用保险公司为支持农产品出口进行农产品出口保险，其设置的险种有“农产品出口特别保险”、“短期信用保险”，基本功能是帮助出口企业防范国家风险和买家风险，主要是防范进口国政府突然宣布禁止进口某种农产品后导致的国外买家破产、长期拖欠货款或拒收货物等出口销售商的经营风险，基本费率为0.2%。农产品营销、出口企业在与外商签订购销合同时，可到中国出口信用保险公司有关业务部门办理保险手续。

5．农产品条码

随着国际贸易一体化和我国农产品零售业态向连锁、超市方向发展和国家商品条码管理办法的实施，农产品应逐步实现商品条码化。商品条码已经纳入强制性国家质量标准，如果产品仅条码一项不符合标准，那么产品质量就不合格。

（三）农产品质量认证与市场准入

1．农产品质量认证和市场准入的重点

影响农产品质量的因素很多，涉及产前、产中、产后各个环节，包括生产、加工、流通各个领域。我国农产品质量认证工作的重点是农产品的安全卫生质量。通过认证工作，进一步提高农产品安全卫生质量水平，建立和健全农产品安全卫生质量标准及其保障体系，用以引导生产、指导消费、规范市场准入。

农产品的安全卫生标准分三个层次：（1）市场准入型标准，即符合国家有关强制性标准，许可进入市场的农产品，目的是确保进入市场的农产品的基本安全，规范市场交易。（2）安全卫生优质标准，这是国家许可指定的地方性标准，需经专门机构确认，有许可使用标志，其标准要高于准入性农产品。（3）推荐出口性标准，把发达国家的有关标准推荐给企业，目的是扩大农产品出口，适应国际市场需要。

农产品的安全卫生标准还包括营养成分、口感、形状、历史文化、加工、储藏、运输、包装等标准。

我国安全卫生标准和市场准入主要是在生产和流通两个领域中执行。

（1）生产领域：

生产基地安全卫生质量跟踪制度；

生产基地安全卫生质量合格检验证明制度；

生产者安全卫生质量承诺制度；

优质农产品认证制度。

（2）流通领域：

批发市场安全卫生质量责任告知承诺制度；

市场开办者安全卫生质量责任制度；

经营活动场所内公示制度；

优质农产品的推介制度。

2．农产品的认证

农产品认证体系是权威性的第三方依据国家有关标准和认证规定，对某一范围内的农产品生产进行质量、环境和生产技术流程等方面的科学、公正、公平考评和监测后，确认其符合安全优质标准，为进入市场提供农产品有效准入标志的一种地方性认可体系。认证主体是除供给方和购买方之外的有权威性的第三方。

认证依据国家有关规定在全国实行农产品安全卫生优质产品认证制度。

认证标准是国家及各级政府质量技术监督部门颁布的农产品标准。

认证机构及职责。

认证机构：各地农产品质量认证中心。

认证职责：制定安全卫生优质农产品认证的程序和管理办法；根据生产者或基地的申报和认证程序对申报的农产品进行质量认证、标志管理。

认证内容与方式，对农产品安全过程的认证主要有：环境要符合安全卫生优质农产品环境标准；产品要符合安全卫生优质农产品标准；生产过程要符合安全卫生优质农产品生产操作技术规程。

认证申请条件：产品质量稳定、能正常生产、有质量保证体系的农产品生产基地或企业可自愿申请。

认证程序：按规定的申请程序、优质产品目录及相关材料到认证中心认证。

认证证书：产品经认证程序获通过后，由农产品质量认证中心给企业颁发安全卫生优质农产品标准使用证书。

标志管理：被允许使用安全卫生优质标志的，如在抽查中发现质量不合格或标志使用不规范，将做出相应处理，直至取消标志使用权。

3．农产品市场准入的管理体系

（1）质量安全标准体系。

对水稻、食用油、蔬菜、水果、食用菌、猪肉、牛肉、禽肉、禽蛋、鲜牛奶、水产品及小麦等 12 类主要食用农副产品建立市场准入型标准、安全卫生优质型标准和推荐出口型标准。推介出口型标准以美国、日本、欧盟等国对进口使用产品的有关标准为蓝本。

（2）质量安全监测体系。

建立生产基地和企业自检、社会中介机构委托监测和具有法定资质的专业检测机构监测组成的三级检测检验机构。

（3）安全质量认证体系。

专门成立农产品质量认证中心，经认证的农产品准许使用安全卫生优质专用标志。

（4）质量安全技术推广体系。

各级生产技术推广部门，开展相关技术培训，指导生产者生产符合标准的农产品。

（5）质量安全执法监督体系。

在质检、工商、卫生、农林等行政部门依据各自职责分别执法的基础上，对农产品安全问题较多的行业和领域，组织联合执法，形成合力。

（6）质量安全信息体系。

分别在中国农业网和有关商业网站上发布有关农产品质量安全信息，供市民和企业查询、举报和监督。

二、农产品营销实施管理

农产品市场营销实施管理就是对营销计划具体实施中进行的安排，考虑在执行中的影响因素，科学合理配置和决策，进而提高营销管理水平，提高农业企业经营和盈利水平。

（一）市场营销的实施过程

市场营销的实施是指农业企业为实现其经营目标而致力于将营销战略和计划变为具体的营销方案和行动过程。一般包括制定行动方案、建立组织结构、制定政策和报酬制度、开发人力资源、建设企业文化和创新管理风格和有效的控制等环节。

1．制定行动方案

为了有效地实施营销计划，必须制定详细的行动方案，将关键性决策和任务落实到人或小组，并将人、财、物和权利进行分配。

2．建立营销组织机构

营销组织是企业内的正式组织，将战略计划的任务分配给具体的部门和个人，明确规定责权利和信息沟通渠道，协调企业内部各部门的决策和行动。

3．制定相应的政策和报酬制度

这些政策和制度关系到计划实施的成败。

4．开发人力资源

市场营销战略最终由企业内部的工作人员来实施，所以人力资源的素质和能力成为关键问题。因此，要建立科学的人员选拔、培训、考核、任用和激励机制。

5．建设企业文化和创新管理风格

企业文化是企业在长期实践中形成的被全体员工共同拥有和遵循的价值标准、信念和行为准则。企业文化对企业和全体员工的工作方向、工作态度有着决定性的影响，应在实践中树立和传播符合企业实际的先进的企业文化。

6．营销控制

典型做法是在计划分解的基础上，按责权利相结合的原则，对各部门或个人的营销工作实行有效的监督、检查、反馈、调整和纠偏，促进各部门、各环节和各位营销人员按计划完成工作，确保营销计划的实现。

（二）影响市场营销计划有效实施的因素

营销市场营销计划有效实施的主要因素有营销环境、计划的可行性、目标的准确性及基地或企业的管理水平等。

1．营销环境

农产品基地或企业的营销环境是在不断地变化，计划是在当前市场营销环境的调研和预测基础上制定的，由于营销的宏观、微观环境的变化，尤其是突然的变化，企业或基地不能及时的制定预案或纠正偏差，就可能导致营销计划不能实施。

2．计划的可行性

营销计划一般是基地的管理层或专业人士制定的，而实施则是由营销管理人员或经纪人来完成，由于缺乏沟通，往往导致营销中的细节、具体问题考虑不全，或计划人员没有明确具体的实施方案，而导致计划不能正确实施。

3．目标的准确性

营销计划或战略制定的往往是长期目标，但具体实施计划的营销人员的业绩是根据他们的工作绩效进行评估和奖励，销售人员常采取短期行为来提高当前的销售量，而不考虑其长远利益，制定的营销计划应该是长远目标和近期目标相结合，并且需要有配套的评估和奖励办法。

4．企业或基地的管理水平

生产基地和经纪人或专业营销人员的协调性、企业内部各部门的协调性决定了在营销计划实施过程中突发事件的处理效率和水平，生产基地和经纪人或专业营销人员的协调性好，则计划实施矛盾少。

三、农产品市场营销控制

农产品市场营销控制是指农业企业的管理层对营销执行情况和效果进行检查和评估，了解计划与现实是否一致，找出偏差及偏离的原因，并采取措施确保营销计划的有效执行。市场营销控制是企业的重要管理职能，制定计划、实施计划和控制是一个周而复始的过程。控制是前一个循环的结束，后一个循环的起点，控制有助于农业企业及早发现问题，防患于未然，还对营销人员起到监督和激励作用。

（一）市场营销控制的步骤

1．确定控制对象

农业企业一般可确定销售收入、销售成本、销售利润等为控制的对象。控制范围越广、内容越多，可获得的信息量越大，但控制难度增大、成本增高。农业企业应合理确定控制对象。

2．设置控制目标

农业企业制定了战略目标、策略目标，但往往是抽象的或综合的，应把目标分解并细化，使农业企业各部门、各岗位明确具体的目标。

3．建立衡量尺度

一般营销目标就决定了控制的衡量尺度。

4．制定控制标准

控制标准是衡量尺度的定量化，是一个可接受的范围。制定标准时可以邀请企业各部门管理人员参与，并结合类似企业的标准，使标准既有激励作用，又有约束作用。

5．比较实效与标准

首先应该确定一个比较周期，如一个月或一周，将工作中取得的实效与标准进行比较，若一致，则此控制过程结束；若不一致，则进入查明原因阶段。

6．分析偏差原因

企业建立在预期的基础上制定目标，市场环境的不断变化、企业经营策略的调整、营销计划不合理和营销管理不善，都可能是引起偏差的原因。应根据实际情况进行认真分析和对比，找出真实原因。

7．采取改进措施

在制定计划时，弱国制定有预案，改进就会快一些，但应当根据偏差的具体原因迅速制定出补救措施，并加以实施。

（二）市场营销控制的内容与方法

1．年度计划控制

年度计划控制的目的在于保证企业实现它在年度计划中所制定的销售额、利润以及其他目标。年度计划控制的中心是目标管理，实质是按照一定的频率检查年度计划执行情况。

年度计划控制一般用销售分析、市场分析、市场份额分析、市场营销费用与销售额对比分析等具体方法。

（1）销售分析。

销售分析是通过实际销售额与目标销售额对比评价，分析存在问题的一种分析方法，常用的有总量差额分析法与微观销售分析法。

① 总量差额分析法。用于分析不同因素对销售额的影响。

② 微观分析法。就是从企业的产品、销售地区和其他因素来分析未能完成预期销售指标的原因。

（2）市场份额分析。

销售额绝对值不能反映企业与竞争对手相比的市场地位状况，市场占有率则反映了一个企业的相对量水平。只有当企业的市场份额增加了，才说明其竞争地位上升了。市场份额分析常用以下两个指标。

① 总体市场占用率。用本企业销售额在全行业销售额中所占比重表示。

② 相对市场占有率。有两种比值，一是本企业销售额与三个最大的竞争对手销售额总和的百分比，一般认为这个比值达到33%时企业的竞争力很强。二是本企业的市场份额与行业内最大的竞争对手的市场占有率的百分比，若比值在100%以上，说明本企业是该行业的领导者；若比值在100%左右，说明企业与竞争对手不相上下。

（3）费用/销售额比值分析法。

年度计划控制不仅要有较大的市场份额和销售量，更关键的是要控制营销费用支出。最常用的指标是费用和销售额之比。

（4）财务分析。

财务分析是对影响企业净收益率的各项因素进行分析，更全面地寻找赢利点，确定公司的正确行动方案，以确保盈利。

（5）顾客态度跟踪。

企业需建立专门机构，对顾客、经销商和有关市场人员的态度进行调查，在顾客态度对营销产生影响之前，就对其变化进行监控，以便管理部门及早采取措施。

2．赢利能力控制

对企业经营进行年度控制，主要衡量当年营销目标完成的情况，为了更好地采取营销策略，还需要将有关信息细化，需要对在不同地区、不同市场和不同的分销渠道的各类农产品的实际获利能力进行分析和控制，即赢利能力控制或获利性控制，这种控制可以帮助主管人员决策哪些产品或哪些市场可以扩大，哪些应当缩减或放弃。

赢利能力控制包括两个步骤，即赢利能力分析和选择最佳调整措施。赢利能力分析和控制是根据会计资料，将营销成本分为直接推销费用、促销费用、仓储费、运输费、其他费用，然后定期按地区、产品和营销渠道的实际发生额计算，并列表分析。

3．效率控制

效率控制是企业对人员销售、广告、促销和分销等方面的工作绩效进行评估，并找出提高管理效率途径的活动过程。主要是通过有关管理的具体指标的度量、分析、发现在人员销售、广告、促销和分销等营销环节上的一些问题，从而提出改进措施，提高工作效率。

（1）销售队伍效率控制。

各地区销售经理要记录本地区的反映销售人员效率的几项指标，主要包括每个销售人员每天的平均销售量、销售的实际时间、销售的平均收益、销售的平均成本、每个月的新增顾客数和丧失的顾客数、销售费用与总销售额的百分比。销售经理通过分析这些指标，可以发现许多问题。

（2）广告效率控制。

广告在现代市场营销中发挥着不可替代的作用，企业管理者应清晰了解广告资料，如媒体类型、每一种媒体触及 1000 人时的成本、观众对每一种媒体工具的注意、联想和阅读的百分比、消费者对广告内容的有效性意见、广告前后对产品的态度、广告所激发的询问次数以及调查的成本等。企业管理者应做好产品定位、明确广告目标、科学选择广告媒体、客观测定广告效果，从而确保广告效率。

（3）促销效率控制。

为了提高促销的效率，管理人员应该对每一次营业推广的成本及销售的影响及营销过程进行记录，做好统计工作：① 价格优惠带来销售增加的百分比；② 单位销售额的陈列成本；③ 赠券收回的百分比；④ 因示范而引起的询问次数等。同时，还要分析不同促销手段的效果，不断改进促销手段，以提高促销效果。

（4）分销效率的控制。

为了提高产品的分销效率，管理人员要认真分析产品的存货周转率、特定时期内平均脱销次数、分销费用占营销成本的比率等，并采取有力的促销手段，有效地控制分销。

效率控制的目的在于提高人员推销、广告、营业推广和分销等营销活动的效率，管理人员必须同时注重若干个关键指标，同时分析这些指标，才能说明营销组合的功能的有效性，并提高控制和管理水平。

复习思考题

1. 如何理解绿色营销的内涵？
2. 如何理解绿色市场营销观念的基本含义？

3. 农产品绿色营销如何实施?
4. 怎样认识绿色营销的五大误区?
5. 农产品绿色营销现状是怎样的?
6. 农产品营销伦理失范表现在哪些方面?
7. 农产品绿色营销应该怎样监督市场?
8. 什么是促销组合? 促销组合有哪些策略?
9. 什么是促销? 促销策略有哪些?
10. 农产品促销技巧有哪些?
11. 农产品营销创新主要包含哪些方面?
12. 农产品营销组织形式有哪些类型?
13. 农产品竞争状况从哪几个方面分析?
14. 农产品营销的准备工作包括哪些环节?
15. 农产品购销合同有哪些主要内容? 签订合同时应注意什么?
16. 农产品质量认证和市场准入的重点是什么? 质量管理体系有哪些系统?
17. 农产品条码在市场营销上有什么作用?
18. 营销计划的要素有哪些? 制定营销计划时会遇到哪些问题?
19. 年度计划控制的内容是什么? 有哪些控制措施?
20. 盈利控制的内容是什么? 企业应如何控制?

推销的要点，不是在推销商品，而是在推销自己。

——乔·吉拉德

模块五　人才市场自我营销

第九章　企业需要的人才类型

第一节　当今市场必须拥有的营销人才

现代社会，什么样的人才都需要。人才，顾名思义，得有“才”。如果在某方面或者几方面有所专长，那么就是一个人才。社会的需求是无限的，所以，能够适应社会发展的人就是人才。

一、当今社会人才结构

当今社会人力资源结构橄榄型人才结构，两头小中间大，高级人才与平庸人才不多，中间一般层次的人才占大多数，主要以求职打工者的白领阶层而言。

（1）干才群体：干才在社会人才结构中占有大部分，他们通常比较务实，非常精干，工作踏实，有一定工作经验和实务操作能力。他们具有一定的指挥能力，有一定技术、能熟练示范操作，能带领下属很好地完成任务。

（2）将才群体：将才在社会人才结构中占的比例较小，他们通常在企业里担任一个部门或项目的领导、管理工作。他们具有专业知识，能制订业务计划，能组织、指挥、激励、监督下属，执行坚决、修正及时。

（3）帅才群体：帅才在社会人才结构中的比例就更小，他们是领袖型、统帅型人才，如企业的职业经理人等。他们有全面管理企业的能力，熟悉企业的宏观控制和微观运作。他们对组织以外的事物也能产生兴趣，他们敏感、判断力、决策力、精力、韧性都很强，有卓越的创新意识，执行坚决、修正及时，有很强的人格魅力。

（4）通才群体：通才又称复合型人才。这种人才在社会人才结构中也相对稀少，他们具备丰富的知识，有较全面的工作经验，在企业中至少能担任或从事三种以上不同的相关工作。

二、当今企业的人力资源结构

（1）先知先觉型：有非常强的分析、预测、判断能力，能对企业未来及中长期发展进行设计、规划；企业中的最高层领导、智囊等，包括对市场、产品等发展能做出预测和规划的人才。

（2）后知后觉型：能忠实理解、执行先知先觉型人才所提出的工作方案、工作意图，能踏踏实实地按照先知先觉型。

人才设计好的目标奋斗，并带领、领导属下努力、正确工作；企业中的后知后觉型人才属中、高层管理者，如部门经理、项目负责人及主管级人才等。

（3）不知不觉型：这种类型的人没有想法，没有意见，只有勤勤恳恳、任劳任怨埋头工作，按企业制定的方针、目标，在上级领导的安排下做好自身一份工作。

三、营销人才必须具备的素质和能力

市场营销包括市场开拓、管理、销售、服务、调研、广告宣传等，营销人才必须具备很强的辩证思维、学习、创新、生存、团队合作、承担风险能力和良好的个人品质与道德素质。

1. 能力方面

观察能力，主要表现在两个方面，一是通过顾客的言语、动作判断顾客的心理；二是通过观察把握市场形势的变化，更好地抓住市场商机。

语言表达能力，应具有较强的语言表达能力，善于运用语言去打动顾客。

应变能力，营销人员除了拥有与其相适应的策略外，还要拥有快速、清晰、敏捷的分析问题和解决问题的能力。

社交能力，在与客户打交道时，要求善于与他人建立联系，互相沟通，取得信任，化解和处理各种矛盾。

学习能力，现代知识更新很快，即使是人才，如果没有很强的学习能力和悟性也会被淘汰。读书方法与自学能力是学习能力的重要方面。

创新能力，创新力是推动知识经济发展的核心动力。包括各方面的创新，技术、产品、制度、管理、营销、文化、观念、质量、品牌、服务等，应努力培养创新意识与能力。

生存能力，必要的技能、经验和适应能力，组成人的生存能力。

合作能力，就是团队精神，也就是团队合作的能力，沟通交流的能力。现在已经不是单枪匹马打天下的时代了，必须懂得并善于与他人合作，发挥团队战斗力。

承担风险的能力，具有一点点赌的冒险精神是必要的，没有承担风险的能力就不可能干出大事业，甚至小成就也难。

2．知识方面

市场知识，营销人员要懂得市场营销的基本知识，掌握市场调查与预测的基本方法，善于发现与现实潜在顾客的需求。

产品知识，营销人员必须充分了解自己所推销产品的性能、用途、价格、卖点等信息。

企业知识，要熟悉自己企业的历史、规模、经营方针、规章制度、财务状况等。

法律知识，要了解与营销活动有关的经济法规，如我国的《反垄断法》《反不正当竞争法》《合同法》等。

科学文化知识，也包括专业知识。现代产品技术错综复杂，顾客需求变化无常，导致对现代营销工作要求越来越高，因此，掌握一定的科学文化知识是不可缺少的。

3．素质方面

身体素质，现代营销人员作为企业的尖兵，必须具有良好的身体素质。既要有良好的体格和健康状况，又要有良好的举止言谈及其仪表风范等。

心理素质，市场营销人员必备的心理素质有四个。一是时刻充满自信；二是树立奋斗目标；三是拥有高度的热情；四是有坚韧不拔的意志。能自我调整心态，能放弃、敢选择，自信但不骄狂、自重而不浮躁。

道德素质，要有良好的职业道德、敬业精神，忠诚。忠诚表现在两个方面，一是对企业的忠诚；二是对顾客的忠诚。个人品质与道德，要求有责任心、自尊、自信、自我管理、诚实、正直。对企业的忠诚、对用户的诚信是职业道德的基本要求。

一个很好的营销人员首先要有热情，要热爱这个事业。如果不热爱这个事业，就是再有能力也是没有用的，这就是热情。其次是能力，就算非常热爱这个事业，但是如果没有为之服务的基本知识和能力也是不行的。自信心非常重要。自信心要求有坚定的信念和诚实的品质。任何事情都不会是一帆风顺的，遇到困难与挫折，要有坚强的意志和必胜的信心。只有这样，才能坚持下去，并取得预期的成功。

第二节　大学生自我营销

面对新形势、新常态、新机遇的社会竞争，人才是财富，对于企业来说选择优秀的员工，是多么的重要，当然企业本身也要不断地提升，这样才能更好地吸引更多的人才。作为大学生，要做好全方位的准备，投入到人才竞争市场中去。

一、自我营销

自我营销是一种由个人或者团体作为主体参加的活动，个人或者团体通过自我介绍履历表等形式手段，采用包括惊奇性、创意性、幽默性等策略，展示自我形象、人品以及情感，以达到个人或团体预期目的的活动。

自我营销是以个体为出发点，在个人成长发展过程中，完成自我定位、为自己设计规划 4P 营销组合、建立竞争优势的过程。要与自我推销相区分，自我营销发生在自我培训过程中，而非仅仅凭借销售技巧将自己推销出去。自我营销的目标就是塑造出一个有核心竞争力、有独特个性的自我，满足社会的需求。

自我营销有很重要的作用和意义。自我营销对于个人而言，有利于树立良好的个人形象，增加个人魅力和吸引力。同样，这也可用于团体组织，可以树立良好的公众形象。自我营销有益于影响他人的行为，帮助自我营销的主体通过一定的手段方式实现一定的目的。自我营销可以帮助主体形成良好的人际关系，有利于人际交往的发展，在此基础上可以形成销售顾客网络。自我营销作为一种成功推销的策略，可以帮助主体成功展开推销活动，有利于为接近目标对象做准备而开展的一系列推销过程的实施。自我营销最明显直接的效益在于可以促进销售。

二、大学生自我营销内容

有的人不论走到哪里，都会碰到好运气。有的人一出场就与众不同，抓得住所有人的眼球。有的人还没有见到他，就被他的言语打动，真有未谋面而已倾心的感觉。因为他们都懂得自我营销，新形势、新常态下更需要自我营销。自我营销是自媒体时代的基本生存之道，更是一种生活态度，要相信自己够好，并找到一切办法把自己传播出去，推广出去。

大学生自我营销要从礼仪、语言、个人简历、行为等方面来进行和提升。

（一）礼仪营销

一方面，销售人员的个人形象是非常重要的，没有人会让不修边幅的人靠近，客户也一样；另一方面是拜访客户的礼仪，对于销售人员来说，拜访客户是很常见的，基本上是每个销售人员都要面临的，销售人员的职业形象是非常重要的，注重职业形象的销售人员在开始的时候就会给客户留下良好的第一印象，在拜访客户的时候展现优质的礼仪和修养，继而给客户留下美好的印象，这样就为接下来的合作打下良好的基础。

掌握得体的商务礼仪、具备良好的行为习惯，能够为销售人员成功销售加分，因为得体的商务礼仪能够体现销售人员良好的内在修养和素质，能够赢得客户的尊重，使客户对销售人员及所在的公司留下深刻且美好的印象，提高客户的满意度和美誉度。所以，销售员掌握得体的商务礼仪，远超说上一百句话更能获得客户的认可。

1．销售人员职业形象塑造

第一步：销售人员从头开始。

完美的发型，发型不可过长不成熟，难以信任，最好不留光头，头发应勤清洗，不要有异味。

清爽的面部，男士面部保持干净，胡须有型。面部不可有皮屑，注重保湿。鼻毛不能外露，勤于修剪。女士妆容不可过厚，淡妆为宜。

耳部也很重要，时常清理耳屎，男士不要打耳洞，女士耳饰不要过于浮华。

第二步：销售人员衣着姿态。

检查衣物的颜色，衣服搭配与面料，夏天清爽，冬天保暖。女士裙子在膝盖的上下三厘米。丝袜不能有洞，要准备备用丝袜。着装搭配颜色要适宜，三色为佳。姿态要端庄，切忌扭捏作态，大方展示站坐走蹲，手臂要有礼。不可花枝招展，不可轻浮弄姿，不可邋遢异味。

第三步：销售人员脚部礼仪。

勤换鞋袜，不可有异味，白色袜子需注意视场合而定，高跟鞋不能过高影响行走，男士不宜穿运动鞋或布鞋搭配西装。

第四步：销售人员表情不可缺少。

时刻保持微笑，目光要温和，不能斜视、蔑视、偷瞄等行为，肢体语言要读懂。

2．销售人员拜访客户礼仪培训

在进行了形象塑造之后，销售人员以职业的精英形象拜访客户的时候，客户绝对不会拒之门外的。起点很美好，拜访礼仪也要加分。

第一步，拜访客户时的细节问题，拜访客户要提前约好时间，拜访客户要找对决策人，不要浪费客户的时间。

第二步，销售人员拜访客户前的准备。外部准备要充分，形象塑造很重要，资料的准备要充分不可凌乱，拜访前再次确认时间以免仓促拜访。内部心理准备充分，包括知识的储备、微笑的准备、信心的准备、被拒绝的准备等。

第三步，拜访客户礼仪从进门开始，礼貌敲门或按门铃，稍作等候，开门后的话术，开门后的态度要诚实大方，进门前注意换鞋、雨伞问题。

第四步：拜访客户交谈时的礼仪，用开放的问题让客户侃侃而谈，注意仔细倾听，适时发问，对客户异议要认真对待，巧妙解决。

第五步，拜访客户确定成交，邀请式成交、选择式成交、预测式成交、授权式成交。

第六步，拜访客户后致谢告辞礼仪，观察客户，看是否要告辞，在被拒绝之后，要潇洒地离开。

第一印象是最重要的印象，别人最初的评价是基于销售人员的装束、谈吐和举动。销售人员要有适当的仪表，公司产品是一流的产品，就要用一流的仪表去销售它。与客户相对，不管是立、是坐、还是行，一定要具备一种吸引对方的魅力。

（二）语言营销

营销语言是指以言语为载体、商务信息为内容，促使销售成功的策略和技巧。它是一种有效的情感刺激物。

市场营销也就是推销的过程。推销过程就是推销人员用言语行为来说服顾客，促成交易的过程，实质就是一个沟通交流的过程。精明的推销人员往往能言善辩，凭三寸不烂之舌，不费吹灰之力，就能轻而易举地说服顾客购买自己的产品。也有些推销人员磨破了嘴，跑断了腿，顾客仍说而不服，达不到理想的推销效果。因此作为市场营销人员一定要注重掌握语言技巧，提高工作业绩。

1．营销语言特点

营销语言具有简洁性、灵活性、艺术性特点。

（1）简洁性营销语言。

简洁性语言是一种语言表达技巧，俗话说："言不在多，而在于精"。简洁的语言具有高度的概括性；表达的条理要清晰而主要内容突出；句式力求简洁，多使用短句式或浓缩句式。在如今的营销语言中表现最为突出的是广告用语、网络用语。某一企业的某一产品在借助宣传形式进行营销时，由于受时间、版面等方面的限制，一般要求在有限的范围内要介绍出产品的特点、功能及企业的文化等方面的特征，从客观上要浓缩出简洁的语言来进行有效地宣传。

（2）灵活性营销语言。

灵活即是模糊，灵活性在各种客观事物中都有所表现。在某种特定的营销场合使用灵活性的语言形式，有利于更为准确地宣传产品，达到更好地推销效果。灵活性营销语言要求在尊重客观事实的基础上，用有利于沟通的角度来应用语言，是营销更为重要的一种语言表达手段。

（3）艺术性营销语言。

艺术即是顺畅自然、悠然风趣、巧妙和谐的有机结合。在营销语言中加入适当的艺术效果，会提高人们对产品的广泛兴趣，生动活泼的营销语言最能赢得消费者青睐的有效的方式。生动活泼的语言会产生艺术魅力，能吸引消费者。

优秀的市场营销人员口才都是非常出众的，在宣传过程中再加上适当的艺术技巧会使语言变得生动自然，将概念化的产品形象化，这样更容易被接受，也更容易打动消费者去使用你所宣传的商品。但是在营销语言的运用上要注意，不要夸夸其谈，要做到有伸缩性，重要的是要建立消费者对营销人员的信任，不要对任何人都使用一样的语言。因为人们的性格是不同的，有的人健谈，有的人比较含蓄。所以要针对不同的人恰当地使用以上三种营销语言。要注意科学性，没有科学性的营销语言是没有说服力的。

2．辅助性营销语言

辅助性营销语言是指情态性语言，也称为“类营销语言”。这样能更直观地阐述营销式语言的各种方法及特征。

在产品的营销过程中，人们应该充分地使用“类营销语言”来推销产品。如在销售某一种商品的柜台或橱窗中，常常陈列一些带有特征性的标志性实物，以此表示所营销的产品类别；营销羊毛制品的商家在柜台的最明显位置摆放一只毛茸茸的山羊；营销民族产品的商家总是把销售人员和柜台打扮得富有民族特色；营销农产品的商家常常在店面的设计上体现出原生态、具有泥土芬芳的氛围，如挂上一串串的辣椒、玉米棒子、大蒜等，这些都具有营销效果，都是一种“类营销语言”。

在广告拍摄过程中运用“类营销语言”也很具有代表性。

商家促销的演出也是一种“类营销语言”。在丰富多彩的演出中，在彩旗飘飘的场景中，在激昂的乐曲里，在各种宣传画册中，消费者都能体味到市场营销的气氛，这种气氛也可以起到营销语言的效果，有时甚至会比普通的营销语言有更好的效果。

总之，营销语言的表现形式很多，但没有一个固定的模式。所以在各种营销语言的应用过程中各有利弊，但是营销人员要注意运用营销语言方式和辅助手段，力求达到营销语言的神奇效果。

3. 营销语言的表达技巧

营销语言，是一种以营销人员为主导的双向思想交流的专门性语言，它与一般性语言有着明显的区别。营销者既要清晰明了地表达自己的观点，又要认真倾听对方的意见，然后找出突破口，通过商谈，说服对方，协商双方的目标，最终将商品推销出去。可以说，语言交流是营销活动的开端，语言表达的优劣，直接关系到销售活动的成败。因此，做好营销工作，应讲究一定的语言技巧。

（1）要真诚。

营销过程要真诚地面对客户，所谓“精诚所至，金石为开”。营销语言的真诚，就是要有真实的情感和诚恳的态度。例如，面对初次见面的客户，真诚地赞美对方，可以有效地拉近彼此的距离，促进生意的成功。一位营销人员到某商场推销商品，接待的是重要客户。对方一开口，这位营销人员马上说：“听口音您是某某地人。”对方点点头，问道：“您也是某某地人？”这位营销人员笑着回答：“不，但我对某某地很有感情，一听到某某地口音就感到非常亲切。”客户很客气地接待了这位营销人员，生意谈得很顺利。应该注意的是，这种赞美一定要出于真诚，超出真诚范围的赞美令人反感，会弄巧成拙，于事无补。

营销语言的真诚，还要求庄重不轻浮，要认真负责而不能花言巧语或者信口开河。有些营销人员为了使人相信，往往把话说得过了头，甚至采取发誓、赌咒的方式以表示自己的真诚，这是不可取的。人们经常能看到一些商家为了促销，纷纷打出“跳楼价”“挥泪大甩卖”“拆迁大清仓”“不亏本卖是孙子”等幌子，招徕顾客。路过的人不禁会想：天天喊拆迁也不见拆迁，整天亏本当孙子，图个啥。这种“真诚”就过了头，成了“越位的真诚”或“真诚的越位”，“真诚”越了位，起到的是反作用。

（2）要慎重。

商场如战场，言辞稍有不慎，会关乎利益的损失。应从以下几个方面注意，

首先，不能轻诺。不能轻易向对方许诺一些不该承诺的东西。营销过程中，一般性交谈可以海阔天空，谈到关键问题时一定要慎之又慎。尽管可以用轻松的语言来讨论，但表态时绝不能马虎。有些人几杯酒下肚就会忘乎所以，在关

键问题上轻易承诺了对方，事后悔之晚矣。不落实就是不守信用，落实了就要蒙受损失。

其次，不要轻易拒绝。营销过程中对方会提出这样或那样的要求或条件。其中有些交叉的利益关系一时难以消化和理顺，为了给自己留下一个考虑的空间，一般不要一口回绝。这样既能够显示对对方的重视，也能利用时间争取主动。

再次，不能把话说绝，要给自己留下退路或者回旋的余地。如果当场表态：这个绝对不行，那个绝对不可，再想回旋已经没有余地了。所以，营销语言要进可攻、退可守，不要陷自己于尴尬或被动。

最后，不能外露。古人云：喜怒不形于色。也就是要慎重而轻松，慎重而自然。商人多会察言观色，慎重的外露就是不慎。一是会让对方认为你是一个过于谨小慎微、说话不能做主的人，二是从你外露的慎重之中，觉察到了你的真实意图。

（3）要通俗。

通俗是指口语表达的大众化，使对方一听就能领会、理解。营销是为了推销商品，营销的语言是要传递商品信息，介绍商品的特点和优点，说服客户购买。如果客户听不懂营销人员说什么，就不可能产生购买欲望，更谈不上放心去买了。营销语言要通俗易懂，应着力做好语言营销。

一是多用规范化的语言。除在特定地区用特定方言外，一般都要用普通话，用词规范，尽量少用方言、文言、生僻词语和专业术语。二是用大众化语言。成语、谚语、俗语、歇后语等，都是群众口头常用的大众化语言。这些语言，能使营销交流生动活泼，富有表现力，而且使听者感到亲切自然，通俗易懂。三是多用质朴的语言。不堆砌华丽的辞藻，不铺陈夸张，不矫揉造作。乍听平平常常，语不惊人；细品则含朴素真理，很有力度。营销语言质朴，往往使人感到坦诚率直、真实可信，更易征服人心。四是多用口语化的短句。力求语句简短明快，上口易听。

（4）要生动。

生动是指营销语言要新鲜活泼，能绘声绘色、活灵活现地表现事物和思想感情。营销活动，很大程度上是一种劝服行为，如果劝服语言死板呆滞，令人感到味同嚼蜡，商品质量再优秀也难以被顾客认可和接受，推销效果将无从谈起。因此，在营销活动中，有时候把话说得风趣、生动，会比直截了当效果更好。例如，一位营销人员在市场上推销灭鼠药，滔滔不绝的演讲吸引了一大堆顾客。突然有人向他提出一个问题：“你敢保证这种灭鼠药能把所有的老鼠都杀死吗？”这位营销人员机智地回答：“不敢，在你没打药的地方，老鼠照样活得很好。”这句玩笑话使人们愉快地接受了他的推销宣传，几大箱子灭鼠药很快就销售一空。

生动的语言在营销活动中的运用，不仅可以造成轻松活泼的气氛，还为营销工作创造一个良好的环境，用得好，会给人们留下深刻印象，由一句笑话联想到某种品牌，是很好的促销方式。

（5）要简洁。

营销语言的简洁要求，就是以简单明了的语言把尽可能多的信息传递给客户。无论谈生意还是推销产品，都要突出要点，让对方能够听懂记住。如果说话颠三倒四，反反复复，言之无物，不仅让人抓不住重点，还会占用更多的时间，引起对方反感。简洁的语言，不但是交际的需要，也从客观上反映出营销人员业务熟练，作风扎实，诚实可信。要使营销语言简洁，必须做到要言不烦，切中要害。只有思维缜密、概括力强，才能对事物本质认识清楚，一语破的；删繁就简，杜绝废话；只围绕主旨讲，不节外生枝；选最具说服力的典型事例劝服对方，以一当十，达到营销目的；多用短句子，以少胜多，能一句说清楚的，决不说两句；巧用古语，言简意赅。

（三）简历营销

简历营销就是以个人简历提供的信息，将自我成功营销的策略和技巧。

个人简历是求职者给招聘单位发的一份简要介绍。包含自己的基本信息：姓名、性别、年龄、民族、籍贯、政治面貌、学历、联系方式，以及自我评价、工作经历、学习经历、荣誉与成就、求职愿望、对这份工作的简要理解等。现在一般找工作都通过网络进行，因此一份良好的个人简历对于获得面试机会至关重要。

企业面试营销人员，企业要面试才能了解营销人员，而营销人员又要应对面试才能顺利通过。

1．认真对待简历

简历就是简要写出个人的生活阅历。关于简历的制作，现在有很多人才网站都有设计好的格式，也可以自己设计，一般都需要打印好，也可以用手写。

对于简历，一定要认真对待。无论简历是格式化的还是独特风格的，是打印的还是手写的，只要认真对待就是好简历。

第一，真实书写简历，不弄虚作假。

第二，用心书写简历，要饱含情感，不要苍白无力。

第三，目标职位明确，不要含糊不清。

第四，如实表达自己的需求和期望，如薪水等，不要因为想得到某个职位而自降身价，这样即使得到也不开心。

第五，认真准备一些证明材料作为简历的附件，如学历证书、资格证书、任职证明、离职证明、业绩证明、相关照片等。在简历中，这些证明材料可以是复印件。但是，一定要记得，在面试时要带上所有的原件。如果面试过程中，面试官要看原件时，面试人员说没有或没带来，那对面试结果会大打折扣，以此推断，没有作充分准备，可以不被录用。

一份标准的求职简历主要由四个基本内容组成：

基本情况：姓名、性别、出生日期、民族、婚姻状况和联系方式等。

教育背景：按时间顺序列出初中至最高学历的学校、专业和主要课程。所参加的各种专业知识和技能培训。

工作经历：按时间顺序列出参加工作至今所有的就业记录，包括公司/单位名称、职务、就任及离任时间，应该突出所任每个职位的职责、工作性质等，此为求职简历的精髓部分。

其他：个人特长及爱好、其他技能、专业团体、著述和证明人等。

要写出一份出色的个人简历的第一原则是要有重点。一个招聘者希望看到你对自己的事业采取的是认真负责的态度。不要忘记雇主在寻找的是适合某一特定职位的人，这个人将是数百应聘者中最合适的一人。

2．把简历看作一份广告，推销自己

最成功的广告要简短而富有感召力，并且能够多次重复重要的信息。简历应该限制在一页纸以内，个人情况介绍不要以段落的形式出现，尽量运用动作性短语使语言更加鲜活有力；在简历页面上端写一段总结性的语言，陈述在求职上最大的优势，然后再在个人介绍中将这些优势以经历和成绩的形式加以叙述。

3．要陈述有利的信息

争取成功的机会，也就是说尽量避免在简历筛选阶段就遭到拒绝。在编写简历时，要强调工作目标和重点，语言要简短，多用动词，并且要避免可能会被淘汰的不相关信息。要知道当获准参加面试，简历就完成了它的使命。

简历样本表

<table>
<tr><td rowspan="7">基本资料</td><td>姓　名</td><td></td><td>性　别</td><td></td><td rowspan="5">照片</td></tr>
<tr><td>民　族</td><td></td><td>籍　贯</td><td></td></tr>
<tr><td>出生日期</td><td></td><td>政治面貌</td><td></td></tr>
<tr><td>婚姻状况</td><td></td><td>身高体重</td><td></td></tr>
<tr><td>学　历</td><td></td><td>专　业</td><td></td></tr>
<tr><td>通讯地址</td><td colspan="4"></td></tr>
<tr><td>联系电话</td><td colspan="4"></td></tr>
<tr><td colspan="6">求职意向和工作经历</td></tr>
<tr><td>人才类型</td><td></td><td></td><td></td><td></td><td></td></tr>
<tr><td>求职意向</td><td></td><td></td><td></td><td></td><td></td></tr>
<tr><td>工作年限</td><td></td><td></td><td></td><td></td><td></td></tr>
<tr><td>薪资要求</td><td></td><td></td><td></td><td></td><td></td></tr>
<tr><td>教育背景</td><td></td><td></td><td></td><td></td><td></td></tr>
<tr><td>个人技能</td><td></td><td></td><td></td><td></td><td></td></tr>
<tr><td>工作经历</td><td></td><td></td><td></td><td></td><td></td></tr>
<tr><td>获奖情况</td><td></td><td></td><td></td><td></td><td></td></tr>
<tr><td>曾任职务</td><td></td><td></td><td></td><td></td><td></td></tr>
<tr><td>社会实践</td><td></td><td></td><td></td><td></td><td></td></tr>
<tr><td>兴趣爱好</td><td></td><td></td><td></td><td></td><td></td></tr>
</table>

（四）行为营销

营销是一种因商业而产生的商业行为，也属于行为的范畴。由于每个产品都需要营销，使得消费者在接收过多的商业营销行为之后，对这种纯商业营销产生麻木反感，甚至厌恶。这导致了现在很多营销越来越成为一种无效的营销，不仅耗费了大量的金钱，损失了企业的品牌形象，还使得企业发展受到阻碍。

行为营销具体化，可以做到诚信守时，有礼貌，有积极向上的各工作心态。不要给自己找借口，随时准备一个笔记本。不要搞特殊化，多动脑子，管住自己的嘴巴，别太拿自己当回事。大处着眼，小处着手，团结协作，做最好的自己。

行为营销就是根据访客的行为、爱好、甚至购买计划向其投放他们所感兴趣的广告。

能把广告送到真正感兴趣的人面前，甚至是正在寻找某种产品或服务的人的面前，一直是广告人的梦想！而在互联网出现之前，以及在出现之后的相当长的一段时间内，它也只能停留在梦想阶段。

互联网系统通过访客行为跟踪，建立访客行为数据库，并通过对访客行为的综合分析，整理挖掘出对企业特定产品或服务感兴趣的潜在客户人群，实现针对每一个访客爱好、需求而投放的定向精准广告。中小企业经营者只需选择潜在客户人群，系统就会将所定制的广告投放到相应的潜在客户人群面前。

三、自我营销步骤

第一，品牌定位，个人品牌的形成。

所谓个人品牌是指外在形象和内在素质所构成的一种特质，是名字的载体与灵魂。由于每一个人的学识和经历存在差距，必然有不同的个性。作为一个营销人员，认清自己和找准定位是一个关乎职业生涯成功的重要一环，首先要清楚自己适合什么，适合朝哪方面发展准确定位自己。

第二，品牌内核，个人核心竞争力的建立与提升。

明确自己的定位后，一定要强化个人品牌的内功修炼，丰富个人品牌的内涵，内功修炼来自学习力的提高。学习一般分为书本学习和实践学习，要尽可能地博览群书，经济、历史、金融、体育、组织行为学等都需知晓，要视读书为自己最大的知识之源和乐趣，这是因为日常工作中要与许多专业和非专业的人士进行沟通与交流。

在读书的同时要强化对实践经验的总结与互动，将实践与所学的书本知识进行对照，反复研究判断，锤炼自己的竞争优势和核心竞争力，形成独有的特质，使别人无法复制。尤其是在同质化竞争越来越激烈的时代，如果不能首先在包装上出位，就失去了进一步竞争的基础。

第三，品牌宣传，善于促销自己。

作为一个营销人，要有很强的自我推销能力，善于在不同的场合、人群进行自我推销。可以通过撰文、个人站点、人脉转介绍、演讲等方式进行自我促销，扩大自己的影响面，推动个人品牌的发展，灵活运用推、拉等方式进行自我促销宣传，扩大自己的知名度。

第四，职业生涯规划，塑造成功人生。

在寻求自我定位和建立个人品牌过程的同时要做好职业生涯规划，职业生涯规划是指组织或者个人把个人发展与组织发展相结合，对决定个人职业生涯的个人因素、组织因素和社会因素等进行分析，制定有关对个人一生中在事业发展上的战略设想与计划安排。良好的职业规划过程中保持清晰的个人品牌定位，是塑造成功人生的基础。

复习思考题

1. 当今企业需要什么样的营销人才?
2. 社会人才结构和人才资源结构有哪些类型?
3. 人才市场的自我营销概念是什么? 自我营销有什么意义?
4. 自我营销有什么特点? 自我营销有哪些内容?
5. 自拟一份毕业应聘文书。
6. 怎样写一份营销简历?
7. 面试应该注意些什么?
8. 自我营销怎样实施?

附　实验实训

实验实训一　农产品市场环境的调查与分析

一、训练目标

能够运用理论知识来指导营销环境调查方案的设计和实地调查，能运用调查数据分析农产品营销的机会、威胁产生的原因并提出解决对策。

二、训练内容

1. 农产品营销环境调查。

2. 设计调查方案、实地调查、数据分析、制定把握营销机会或解决营销威胁的方案。

3. 调查宏观环境、微观环境。调查环境具体内容，学生根据自己调查的地方自行拟定。

三、训练要求

1. 将学生分成小组，每组 5～6 人，按照训练内容要求，设计、讨论、制定出本小组的调查方案。

2. 通过到农贸市场、超市、连锁店、便利店、农资店调查并详细记载微观环境因子，将结果记入设计的调查表中。

3. 小组成员对调查的数据和信息进行讨论分析。

四、训练结果

写一份企业解决威胁的对策方案，500 字以内。

实验实训二　消费者行为调查分析

一、训练目标

通过实训让学生了解如何开展消费者行为调查，掌握调查数据的统计方法，能够对调查的数据进行分析并形成调查报告。

二、训练内容

1. 以当地的社区居民为调查对象，填写调查表格；对搜集到的数据进行统计分析；上网查询与本项目有关的资料；编写调查报告。

2. 调查对象的具体内容，包括家庭成员、性别、年龄、文化水平、职业状况、经济收入等。

三、训练要求

实训小组 5～6 人一组，每组调查对象不少于 50 人。全班的调查数据汇总分类，然后每一个小组统计一类（职业、年龄、性别、文化水平、经济收入等）人员的问卷；相关的资料可以上网查阅；调查报告在两周内完成。

四、训练结果

写一份调查报告。

实验实训三　农产品市场调查的方法

一、训练目标

通过实训让学生掌握农产品市场调研的基本步骤和方法，能够对调查数据进行处理和统计分析。

二、训练要求

1. 选择当地几家主要的农产品的品种、包装、价格等进行调查；对集中农产品的消费量调查；对收集到的数据进行统计分析；编写调研报告。

2. 将学生分成小组，每组 5 ~ 6 人。调查对象不少于 50 人。

3. 调查数据汇总分类，可以每一小组统计一类人员的问卷，如职业、年龄、性别、文化水平、经济收入等。

4. 调查可以利用周六、周日、节假日进行。参照给出的调查样表，设计出多种农产品的调查表或问卷。

5. 本调查项目可以在两周内完成。

三、训练内容

1. 每组准备一台能上网的电脑、调查表、计算器、记录纸、报告纸、笔等。

2. 学校的教师、学生、或学校周边的居民为调查对象。

3. 写调查表或问卷；对收集到的数据进行统计分析；上网查询与调查内容相关的资料；编写调查报告。

四、训练结果

1. 对调查的数据利用电脑进行处理分析并形成图表。

2. 编写一份调研报告。

附：调查样表

农产品调查样表

调查地点：

调查时间：年月日

调查人：

先生/女士：您好!感谢您在百忙之中抽出时间填写调查问卷。本次调查是为了了解本市农产品市场的需求现状。请您为选择在圆圈里打上“√”，谢谢您的支持!

1. 您的性别：[单选题]

　○男

　○女

2. 请问您的年龄是?

　○18 岁以下

　○18 ~ 28

　○28 ~ 38

○38 ~ 48
○48 岁以上

3. 您认为农产品的市场价格合理吗?
○合理
○不合理
○一般

4. 您希望吃到什么样的农产品（多选题）?
○有机食品
○无公害食品
○绿色食品
○原生态食品

5. 您对农产品营养健康的态度（单选题）?
○偏重营养健康
○很重视
○无所谓

6. 您会选择品牌的农产品吗?
○一定会
○不会
○无所谓

7. 请问您平时会选择什么地方购买农产品（多选题）?
○便利店
○大型超市
○流动菜摊
○农贸市场
○食品展销会
○其他

8. 您采购农产品最关注什么（多选题）?
○安全
○价格
○品牌
○包装
○营养

9. 您认为农产品的市场价格合理吗?
○合理

○一般
○不合理

10. 在供给充足的情况下，您会选购以下哪种食品（多选题）？
○有机食品
○无公害食品
○绿色食品
○原生态食品

11. 你一般是在什么时候去购买农产品？
○6：00—9：00
○9：00—11：00
○16：00—19：00
○其他

12. 您对农产品销售环境的印象怎么样？
○秩序不错，质量有保障
○脏、乱、差，人员素质参差不齐
○我只管买我的，别的不关心

13. 您希望农产品销售环境应该是什么样的？
○服务优质，价格合理
○店面整洁，干净卫生
○新鲜及时，品种齐全

14. ○如果社区里有农产品超市您会选择吗？
○首选购物
○经常光顾
○补充购物
○临时购物

15. 您有没有预订过农产品？
○曾经有
○从没有
○偶尔有
○经常有

16. 您需求而又无法正常供应的正宗新鲜农产品有哪些种类（多选题）？
○禽蛋类
○水果类
○蔬菜类

○主食类
○杂粮类
○野生类
○水产品类

17. 哪些农产品是您最喜欢吃的（多选题）？

○禽蛋类
○水果类
○蔬菜类
○主食类
○杂粮类
○野生类
○水产品类

18. 您会首先选择哪一种外包装的农产品？

○礼品装
○精装
○简装
○散装

19. 品牌的农产品与普通的农产品相比，您能接受的价格是多少？

○贵 10%
○贵 20%
○贵 25%
○贵 30%

实验实训四　电子商务模拟实验（B2B）

一、训练目标

通过实训使学生了解电子商务的一般程序和方法，完成一次完整的网上交易过程。

二、实训条件

1. 一台电脑；
2. 网络平台；
3. 电子商务模拟系统软件。

三、训练内容

（一）用户注册

1. 进行用户注册。可先注册四个角色：厂家、商场、银行、物流中心。下面以厂家注册为例。

2. 在首页单击厂家，进入厂家登录界面，再单击注册，进入注册界面。

3. 单击厂家进行注册，输入用户名、密码、班级等信息。

4. 用户名：班级拼音缩写 + 角色名 + 班级三位代码 + 学号 2 位代码。

5. 密码：自己定，一定要记住密码，并重复输入校验密码。

6. 班级：必须选择自己班级，否则会看不到其他相关信息。

7. 单位名称：输入与用户名相同。

8. 联系人：输入与用户名相同。

9. 其他各项可根据自己情况输入，也可不填，标有**为必填项。

10. 输入信息后，单击“确定”即可。如果是自动认证模式，注册后，即为合法用户，否则需要教师进行认证。

11. 重复以上步骤，可注册其他角色。

（二）厂家、商场、物流中心交易前的准备

1. 厂家、商场、物流中心进行 CA 认证，申请银行账号和银行审核账号。下面以厂家为例。

2. 在首页单击厂家，进入厂家登录界面。

3. 输入账号、密码，单击“登录”按钮，进入厂家管理界面。

4. 单击 CA 认证，输入证书名称：用户名 + 证书类型；E-mail：需用 E-mail 格式；公司：可用用户名；部门：销售部；输入其他信息，选择企业证书，单击“确定”。

5. 出现证书界面，安装证书直至导入成功，单击“确定”即可。

6. 单击申请银行账号，同意协议，选择自己银行，存入金额。

7. 单击“确定”，系统提示申请成功，等待银行认证。成为合法用户，并显示账户信息：银行、账号、存入金额等。请务必记下支付卡号和支付密码。

8. 确定后退出厂家，进入银行。

9. 单击“审核新账户”，会看到账号申请尚未经银行审核的用户信息。单击“审核”后，系统刷新，信息消失，认证成功，此用户已成为合法用户。只有银行审核通过后，用户才有权使用此账号。

10. 商场、物流中心可同样进行。

11. 进入物流中心，进行物流资费设置，如标重 100，标资 10；超重 10，超资 5。进行运输方式设置，如公路、水路、铁路等。

12. 进入厂家，单击“生产产品”，选择产品，填写导入数量。如“二级水果 50 kg”“有机蔬菜 100 kg”，单击“确定”。

13. 生产产品需一定成本，如 5 000 元，单击“确定”。选择银行账户支付生产成本，单击“入库”，产品导入成功。

（三）B2B 交易

商场向厂家订购产品，通过物流中心送货上门，网上支付，不还价。

1. 单击“商场”→“物流中心”，到采购中心，搜索厂家生产的产品。

2. 单击“详细信息”，单击“我要订购”，修改数量比如 100，单击“修改购物车”，单击“确认订购”。

3. 确认订购后，选择送货上门的方式，填送货地址，选择在线支付，单击“确定”。

4. 订单生成，单击“确定”。

5. 到达网上银行支付中心，输入卡号、密码，单击“确定”。

6. 出现支付中心确认界面，单击“确定”，即可退出商场。

7. 进入“厂家”，可看到未处理账单。

8. 单击“处理”，选择物流企业、运输方式，单击“确定”。

9. 选择支付账号，填发货地点，单击“发货”，订单成功处理后退出。

10. 进入“银行”→“货款管理”，进入转账审核，转入转出审核两次，退出。

11. 进入“物流企业”→“送货单处理”→“发货”，成功。可查看已处理送货单，退出。

12. 进入“商场”→“产品入库”，设置销售价格。至此交易结束。

四、训练结果

1. 完成各角色的注册。

2. 完成各角色交易前的准备工作。

3. 完成交易 A。自己商场向自己厂家进货，通过自己的物流中心送货上门，网上实时支付，不还价。交易中产品种类、数量等具体数据由自己决定。

4. 完成交易 B。自己商场向自己厂家进货，通过自己的物流中心邮寄，银行转账，还价。

5. 完成交易 C。四人一组进行交易，四人分担厂家、商场、物流中心、银行中的一个角色，完成了 B2B 的一次交易。

实验实训五　农产品营销策划

一、训练目标

通过实验实训后，使学生认识到营销策略的重要性，初步掌握农产品营销的产品的品牌、包装、促销等策略，以及如何为企业产品做好营销策划。

二、训练内容

1. 根据当地农产品的产销情况，编制一份农业企业产品广告和销售产品广告。

2. 运用所学知识拟定一份开办一家农产品营销店的创业计划。营销店的面积自拟。

三、训练要求

1. 拟定一份宣传广告。

2. 所销售的农产品自定，如水果、蔬菜、鲜花、粮油、乳制品等都行。

3. 拟定一份创业店面计划。

4. 正文内容要丰富完整，包括营业场所选址依据、经营品种结构、经营思想、营销策略等方面。

5. 创业小组成立，每组 5 ~ 6 人。

四、训练结果

以课堂小组讨论形式进行交流，互相评价，共同学习和提高。

实验实训六　农产品销售合同的签订

一、训练目标

通过实训使学生熟悉农产品营销合同的条款，掌握农产品营销合同起草和签订的技能。

二、训练内容

由学生扮演农产品的经销商、购买商和市场公证人员，熟悉各个岗位的职能。

三、训练要求

1. 将学生分成若干小组。分别扮演需方、供方、公证人。按各自的角色需要通过网络查阅农产品的地理分布、周价格信息、供求信息等有关资料。

2. 起草一份农产品的销售合同。根据农产品的购销合同形式、分别由供方、需方起草农产品的销售合同，并向对方发出要约，对方在研究基础上发出承诺，在公证方监督下签订合同。

3. 根据当地农贸市场、超市或摊商，让学生扮演生产商的推销员到农贸市场、超市或摊商经营处推销产品，并拟定签订购销合同。

四、训练结果

草签一份农产品的销售合同。合同起草要规范，各条款填写要齐全，产品的销售价格符合当地、当时的价格规律。

附：

农产品购销合同样本

供方：__________　　　　合同编号：__________

需方：__________　　　　签订地点：__________

产品名称	品种	计量单位	数量	单价	总金额	交货时间及数量合计

合计大写人民币金额（大写）

单位名称（章） 单位地址： 法定代理人： 委托代理人： 电　话： 开户银行： 账　号： 邮政编码：	单位名称（章） 单位地址： 法定代理人： 委托代理人： 电　话： 开户银行： 账　号： 邮政编码：	签（公）证意见： 经办人： 签（公）证机关（章） 年　月　日 注：除国家另有规定外，签（公证）订合同实行自愿原则

有效期限：　　年　　月　　日至　　年　　月　　日

监制部门：　　　　　　　　印制单位：

参考资料

[1] [美]菲利普·科特勒，[美]凯文·莱恩·凯勒. 营销管理[M]. 北京：中国人民大学出版社，2012.
[2] PHILIP. KOTLER，科特勒营销新论[M]. 中信出版社，2003.
[3] PHILIP. KOTLER，亚洲营销管理[M]. 3版. 北京：中国人民大学出版社，2004.
[4] 陈国胜. 农产品营销[M]. 北京：清华大学出版社，2010.
[5] 曾学文. 农产品市场营销[M]. 成都四川教育出版社，2008.
[6] 屈冠银. 市场营销理论与实训教程[M]. 2版. 北京：机械工业出版社，2013.
[7] 刘宏印 曹寅如. 农产品市场营销[M]. 中国农业科学技术出版社，2011.
[8] 农业部农民科技教育培训中心组编. 农产品市场营销[M]. 北京：中国农业出版社，2009.
[9] 李崇光. 农产品营销学[M]. 北京：高等教育出版社，2004.
[10] 吴健安. 市场营销学[M]. 北京：高等教育出版社，2004.
[11] 陈大军. 市场营销[M]. 重庆：重庆大学出版社，2006.
[12] 胥学跃，姜宁. 现代市场营销[M]. 2版. 成都：四川大学出版社，2010.
[13] 陈放. 食品营销[M]. 蓝天出版社，2005.
[14] 吴健安. 市场营销学[M]. 北京：高等教育出版社，2004.
[15] 农业部农民科技教育培训中心组.农产品市场营销[M]. 中国农业出版社，2009.
[16] 徐红. 农产品开发趋势. 农产品营销技法[M]. 南昌：江西科学技术出版社，2006.
[17] 薛全义. 农资市场营销[M]. 3版. 北京：中国农业大学出版社，2014.

参考网站

https://www.baidu.com
http://baike.baidu.com/
http://www.foods1.com/
http://www.ahnw.gov.cn/
http://www.ahveg.com.cn
http://www.agri.gov.cn
http://kazak.xjkunlun.gov.cn
http://tech.qq.com
http://mp.weixin.qq.com
http://news.163.com
http://mp.weixin.qq.com
http://paper.dzwww.com
http://zhidao.baidu.com
http://theory.people.com.cn
http://kazak.xjkunlun.gov.cn
http://sy.hr1000.com
http://column.iresearch.cn
http://www.foods1.com/content/20166/
http://www.cbdio.com/
http://news.wugu.com.cn/
http://www.360doc.com
http://tech.qq.com
http://www.niubb.net
http://www.flyteam.com.cn